회계전공자를 위한

무역실무의 기초

THE BASIS OF
INTERNATIONAL TRADE
ACCOUNTING

허광복 김영 이현선

도서출판
청람

■ 머리말

최근 가장 큰 이슈가 되고 있는 미중 무역분쟁과 일본의 경제보복을 통해 알 수 있듯이 무역의 영향력은 날로 증대되고 있다. 우리나라는 2018년 기준 수출액 기준으로는 세계 7위, 수입액 기준으로는 세계 9위권의 무역대국이다. 따라서 무역을 이해하지 못할 경우 국가경제는 물론이고 개별기업의 활동을 온전히 이해할 수 없을 것이다.

이 책은 무역을 처음 공부하고자 하는 회계학 전공 학생이나 무역회계에 대한 기본적 지식을 습득하고자 하는 세무회계업무 담당 초급실무자, 무역지식을 필요로 하는 공인회계사 및 세무사와 관련업종에 종사하는 실무자를 위한 무역회계 및 금융에 대한 입문서이다. 특히 무역회계를 처음 대하는 독자를 위하여 몇 가지 중점을 두어 작성하였다.

첫째, 많은 내용의 무역에 대한 설명보다는 무역실무에 기초가 되는 필수적 내용만을 선별해 수록함으로써 학습부담을 경감시키는 데 주력하였다. 시중에 나와 있는 무역관련 서적은 방대한 내용으로 초급자가 처음 접하기에는 다소 학습부담이 많은 편이다. 향후 보다 전문적인 학습을 하기 앞서 기초가 되는 기본적인 내용을 위주로 선별하여 내용을 단순화하였다.

둘째, 이 책은 무역실무를 회계처리하기 위한 무역사무와 회계와의 연결성을 강조하여 작성되었다. 특히 회계처리와 밀접하게 연결된 대금결제방식, 신용장 및 외화환산, 환율시장의 이해는 보다 실무적이면서 전문적인 내용으로 구성하고, 발생가능한 여러 가지 사례를 회계처리에 연결시킴으로써 본

책을 충실히 학습할 경우 실무에서 회계처리를 수행하는데 무리가 없도록 하는 데 주안점을 두었다.

셋째, 대학에서 무역관련 회계와 금융을 강의하시는 교수님들의 한 학기 주 3시간 강의분량을 기준으로 교재의 양을 편성하였다. 이 책의 내용은 크게 무역실무와 무역회계 및 금융으로 나뉠 수 있다. 먼저 무역실무를 학습하고 회계와 금융을 학습함으로써 학생들의 무역관련 내용, 특히 무역회계와 무역금융의 학습에 도움이 될 수 있도록 하였다.

이 책이 아무쪼록 회계학도들에게 다소 생경한 분야인 무역에 대한 흥미를 보다 높일 수 있는 계기가 되어 관련분야에 대한 취직 등에도 도움이 되었으면 하는 바람이다.

2019년 7월

저자들 씀

■ 차례

Chapter 3 신용장

Chapter 4 외화환산회계

Chapter 5 국제무역거래관습

Chapter 6 수출회계

Chapter 7 수입회계

Chapter 8 관세 및 관세환급

Chapter 9 무역금융

The basis of International Trade Accounting
회계전공자를 위한 무역실무의 기초

1 CHAPTER 무역에 대한 기본적인 이해

무역액과 무역의존도

2011년 우리나라는 세계에서 아홉 번째로 무역 1조 달러를 달성하였다. 수출 5,160억 달러, 수입 4,850억 달러로 수출이 수입보다 많았다. 특히 수출규모는 세계 7위에 해당하는 것으로 10대 교역국으로 발돋움하였다. 일반인이 1조 달러라는 금액을 머리로 이해하기는 힘들 것이다. 1조 달러는 환율을 1달러당 1,000원으로 보았을 때 1,000조 원에 해당하는 어마어마한 금액이다. 만 원짜리로 그 크기를 환산한다면 지구를 2,749바퀴하고 반 바퀴를 더 돌 수 있는 금액이기 때문이다. 이런 달성은 우리나라의 경제에서 무역이 차지하는 비중이 얼마나 큰가를 보여주는 숫자가 아닐 수 없다. 통상적으로 한 나라의 경제에서 무역이 차지하는 비중을 나타내는 지표로 무역의존도를 사용한다. 무역의존도는 국민소득 또는 국민총생산에 대한 수출입총액의 비율로써 계산된다. 수출입총액을 수출액과 수입액으로 구분하여 각각을 국민소득 또는 국민총생산과 대비(對比)하여 수출의존도와 수입의존도를 각각 계산할 수 있다.

한국무역의존도 추이

자료 : 통계청

Chapter 01

무역에 대한 기본적인 이해

제 1 절 무역의 개념 및 종류

1. 무역의 의의 및 특징

무역(trade)은 서로 다른 국가 간에 재화나 용역을 대상으로 이루어지는 상거래를 말한다. 무역에는 영리를 목적으로 국경을 넘나들며 특정 물품을 수출하거나 수입하는 행위도 포함된다. 일반적으로 국제무역은 서로 다른 언어, 문화, 법률, 상관습, 화폐제도 등 상이한 환경을 가지고 있는 국가 간 거래라고 보면 된다.

무역거래는 단순히 한 나라 안에서 이루어지는 국내거래와는 다르게 다음과 같은 몇 가지 특징을 가지고 있다.

첫째, 무역은 원격지 간의 거래로서 매출과 매입 간에 장시간이 소요된다. 따라서 국내거래에 비해 운송, 보험, 거래방법, 결제방법 등이 복잡하며 다양한 위험이 존재한다.

둘째, 상이한 화폐제도로 인하여 서로 다른 외국통화 간의 교환결제에 따른 환율변동 위험과 통화가치변동 위험이 존재하며, 이로 인해 외화로 표시된 자산·부채 등의 재무제표의 환산문제가 발생한다.

셋째, 국가 간 관세제도 및 외환관리제도, 조세제도 등의 차이로 인해 매매계약상에 각종 어려움과 갈등의 여지를 가지고 있다. 이러한 차이는 조세제도의 경우 각국 간에 조세협약이 이루어져 조정되기도 한다.

넷째, 운송방식의 다양성으로 인해 국내거래에서는 발생하지 않는 특유한 회계처리문제가 발생한다. 또한 외화표시거래로 인한 환율변동으로 외환차손익 및 외화환산손익 등의 외환평가문제 및 관세의 회계처리문제도 발생한다.

잠시 쉬어가며

국제거래는 국내거래와 달리 원격지 간의 거래로 장시간이 소요되며, 상이한 화폐와 제도로 인하여 국제무역은 그 실무가 복잡할 수밖에 없다. 따라서 국제무역에서는 국내거래에서 볼 수 없는 생소한 용어들이 많이 등장한다. 무역과 관련된 용어에 대한 이해는 무역학습의 출발이라고 할 수 있다. 특히 많은 무역전문용어가 영어약자로 구성되어 있으며 신용장과 같은 관련양식의 이해가 영어의 이해 없이는 불가능한 바 이에 대한 준비도 필요하다.

2. 무역업과 무역대리업

무역은 다음과 같이 크게 무역업과 무역대리업으로 구분될 수 있다.

(1) 무역업

무역업이란 영리를 목적으로 자기명의와 책임하에 수출과 수입을 계속·반복적으로 행하는 것을 말한다. 다시 말해 자신이 주체가 되어 자기명의로 무역거래를 하는 것으로 거래위험은 자신이 모두 감수하여야 한다.

우리나라의 경우 1996년 말까지는 무역을 하기 위해서는 사전에 등록이 필요하였다. 그 후 1997년 3월 1일부터 무역업은 신고를 한 자만이 무역업을 영위할 수 있는 신고제를 채택하여 무역을 하고자 하는 자는 산업통상자원부장관에 의해 위임된 기관인 한국무역협회 등에 사전 무역업 신고절차를 필해야만 하였으며, 무역업 신고를 못한 업체가 무역거래를 하고자 할 경우에는 무역업 신고를 필한 업체의 명의로 수출입 대행을 의뢰하여야 하였다.

하지만 2000년 1월 1일부터 이러한 등록제 및 신고제는 폐지되어 누구나 사업자등록증만 있으면 무역거래를 할 수 있도록 완전 자유화가 이루어졌다. 단지, 의무사항은 아니지만 업체별 수출입실적 등 무역통계 작성을 위해 무역업고유번호를 부여하는 제도를 시행하고 있어 한국무역협회에서 무역업고유번호를 받아야만 수출실적 등을 공인받을 수 있게 된다.[1] 또한 무역거래자는 통관을 위해 수출(입)신고 시 수출(입)업자의 상호와 함께 무역업고유번호를 기재하여야 한다.

(2) 무역대리업

무역대리업이란 외국의 수출업자 또는 수입업자의 위임을 받은 자가 이들을 대리하여 국내에서 외국의 수출물품을 매도알선하거나, 외국의 수입물품을 구매알선함에 있어서 그 계약의 체결과 부대행위 등의 중계를 업으로 영위하는 무역형태를 말한다. 무역대리업의 경우도 앞에서 설명한 무역업과 마찬가지로 2000년 1월 1일부터 완전 자유화되었다. 무역대리업은 다음과 같이 업무내용에 따라 갑류 무역대리업과 을류 무역대리업으로 구분될 수 있다.[2]

1) 갑류 무역대리업(offer상)

외국의 수출업자를 대리하여 국내에서 물품매도확약서(오퍼)의 발행을 주된 업으로 영위하는 자로 통상 오퍼상 또는 수입대리업이라고도 부른다. 한국의 경우 이들은 한국수입업협회(KOIMA : Korea Importers Association)[3]를 구성하고 있으며 100여 개국 정부기관 및 무역관련 기관의 네트워크를 활용하여 각국 시장정보, 무역 애로사항, 관습, 문화 등 무역에 관한 정보를 제공하고 있다.

---

1) 대외무역관리규정 제24조 참조

2) 1997년 3월 1일 무역업에 대한 관리체계를 등록제에서 신고제로 전환하면서 갑류 · 을류 무역업의 구분을 없애고 하나로 통합하였으나, 본서에서는 강의상 무역대리업의 분류를 위해 이를 구분하였다.

3) http://www.koima.or.kr

2) 을류 무역대리업

외국의 수입업자를 대리하여 국내에서 수출물품의 구매알선 및 시장조사 등을 주된 업으로 영위하는 자로 수출대리업이라고도 부른다. 을류 무역대리업은 외국기업의 국내지사(buying office)와 외국의 수입업자와 대리점 계약을 맺은 구매대리점(buying agent)으로 구분된다. 대부분의 을류 무역대리업자는 외국기업의 국내지사이거나 국내대리점이다.

참고 무역관계 법규

무역과 관련된 법규는 여러 가지가 있다. 이 중 주요한 무역관련 법규를 살펴보면 다음과 같다.

1. **대외무역법**
   대외무역법은 우리나라의 대외무역거래를 전반적으로 조정하기 위한 기본법이다. 대외무역법에서 위임된 사항과 시행과 관련된 필요사항을 정하기 위해 하위규정인 대외무역법시행령과 대외무역관리규정이 있다.

2. **관세법**
   관세법은 관세부과와 징수 그리고 수출입 통관에 관련된 모든 사항을 포괄적으로 규정하고 있는 법으로 하위규정으로 관세법시행령, 관세법시행규칙이 있다.

3. **외국환거래법**
   외국환거래법은 외국환과 외국환거래를 조정 또는 관리하는 법규로서 무역과 관련된 외국환의 거래, 국내외 간의 지급 또는 영수는 외국환거래법의 적용을 받게 된다.

4. **기타의 무역관련 법규**
   이 외에도 외국인투자촉진법, 한국수출입은행법, 무역거래기반조성에 관한 법률, 수출품 품질향상에 관한 법률, 자유무역의 지정 및 운영에 관한 법률, 수출용 원재료에 대한 관세 등 환급에 대한 특례법, 중재법, 수출보험법, 각종 조세 관련법 등이 있다.

3. 무역의 형태 및 종류

무역의 종류는 분류하는 기준에 따라 다양하며, 무역의 형태는 세계경제의 발전에 따라 새로운 무역형태가 등장하고 있다. 무역종류 중에서 주요한 무역형태를 살펴보면 다음과 같다.

(1) 유형무역과 무형무역

1) 유형무역

유형무역(visible trade)은 형태상 눈으로 볼 수 있는 상품, 제품 등과 같은 재화의 수출입을 의미하는 것으로 흔히 무역이라고 하면 이러한 재화의 수출입을 말한다. 유형무역은 국제수지표상에 무역수지 항목으로 표시된다.

2) 무형무역

무형무역(invisible trade)은 형태상 눈에 보이지 않는 용역이나 생산요소의 국제 간 거래를 말한다. 즉, 무형무역은 운송, 보험, 금융, 관광 등 용역과 자본, 기술 등의 생산요소의 국가 간 거래로 형체를 가지지 않는 서비스무역을 의미한다. 무형무역은 국제수지표상에 무역외수지 항목으로 표시된다.

(2) 자유무역과 보호무역

1) 자유무역

자유무역이란 무역과 외환상에 있어서 국가 간의 정책상 어떠한 통제를 하지 않고 재화와 용역의 자유로운 수출입을 보장하는 것을 의미한다. 최근 국제경제는 FTA(free trade agreement)를 통해 협정국가 간 자유무역을 시행하고 있는 것이 주류를 이루고 있어 지역주의 경향이 가속화되고 있다.

2) 보호무역

보호무역이란 자국의 산업을 보호하기 위해 관세정책 등을 통하여 국가가 대외무역에 간섭하여 재화나 용역의 수입을 억제하는 정책을 의미한다.

(3) 직접무역과 간접무역

1) 직접무역

직접무역은 무역거래당사자가 제3자의 중개인을 거치지 않고 직접 매매계약을 체결하고 직접 거래를 하는 무역형태를 말한다.

2) 간접무역

무역거래당사자가 제3자의 개입하에 무역을 하는 형태로서 직접무역 이외의 모든 무역형태를 지칭한다. 간접무역의 형태로는 다음과 같은 종류가 있다.

① **중개무역**(merchandising trade)

수출업자와 수입업자 사이에 제3국의 상인이 중개인으로 개입하여 거래가 이루어지는 간접무역 형태이다. 이 경우 제3자인 중개업자는 계약당사자로 개입하지 않고 단지 중개인 역할만 하여 중개수수료를 수취한다. 중개무역하에서는 거래물품은 중개상의 소재지인 제3국을 경유하지 않고 대부분 수출국에서 수입국으로 직송된다.

② **중계무역**(intermediate trade)

수출업자와 수입업자 사이에서 제3국의 상인이 수입거래와 수출거래 양쪽에 계약당사자로 각각 개입하여 자기책임으로 무역을 하는 간접무역 형태이다. 이 경우 중계업자는 수출금액과 수입금액의 매매차익을 목적으로 거래에 개입하게 되는 것이다. 중계무역하에서는 거래물품은 수출국에서 일단 제3국인 중계국을 거쳐 대부분 가공 없이 수입국으로 운송된다.

③ **통과무역**(transit trade)

물품이 수출국에서 수입국으로 직접 발송되지 않고 제3국을 경유하여 수입국으로 발송되는 무역형태이다. 이 경우 제3국은 무역의 주체적인 역할을 행하지 않고 단지 통관 시의 부대이익인 운임, 통관수수료, 보험료 등의 이익을 얻게 된다.

④ **스위치무역**(switch trade)

수출업자와 수입업자 사이에서 제3국의 상인이 대금결제에만 개입하는 간접무역 형태이다. 이 경우 수출업자와 수입업자 사이에서 매매계약이 체결되어 거래물품은 수출국에서 수입국으로 직송되지만, 그 대금결제는 제3국의 상인이 중재하여 양 거래당사자 간 대차관계를 정산한다. 예를 들어 제3국의 상인(switcher)은 수출업자로부터, 수입업자는 제3국의 상인으로부터 각각 대금을 회수하여야 하는 입장에 있는 경우 제3국의 상인이 개입하여 대금관계를 정산하게 되는 것이다.

⑤ **우회무역**(round-about trade)

수출국과 수입국 사이에 외환통제가 심하거나 관세 등 거래장벽이 높은 경우 이를 회피할 목적으로 외환통제 등을 받지 않는 제3국을 경유하는 간접무역거래 형태이다.

(4) 주문자상표부착(OEM)방식 무역

OEM(original equipment manufacturing)방식 무역이란 수출업자가 수입업자로부터 제품생산을 의뢰받아 주문상품에 수입업자, 즉 상대방의 상표를 부착하여 수출하는 무역형태이다.

(5) 연계무역

수출과 수입을 연계하여 거래하는 무역형태로서 수출에 대응하여 수입업자로부터 수출업자가 상품 등을 대응구매하는 무역형태를 말한다.

1) **물물교환**(barter trade)

상품의 직접교환이 이루어지는 가장 초보적인 연계무역방식으로 수출금액과 수입금액이 동일하므로 매매당사자 간 환거래가 발생하지 않는다.

2) **구상무역**(compensation trade)

수출 후 수출금액에 상당하는 물품을 수입함으로써 발생하는 수입대금으로 수출대금을 상계하는 무역형태로 대응수입비율에 따라 환거래가 발생하는 특징을 가지고 있다. 수입한 만큼 수출하는 완전구상무역의 경우 무역차액이 발생하지 않아 결제자금이 필요 없게 된다. 반면 부분구상무역의 경우에는 그 비율에 따라 환거래가 발생할 수도 있다.

3) **대응구매**(counter-purchase trade)

수출계약을 체결하고 수입국으로부터 일정한 기간 내에 이에 상당하는 물품을 구매하는 계약을 별도로 체결하는 무역형태이다. 이 경우 두 개의 계약이 별도로 체결되며 각 계약의 이행시점도 서로 다른 특징을 가지고 있다.

4) **제품환매거래**(product buy-back trade)

수출업자가 자본재인 플랜트나 기계설비 등을 수출하고 이에 대한 대금회수는 이 설비로부터 생산되는 제품을 구매함으로써 수출대금을 결제하는 무역형태를 말한다.

(6) Knock-Down방식 무역

완제품에 대한 수입제한이나 관세장벽이 높은 경우 부분품을 수출하고 현지에서 완제품으로 조립하는 현지조립방식의 무역형태를 말한다.

제 2 절 무역거래절차

무역과 관련된 거래절차 단계는 크게 두 가지로 구분할 수 있다. 첫 번째 단계는 무역계약절차로서 이는 계약서 작성 이전까지의 단계로 시장조사부터 매매계약서 작성까지의 거래절차를 의미한다. 두 번째 단계는 수출입절차로서 이는 계약서 작성 이후의 단계로 수출입, 대금회수 등과 같은 거래절차를 말한다.

무역거래절차를 무역계약절차와 수출입절차로 각각 나누어 살펴보면 다음과 같다.

1. 무역계약절차

일반적인 무역계약의 절차를 그림으로 나타내면 다음의 [그림 1-1]과 같이 표시할 수 있다.

그림 1-1 | 무역계약의 일반절차

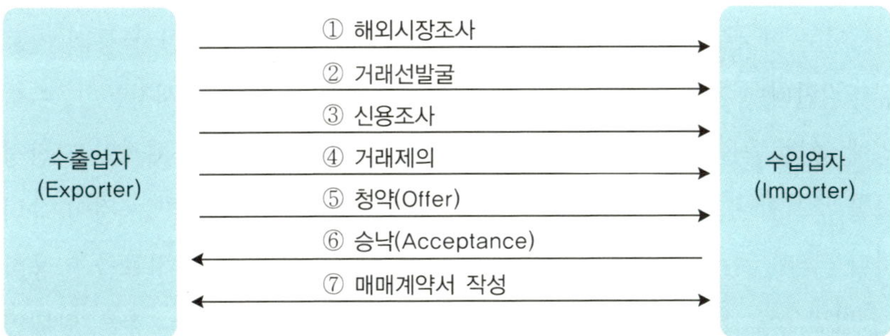

시장조사부터 매매계약서 작성까지의 단계인 무역계약의 일반적 절차를 구체적으로 살펴보면 다음과 같다.

(1) 해외시장조사

1) 시장조사의 내용

해외시장조사는 특정 물품에 대한 해외시장에서의 판매가능성 또는 구매가능성을 조사하는 것으로 무역거래의 최초 단계에 이행하는 절차이다. 특히 시장조사는 무역거래의 첫 단계이며 잘못된 시장조사는 회사에 돌이킬 수 없는 손해를 가져올 수 있기에 객관적인 자료에 근거하여 과학적인 방법으로 수행되어야 한다. 해외시장을 조사하는 때에는 조사대상 국가의 기후, 인구분포, 종교, 정치현황, 경제적 여건 등과 같은 일반적인 사항뿐만 아니라 특정 상품에 대한 수요 및 공급현황, 유통구조, 정부규제, 유사제품 유무, 거래처 등과 같은 세부적인 사항 등을 상세하게 조사하여야 한다. 조사한 결과는 무역거래를 하고자 하는 품목의 소비자 혹은 공급자가 누구인지 파악하는 단계인 거래선발굴을 위해 해당 목표시장을 확정하는 것으로 목표시장의 전체적이고 구체적인 사회 · 문화 · 경제적인 흐름을 조사하는 과정으로 생각하면 될 것이다.

2) 시장조사의 방법

해외시장조사를 할 경우 다음과 같은 여러 가지 방법을 이용할 수 있다.

첫째, 국내외 경제단체나 무역관련 유관기관의 자료를 이용하는 방법이다. 이는 한국무역협회, 대한상공회의소 혹은 대한무역진흥공사 등의 자료실 및 인터넷 자료실에 비치된 각종 무역통계연감, 지역별 시장동향, 수출업체 총람 등을 활용하는 것이다. 특히 특정 지역에 관한 구체적인 시장정보를 조사할 경우에는 대한무역진흥공사에 시장조사를 의뢰하는 것이 유리하다. 둘째, 주한 외국공관의 자료실 혹은 상무실에 비치된 자료를 이용하는 방법으로 상무관과의 상담을 통해 시장조사를 하는 것도 좋은 방법이 된다. 셋째, 국내영업 중인 외국계 은행의 지점을 이용하는 것으로 이 은행들은 동일 은행의 해외지점이나 다른 거래은행으로부터 요청(inquiry)을 받는 경우가 종종 있다. 넷째, 자체적으로 수출입 가능지역을 직접 방문하여 조사하는 것으로 최선의 조사방법이지만 경비와 시간이 많이 드는 단점이 있다.

3) 시장조사의 대상

해외시장조사를 할 경우 수출의 경우 해당 시장의 판매적격성을 파악하기 위해 국외수급동향, 해외시장에서의 경쟁자의 파악, 경쟁상품의 파악, 수익성, 성장성 등을 위주로 시장조사를 수행한다. 수입의 경우에도 해당 품목의 국내수급동향, 내국시장에서의 경쟁자 및 대체재 유무 확인을 우선적으로 파악해야 할 것이다. 그 결과 다음의 핵심사항에 대해 객관적이고 합리적인 결과를 도출할 수 있어야 한다.

① 목표시장의 파악

목표시장이란 기업 혹은 상품의 표적으로 하는 시장구분을 말한다. 기업 혹은 상품이 시장 전체의 수요에 대응하는 것은 현실적으로 어렵고 고비용을 수반한다. 그래서 일반적으로 큰 시장을 작게 쪼개어(market segmentation, 시장세분화) 기업 혹은 상품의 특성에 일치하는 일부분의 시장(고객층)에 목표를 둔 마케팅전략을 전개시킨다. 이를 표적시장(target market)이라고도 한다.

② 해당 품목의 경쟁성 파악

국내외 수급동향 경쟁자 및 경쟁상품을 파악하고 대체재의 경쟁성을 파악한 후에는 해당 품목이 목표시장에서 충분한 수익성과 성장성을 가질 수 있는지를 검토하여 무역거래를 수행하기 위한 다음 절차를 진행시킬 것인지 여부를 파악할 수 있어야 한다. 지금 현재는 충분한 수익성을 가지지 못할 지라도 성장성이 기대되는 경우에는 기업의 해외영업에 대한 경영전략, 최고경영자의 경영방침에 따라 의사결정이 진행될 수도 있을 것이다.

(2) 거래선발굴

해외시장조사가 끝나고 난 후 목표시장이 결정되면 거래선을 발굴하여야 한다. 거래선을 선정하는 방법에는 다음과 같은 다양한 방법이 동원된다.

1) 직접 해외출장에 의한 방법

해당 지역을 직접 방문하여 현지 호텔에 비치된 업종별 기업안내(yellow page)나 거래주소록(trade directory)을 살펴보고 예상되는 거래상대방을 선정한 후, 전화통화 등으로 사전 약속을 하고 직접 방문하여 거래처를 발굴하는 방법이다.

2) 기존 거래처나 거래은행을 통해 소개받는 방법

평소 지속적인 거래관계를 유지하고 있는 거래선이나 거래은행으로부터 신규 거래처를 소개받는 방법이다. 특히 은행의 경우 동종 업종의 현황 및 거래선에 대해 폭넓은 정보를 보유하고 있는 경우가 있으므로 이들 은행으로부터 소개받는 것도 해외시장에서 거래선을 발굴하는 좋은 방법이 된다.

3) 무역관련 유관기관 이용

해당 상품에 대한 바이어리스트는 무역관련 유관기관의 자료실이나 관련 부서에서 입수할 수 있다. 예컨대 한국무역협회(KITA : Korea International Trade Association)의 거래알선실 및 정보자료실, 대한무역투자진흥공사(KOTRA : Korea Trade-investment Promotion Agency), 대한상공회의소(KCCI : the Korea Chamber of Commerce & Industry) 등의 국제부 및 정보자료실, 주한 외국대사관 상무관실을 통하면 주요 바이어 정보를 쉽게 얻을 수 있다.

4) 국내발간 해외홍보매체를 이용하는 방법

홍보매체를 이용할 때에는 주로 국내 경제단체에서 발간되는 유・무료 홍보매체 광고를 이용하여 거래선을 발굴할 수 있다. 다음의 [표 1-1]은 국내에서 발간되는 대표적인 해외홍보매체이다.

표 1-1 해외홍보매체[4]

발행처	매체명	언어	간행	배포처	문의처
한국무역협회 (KITA)	MarkKorea	영어	연 4회	해외 140여 개국	해외홍보과
	국내무역업체 Directory CD-ROM		연 1회		거래알선실
코엑스 (COEX)	Korea exhibition	영어	연 4회	해외 100여 개국	홍보과
	Coex Buying Directory		연 1회		
대한무역투자진흥공사 (KOTRA)	Korea Trade & Business	영어	월간	해외 100여 개국	KT발간팀
	Korea Trade				
중소기업진흥공단	Korea Buyers Guide	영어	월간	해외 100여 개국	취재부

4) 한국무역협회, 무역실무매뉴얼

5) 자체 홍보물 이용

회사의 자체 홍보물을 이용할 때는 해외 배포용 카탈로그(catalog)나 전단(leaflet)을 제작한 뒤 무역관련 유관기관을 통해 사전에 바이어리스트를 입수하여 해당 상품을 거래하는 바이어에게 홍보물을 직접 배포한다.

6) 국제무역박람회 및 해외전시회 참가

국제무역박람회나 해외 유명 전시회에 참여하거나 해외사절단에 참석하여 바이어를 직접 만나는 것도 거래선을 발굴하는 좋은 방법이 된다.

▌표 1-2 ▌ 각종 사절단 및 전시회 참가방법[5)]

주요 기관	전시 지원업무	문의처
한국무역협회	해외전시회	전시 · 컨벤션팀
코엑스	국내전시회	전시부
대한무역투자진흥공사	국내 및 해외전시회	전시부

(3) 신용조사

1) 신용조사의 내용

시장조사를 통해 다수 거래선을 발굴하면 거래를 개시하기 전 예상할 수 있는 거래상대방에 대한 신용조사(credit inquiry)를 사전에 거쳐야 한다. 국제무역의 경우 거래상대방이 계약이 체결된 후에 상품인수를 회피하거나 대금결제를 거절할 경우가 종종 있으므로 사전에 거래위험을 회피하기 위해서 신용조사는 필수적으로 요구된다.

신용조사를 할 때는 일반적으로 세 가지 신용조회 사항을 중점 조사하게 된다. 세 가지 사항 중 첫 번째는 성실성(character)으로 거래상대방의 상도덕, 영업태도, 평판 등 계약이행에 관한 신뢰도를 측정하는 것이다. 두 번째는 자산상태(capital)로 거래상대방의 자본 및 재무상태, 대금지불능력 등 주로 기업의 재무상태표와 관련한 내용들을 살펴보는 것이다. 세 번째는

5) 한국무역협회, 무역실무매뉴얼

거래능력(capacity)으로 연간 매출액, 거래실적, 업종, 회사연혁, 영업권 등 주로 손익계산서와 관련된 항목을 살펴보게 된다.

2) 신용조사의 방법

① 거래은행, 상공회의소

거래상대방의 현지 거래은행이나 상공회의소를 통한 신용조사 방법이다. 이 방법은 가장 일반적인 방법이며 시간이 단축되며, 저렴한 비용이 장점이기는 하나 책임성 없는 답변으로 의사결정에 오류가 있을 경우 그 책임을 묻기가 곤란하다는 단점이 있다.

② 해외지사나 사무소 및 기존 현지업자를 통한 조사

거래국에 위치한 자사의 해외지사나 현지업자를 통한 신용조사 방법이다. 이 방법도 시간과 비용을 절감할 수 있는 방법이기는 하나 객관성이 부족한 왜곡된 의견을 접할 소지가 있기에 의사결정을 위해서는 추가적인 조사를 요한다.

③ 세계적인 상업신용소 및 국내 신용기관을 통한 조사

국내외 전문신용조사기관으로부터 거래상대방의 신용을 조사하는 방법이다. 추가적인 비용이 소요되는 방법이기는 하나 중요한 거래를 하고자 하는 경우에는 전문적인 신용조사기관을 통해 유료로 신용조사를 하는 것이 사후 발생할 수 있는 피해를 막는데 효과적일 것이다. 국내의 전문신용조사기관으로는 신용보증기금, 대한무역투자진흥공사 및 무역보험공사[6] 등이 있다. 이들 기관에서는 무역업체의 위탁에 따라 신용조사를 실시하고 있다. 국제적인 상업신용소에는 영국의 Bradstreet British Ltd., 미국의 Dun & Bradstreet Inc. 등과 같은 기관이 있다.

---

6) 무역보험공사는 수출업체에서 수출보험에 부보한 후 수출대금을 회수할 수 없는 경우 일반적으로 90%까지를 보상해 주는 기능을 수행하고 있다.

잠시 쉬어가며

Duns Number(#)

Duns Number는 Dun & Bradstreet Inc.가 개발한 9자릿수의 기업 고유번호(code)이다. 흔히 국제사업자등록번호라고 생각하면 된다. 미국연방정부나 단체 또는 주요 대기업 등에 납품업체로 등록함에 있어서는 필수 기재사항이 되고 있다. 세계 50여 정부기관 및 무역협회에서 해당 기업의 신용조회 및 지불관계를 포함한 수출입계약 및 이와 관련된 모든 상거래관리의 기준으로 사용하고 있다. 우리나라에서도 신용보증기금에서 이와 유사한 KC Number(Korea Credit Number)를 제정하여 기업에 대한 신용정보를 제공하고 있다.

(4) 거래제의

신용조사를 거쳐 거래상대선이 선정되면 이들에게 거래를 제의하는 서신(C/L : circular letter)을 발송하게 된다. 거래제의서에는 다음과 같은 내용이 포함될 수 있다. 첫째로는 상대방을 알게 된 경위와 목적을 제시하여야 하며, 둘째로는 취급품목, 거래실적 및 주요 거래지역 등과 같은 간단한 자기회사 소개를 하고, 셋째로는 거래상품의 명세, 가격, 대금결제방식 등과 같은 거래조건을 포함시켜야 하며, 넷째로는 거래제의 회사의 신용조회처에 관한 내용을 명시하고 앞으로 거래관계를 개설할 것을 권유하는 내용 등을 포함하여 거래제의서를 작성한다.

참고 **circular letter 사례**

Messrs
Summerwood Trading Inc.
Saratoga Ave #04E, Santa clara, CA95050, USA

April 17, 2012

Gentlemen:

Your company name has been given by City Bank in your City which was connected with our branch office located in Sanjose.

We are the leading company in Korea which is producing all kind of dolls. Our dolls, especially One Eyed Dog series are very popular in Korea.

We are interested in your Big Eye used at your monster doll.

If you are interested in this deal, please reply email our company with competitive price suggestion.

As to our credit standing, we refer you to the Woori Bank or any of the commercial banks in Korea.

Awaiting your reply as soon as possible.

Yours very truly
Shingu Doll Co., Ltd.

circular letter를 작성할 때는 추상적인 내용을 배제하고 구체적이고 간결한 문장을 이용하여 상대방의 관심을 유도하는 것이 필요하다. 주로 실무에서는 이메일을 통한 방법을 이용하는 경우가 많으며, 거래상대방에게 신뢰를 주는 방식이면 더욱 좋을 것이다. 예를 들어 상대방과 거래하고 있는 회사의 거래선을 통한 격식 있는 공문형식도 선호된다. 거래제의에 응답이 없을 경우에는 더 이상의 진전이 불가능하기에 가급적이면 확실히 응답을 기대할 수 있는 방식을 선택하는 것이 중요하다.

통상적으로 circular letter를 받은 후에는 거래제의를 받은 상대방이 거래제의를 한 업체에 관심품목에 대한 문의를 해오게 되는데, 이를 trade inquiry라 한다. trade inquiry를 통해 향후 청약을 위한 구체적인 물품의 종류, 구조, 형태, 가격조건, 운송 및 보험조건, 결제조건 등 무역거래전반을 위한 정보를 서로 공유해 나가며 이와 같은 과정을 거치며 서로에 대한 신뢰성을 확인해 나가게 된다. 이와 같은 과정이 구체적이고 합리적으로 이루어지지 못하게 된다면 이후 단계로 진행하지 못하게 되므로 업무담당자는 성실한 태도로 임하되 상대방의 태도를 면밀히 관찰하여 경영진들의 의사결정에 도움이 되는 정보를 제공할 수 있어야 할 것이다.

(5) 청약

국제무역계약은 기본적으로 매도인과 매수인의 확정적 의사표시인 청약과 승낙에 의해 성립한다. 청약(offer)은 청약자(offeror)가 피청약자(offeree)에게 계약을 체결하고 싶다는 의사표시를 하는 것을 의미한다. 청약은 구두나 전보 혹은 청약서(offer sheet)와 같은 문서로 이루어지며 여기에는 품명, 가격, 수량, 선적조건, 품질, 보험, 대금결제방법 등의 구체적인 내용을 포함하여 명시하여야 한다. 다만, 무역거래는 향후 발생가능한 분쟁의 내용이 국내거래에 비해 복잡한 양상을 띠게 될 수도 있고 문제해결에 시간과 비용이 크게 소요될 수 있기에 서면으로 작성하여 책임소재를 명확히 하는 것이 중요할 것이다.

청약은 피청약자에게 도달하였을 때 효력이 발생하며, 청약이 피청약자에게 도달하기 전 청약자가 청약철회를 하거나 도달시점에 피청약자가 청약거절을 하거나 혹은 청약조건으로 유효승낙기간을 정해놓은 경우 유효기간 내에 승낙의사표시가 없으면 청약은 자동으로 효력을 상실한다.

청약은 우선 청약자가 매도인인가 매수인인가에 따라서 매도인이 매수인에게 보내는 판매청약(selling offer)과 매수인이 매도인에게 보내는 구매청약(buying offer)으로 나누어진다. 일반적으로 청약을 한다는 의사표시는 'offer'를 이용하여 'We offer your company subject to your reply by May 11, 2012' 혹은 'We are glad to offer your firm subject to acceptance by email' 등과 같이 다양하게 표현가능하다.

(6) 승낙

청약이 있게 되면 피청약자가 청약자에 대해 계약체결 여부에 관한 긍정적인 의사표시를 하게 되는데 이를 승낙(acceptance)이라 한다. 승낙은 청약의 모든 조건에 대한 무조건적인 완전한 동의를 의미하는 것으로, 청약조건에 대해 새로운 내용의 조건을 추가하거나 기존 조건을 변경하거나 혹은 침묵이나 무(無)행위 등의 행위는 승낙으로 간주하지 않게 된다. 승낙은 보통 매도인으로부터 보내온 청약(offer)을 매수인이 승낙하거나 매수인으로부터 보내온 청약을 매도인이 승낙하는 형식으로 이루어진다.

실무적으로는 청약과 승낙은 한 번에 걸쳐 이루어지는 것이 아니라 매수인의 청약요청에 의하여 매도인이 청약을 반대청약하게 되고, 피청약자인 매수인이 반대청약을 하고, 또 반대청약을 받은 매도인이 반대청약에 대해 반대청약을 하는 과정을 통해 어느 한 당사자가 반대청약을 승낙함으로써 종결되는 것이 일반적이다.

예제 1-1

금두꺼비보석상의 한 대리는 중국의 금화상사가 수출하는 금을 수입하기 위해 금화상사에 오퍼요청을 하여 온스당 1,600원에 수출하는 오퍼를 10월 2일 오전 10시에 fax로 받았다. 그러나 금두꺼비보석상 사장님인 김 사장은 너무 비싸다며 한 대리에게 온스당 1,500원으로 반대청약을 하라 지시하여 오전 12시에 fax를 송부하였다. 하지만 그 후 국제금가격이 온스당 2,200원으로 상승하여 김 사장은 본인의 잘못을 깨닫고 한 대리에게 온스당 1,600원으로 받은 원오퍼를 승낙하라 지시하였다. 당신이 한 대리라면 답변은 무엇이었을까?

온스당 1,500원으로 제시한 반대청약이 도달하여 온스당 1,600원의 원청약은 청약으로서의 효력을 상실하였습니다. 무역거래에 있어서는 반대청약이 있게 되면 원래의 청약은 법률상 그 효력을 상실하게 됩니다. 이제는 중국쪽의 반응을 살펴 반대청약을 승낙하기를 기다리거나 또다시 반대청약을 하도록 유도하는 수밖에는 별도리가 없을 것 같습니다. 아마 금시세가 올라 1,600원의 원청약보다는 비싼 가격에 반대청약을 보내올 것 같고 그것을 승낙하거나 아니면 다시 협상을 시작하여야 할 것으로 사료됩니다.

(7) 매매계약서 작성

양 당사자 간에 청약과 승낙이 이루어진 후에는 구체적인 거래를 시작하기 위하여 매매계약서를 작성하여야 한다. 일반적으로 매매계약은 개별무역계약(Case by Case Trade Contract)과 포괄무역계약(Basic Trade Contract, Master Trade Contract)으로 구분된다. 계약체결을 건별로 체결하는 개별무역계약과 달리 포괄무역계약은 일정기간 수차례 지속될 매매거래조건을 하나의 계약으로 작성하여 매수인의 요청이 있을 때 물품을 인도하게 된다. 매매계약서에는 구체적으로 세부적인 사항이 포함되어야 하며, 이것은 향후 무역거래의 기본이 되므로 무척 중요하며 관련 내용에 대한 이해는 무역에 있어 필수불가결한 요소이므로 숙지하여야 한다.

무역계약조건에는 품질, 수량, 가격, 포장, 선적, 보험, 대금결제 등의 다양한 조건들이 구체적으로 명시되어야 한다. 매매계약서에 포함되어야 할 내용 및 조건들을 구체적으로 살펴보면 다음과 같다.

1) **품질조건**(terms of quality)

품질조건은 견품매매, 상표매매, 규격매매, 표준품매매로 구분할 수 있는데 이를 각각 살펴보면 다음과 같다.

① **견품매매**(sales by sample)

견본품에 의해 거래상품의 품질을 결정하는 거래방식으로 공산품 거래시 가장 널리 사용되는 방식이다. 계약서상에 '견본품과 같은'이라는 용어가 삽입되어 매도인이 제공한 견본품이 무역거래상의 품질조건이 되는 방법이다. 이 경우 '견본품과 같은'이라는 용어가 모호하여 향후 무역분쟁이 발생할 수 있기에 매도인은 매수인에게 보낸 견본품(original sample)과 동일한 규격과 형태 등을 갖춘 제2견본품(duplicate sample)을 구비하여 향후 무역분쟁에 대비하는 것이 필요할 것이다. 또한 계약서상의 '견본품과 같은'이라는 용어도 금형을 사용하여 형태가 규격화되어 있는 공산품의 경우에는 'same as the sample' 혹은 'exactly equal to the sample' 등을 사용하여도 되나 수공이 많이 들어가 형태나 색상 등이 규격화되기 힘든 물품의 경우에는 'similar to the sample' 혹은 'almost equal to the sample' 등을 사용하는 것이 바람직할 것이다.

② **상표매매**(sales by trade mark)

상표매매방식은 견본품을 제시할 필요도 없이 상표만으로 품질을 약정하는 거래방식으로 믿을 수 있는 세계 일류브랜드의 상품을 거래할 때 흔히 사용되는 방식이다.

③ **규격매매**(sales by specification)

규격매매방식은 선박이나 플랜트, 혹은 대형 기계류 등을 거래할 때 사용되는 거래방식으로 거래물품의 소재, 구조, 성능, 규격, 기타 물품에 관한 상세한 명세서(specification)나 설계도(plan) 등으로 품질결정 기준을 삼는 방식이다.

④ **표준품매매**(sales by standard)

표준품매매방식은 농산물이나 광산물 등을 거래할 때 주로 사용되는 거래방식으로 사전에 추상적인 표준품을 정하여 놓고 이후 인도된 물품이 표준품과 다소 상이할 경우 그 차이만큼 정산하는 거래방식이다. 표준품매매에는 GMQ Term, USQ Term, FAQ Term이 쓰인다. GMQ Term(good merchantable quality, 판매적격품질조건)은 품질의 등급이 아닌 인도 당시 시장에 판매가능할 정도가 되는 경우 품질조건을 만족한 것으로 보는 방식으로서 냉동식품 등과 같이 잠재하자가 많은 품목의 매매거래에 많이 사용된다. USQ Term(usual standard quality, 보통품질조건)은 해당 품목을 관장하는 공인기관의 판정에 의해 보통수준의 품질의 것을 인도하기로 약정하는 품질조건으로서 실크, 원면, 인삼 등의 제품에 주로 사용된다. FAQ Term(fair average quality, 평균중등품질조건)은 곡물, 과실류 등의 매매에 사용되는 품질조건이다.

2) **수량조건**(terms of quantity)

계약조건 중 수량조건은 중량(weight), 길이(length), 용적(measurement), 포장(package), 개수(number) 등으로 표시된다. 비포장상태로 거래되는 곡물이나 광물 등과 같은 이른바 용적(bulk) 화물의 경우에는 운송 및 환적과정에서 손실이 불가피하므로 약정된 수량에서 약간 과잉되거나 부족한 수량을 인도하여도 계약위반으로 보지 않는 과부족용인조건(more or less clause)이나 계약서 수량조건상에 약(about, circa, approximately, around, some)이라는 표현을 사용하는 개산수량조건(approximate quantity)을 사용한다. 이 경우 개산수량조건의 '약'이란 표현은 신용장거래방식에서는 10% 내외의 과부족을 허용하는 것으로 해석하면 된다. 그렇지 아니하고 '8% plus or minus on contract quantity' 혹은 'quantity shall be subject to the variation of 7% more or less at seller's option' 등을 사용하여 확정할 수도 있다.

현행 신용장통일규칙에서는 신용장상에 과부족을 인정하지 않는다는 금지표시가 없는 한 5%의 과부족은 허용된다는 취지의 규정을 두고 있다. 다시 말하자면 신용장상 과부족불인정조건이 없는 한 5% 범위 내에서 수량을 초과 또는 부족하게 인도하더라도 수출대금의 회수에는 문제가 발생하지 아니하는 점도 기억해야 할 것이다.

3) **가격조건**(terms of price)

국제무역은 국내거래에서 발생하지 않는 운송비, 보험료, 관세, 신용장 수수료 등의 다양한 부대비용이 발생하므로 이 비용부담의 일부 혹은 전부를 수출업자와 수입업자 중 누구에게 귀속시킬 것이냐에 따라 여러 가지 가격조건이 형성된다. 오늘날 무역거래 시에는 국제상업회의소(ICC)에서 제정되는 인코텀즈(INCOTERMS)에 제시되어 있는 정형거래조건에 따라서 FOB, CIF 등과 같은 가격조건을 결정하게 된다.

무역과 관련된 가격조건은 다양한데 이것에 대한 구체적인 내용은 본 서 제5장의 제2절에 서술되어 있다.

4) **포장조건**(terms of packing)

포장은 거래물품의 운송, 보관, 하역에 있어 상품가치의 손상을 방지하기 위한 것으로 운송도중 물품에 사고가 발생하였을 때 사고원인이 포장불량일 경우 손해배상은 보험회사나 선박회사가 아닌 전적으로 수출업자가 책임진다. 계약조건 중 포장조건은 포장상품의 낱포장(item packing), 속포장(interior packing), 겉포장(outer packing)과 운송물품의 외부 확인을 용이하게 하기 위해 화물 외장에 포장번호, 목적지, 중량 등을 표시하는 화인(shipping mark) 등에 관한 것을 표시한다.

5) 선적조건(terms of shipment)

무역계약에서 선적(shipment)은 선박뿐만 아니라 항공기나 철도차량을 포함한 모든 운송수단에 대한 적재를 총칭한다. 계약조건 중 선적조건에는 거래상품의 선적시기, 선적장소, 선적방식 및 분할선적과 환적의 허용 여부에 관한 내용이 결정된다.

선적시기를 결정할 때는 특정한 달(예 : March shipment, Shipment should be made during March – 단월조건) 또는 일정기한 이내(예 : March and April shipment – 연월조건)에 선적할 것을 약정할 수 있지만 선적시기를 명확히 정하지 않고 막연하게 '즉시 선적'(예 : Shipment should be made as soon as possible)하도록 할 수도 있다. 또한 특정일 이전 선적조건(예 : Shipment should be made not later than March 10th), 특정일 이후 조건(예 : Shipment should be made after March 10th) 등도 가능하다. 참고로 위의 선적조건 중 즉시선적의 경우 L/C(Letter of Credit)의 유효기간 이내에 선적하면 되는 것으로 신용장통일규칙에는 해석된다. 그리고 선적일의 거증은 B/L(Bill of Lading)상 선적일자를 표시하는 란에 실제 선적일을 명시한 경우에는 그날을 선적일로 보며 만약 선적일이 명시되어 있지 않은 경우에는 B/L의 발행일을 선적일로 보게 된다.

분할선적은 거래물품을 한 번에 전부 선적하지 않고 수차례에 걸쳐 일부씩 선적하는 것으로 분할선적 횟수와 각 회당 선적수량을 사전에 약정하게 된다. 환적은 선적화물을 출발지에서 도착지로 운송하는 도중 다른 선박 혹은 운송수단에 물품을 다시 옮겨 싣는 것으로 물품손상 및 분실의 우려가 있기는 하지만 복합운송에서 일반적으로 이루어지는 것이다.

6) 보험조건(terms of insurance)

운송 중인 물품은 각종 위험에 의해 물적 손실을 입을 수 있으므로 그 위험을 담보받기 위하여 적하보험(cargo insurance)에 부보한다. 이러한 보험계약 시에는 담보위험의 범위와 보전대상 물품의 손상 정도에 대한 약정을 주요 내용으로 한다. 보험계약을 누가 할 것인가와 보험료를 누가 지불할 것인가는 인코텀즈(INCOTERMS)에 규정되어 있으므로 무역당사자 간 별도의 약정을 굳이 요하지 아니한다. 보험계약조건은 개별운송 시마다 구체적으로 결정되지만 해상적하보험의 경우에는 보험위험과 보전대상 손실의 범위에 관한 전형약관이 있다.

7) 대금결제조건(terms of payment)

무역거래는 멀리 떨어져 있는 다른 나라와의 거래이기 때문에 국내거래와 달리 대금결제방식이 다양하다. 또한 무역거래는 국내거래와 달리 거래기간이 오랫동안 소요되고 상대방의 신용에 따른 대금미회수의 위험이 크기 때문에 국내거래와 달리 대금결제가 복잡하다. 따라서 매매계약 시 이러한 대금결제조건이 미리 결정된다.

대금방식과 결제시기의 간략한 내용은 다음과 같으며 무역대금결제방식에 대한 구체적인 내용은 본 서 제2장에 자세하게 서술되어 있다.

① 결제방식

무역대금결제방식은 크게 신용장(L/C)방식에 의한 결제, 추심(D/A, D/P)방식에 의한 결제, 송금방식에 의한 결제로 나눌 수 있으며 이 중 신용장방식에 의한 결제가 가장 보편적인 대금결제방식이다.

② 결제시기

무역계약 체결 후 수출입대금을 언제 결제할 것인지에 따라서 선지급(advanced payment), 동시지급(concurrent payment) 및 후지급(deferred payment)방식으로 나누어진다.

선지급방식은 물품선적 또는 인도 이전에 미리 수출입대금을 결제하는 방식으로 CWO(cash with order)방식이 대표적이다. 그리고 동시지급방식은 현물 혹은 현물인수권한이 부여된 서류, 예컨대 선하증권(B/L) 등과의 상환으로 대금을 지급하는 방식으로 COD(cash on delivery), CAD(cash against documents), D/P(documents against payment), at sight L/C(일람출급신용장방식) 등이 있다. 마지막으로 후지급(deferred payment)방식은 물품의 선적이나 인도 혹은 어음인수 후 일정기일이 지난 다음에 대금결제가 이루어지는 방식으로 이러한 것으로는 D/A(documents against acceptance), usance L/C(기한부신용장방식), 중장기 연불조건 등이 있다.

2. 수출입절차

(1) 수출절차

1) 수출의 개념

수출은 국내에서 제조된 물품을 유상으로 외국시장에 판매하는 상행위로, 우리나라 대외무역법과 관세법에서는 수출에 관해 다음과 같이 각각 정의하고 있다. 먼저 대외무역법에서는 수출(export)이란 매매, 교환, 임대차, 사용대차, 증여 등을 원인으로 국내에서 외국으로 물품을 이동(우리나라 선박에 의하여 외국에서 채취·포획한 광물 또는 수산물을 외국에 매도하는 것을 포함)하는 것과 유상으로 외국에서 외국으로 물품을 인도하는 것으로 산업통상자원부장관이 정한 것으로 규정하고 있다. 또한 관세법에서는 수출을 내국물품을 외국으로 반출하는 것으로 정의하고 있는데, 이때 내국물품은 우리나라에 있는 물품으로 외국물품이 아닌 것과 우리나라의 선박에 의해서 공해에서 채포(seizing)된 수산물을 말한다.

2) 수출절차의 과정

수출절차의 일반과정을 단계별로 살펴보면 다음의 [그림 1-2]와 같다.

그림 1-2 | 수출절차의 단계

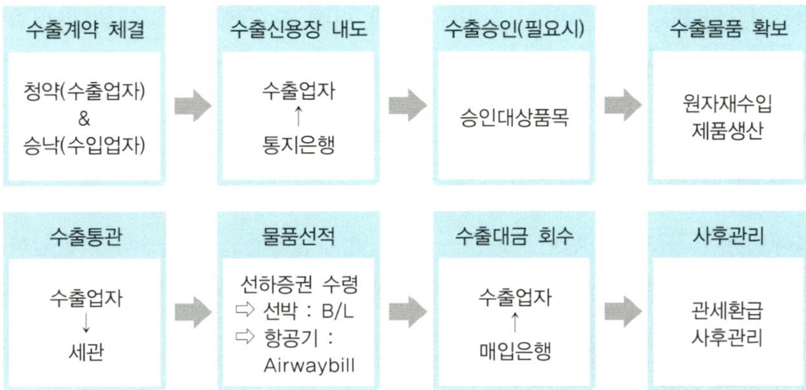

① 수출계약 체결

해외시장조사 후 적당한 거래선을 선정하면 청약 및 승낙을 통해 매매계약을 체결하고 계약서를 작성한다.

② 수출신용장 내도

계약체결 후 수입업자로부터 신용장이 내도하면 수출업자는 이러한 수출신용장을 근거로 개설은행의 신용상태, 신용장 내용이 계약내용과 일치하는지 등의 여부를 확인한다.

③ 수출승인(필요시)

수출승인은 수출입공고, 별도공고에 의해 수출이 제한되는 품목을 수출할 경우 사전에 수출승인기관으로부터 승인을 얻도록 한 제도로, 물품의 이동만을 관리하고 대금결제는 외환관리법에서 관리한다.

수출 시 수출업자는 먼저 수출물품이 수출승인대상품목에 적용되는지의 여부를 HS코드를 통해 확인하여야 하며 수출승인대상품목에 해당하는 경우 승인을 받아야 한다.

④ 수출물품 확보

수출물품을 확보할 때는 자체 제품을 생산하거나 완제품을 국내에서 구매하게 된다. 이때 수출품 자체 제조를 위해 원자재를 조달하는 방법에는 내국신용장(Local L/C)이나 구매승인서에 의해 국내에서 조달하는 방법과 수입신용장을 개설하여 해외에서 조달하는 방법이 있다.

⑤ **수출통관**

수출물품 확보가 완료되면 수출업자는 선박회사와 운송계약을 체결하고 적하보험에 부보하여 관련서류를 구비한 뒤 수출물품을 보세구역에 반입하고 관세법 및 기타 법령이 정하는 바에 따라 세관장에게 수출신고를 한다. 세관장은 구비서류 및 기재사항의 누락 여부, 수출승인조건과 수출신고내용의 일치 여부, 신고된 서류상의 물품과 실제 물품과의 일치 여부 등을 심사한 뒤 신고내용에 하자가 없으면 수출신고필증을 교부한다.

⑥ **물품선적**

수출신고 후 수출물품은 내국물품에서 외국물품으로 간주되며, 수출업자는 수출물품을 보세구역에서 반출하여 선박이나 항공기에 선적하고 운송업자로부터 선하증권(B/L)을 교부받는다.

⑦ **수출대금 회수**

신용장방식의 무역인 경우 수출업자는 선적완료 후 신용장에서 요구하는 운송서류(상업송장, 선하증권, 포장명세서, 원산지증명서 등)를 구비하고 환어음을 발행한 다음 국내의 거래 외국환은행에 환어음의 매입을 의뢰한다.

환어음매입을 의뢰받은 국내의 외국환은행은 운송서류가 신용장조건과 일치하는지의 여부를 심사하고 아무 하자가 없으면 환어음을 매입하고 수출대금을 수출업자에게 지급한다. 이후 수출업자의 외국환은행(매입은행)은 신용장 개설은행에 환어음과 운송서류를 송부한 뒤 결제한 대금을 회수한다.

⑧ **사후관리**

수출완료 후 수출업자는 수출상품 제조에 소요된 원재료를 외국에서 수입 시 기납부한 관세를 환급받을 수 있다. 이 경우 환급신청은 수출신고 수리일로부터 2년 이내에 세관에 신청하여야 한다.

한편 수출업자는 수출승인 유효기간 내에 수출이행과 대금회수를 하였는지와 외화획득용 원자재를 수입한 경우에는 대응수출을 이행하였는지의 여부에 관해 사후관리를 받는다.

(2) 수입절차

1) 수입의 개념

수입은 외국에서 생산 및 가공된 물품이 우리나라 세관을 거쳐 국내로 반입되는 것을 말하는데, 우리나라 대외무역법과 관세법에서는 수입에 관하여 다음과 같이 각각 정의하고 있다.

먼저 대외무역법에서는 수입(import)이란 매매, 교환, 임대차, 사용대차, 증여 등을 원인으로 외국에서 국내로의 물품의 이동과 유상으로 외국에서 외국으로 물품을 이동하는 것으로 산업통상자원부장관이 정한 것으로 규정하고 있다. 또한 관세법에서는 수입을 외국으로부터 우리나라에 도착된 물품을 우리나라에 인취하는 것과 외국의 선박에 의하여 공해에서 채포한 수산물이나 수출면허를 받은 물품을 우리나라에 인취하는 것으로 규정하고 있다.

한편 수입절차는 수입계약 체결 후 수입업자가 수입승인을 받아 수입신용장을 개설한 후 외국 수출업자로부터 수입화물과 운송서류 및 환어음이 도착하면 수입대금을 지급하고 당해 수입물품의 통관절차를 거쳐 물품을 인수하는 일련의 법률적·행정적 절차를 말한다.

2) 수입절차의 과정

수입절차의 일반과정을 단계별로 살펴보면 다음의 [그림 1-3]과 같다.

그림 1-3 | 수입절차의 단계

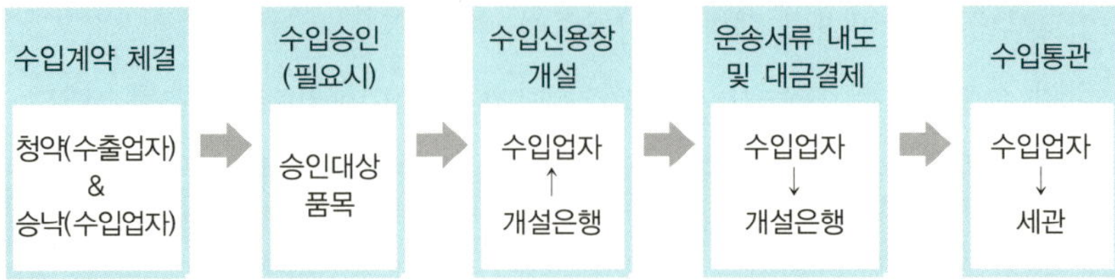

① **수입계약 체결**

수입업자는 해외시장조사 후 적당한 거래선을 선정하면 수출업자와 수입계약을 체결한다. 일반적으로 수입업자는 해외 수출업자가 보내온 거래제의서(C/L)를 받거나 국내 오퍼상의 청약(offer)에 대해 승낙(acceptance)을 함으로써 물품매도확약서를 발급받아 수입계약을 체결한다.

② **수입승인(필요시)**

수입승인은 수출입공고, 별도공고에 의해 수입이 제한되는 품목을 수입이 가능하도록 하게 하는 제도이다. 수입업자는 수출입공고 등에서 승인대상품목으로 지정된 물품을 수입할 경우에는 매 수입건마다 수입승인을 받아야 한다. 수입승인제도는 수출승인제도와 마찬가지로 대금결제에 관한 사항을 제외한 물품의 이동만을 관리한다.

③ **수입신용장 개설**

수입승인을 받은 수입업자는 수입승인서를 첨부하여 자신의 거래은행에 수입신용장 개설을 의뢰한다. 개설은행은 개설된 신용장의 내용을 수출국의 통지은행에 송부하고 이를 받은 통지은행은 수출업자에게 신용장이 내도하였음을 알리게 된다. 이후 수출업자는 사전 계약내용에 따라 신용장의 유효기간 내에 물품을 선적한다.

④ **운송서류 내도 및 대금결제**

수출업자로부터 선적된 물품과 함께 개설은행으로부터 운송서류와 환어음이 도착하였음을 통지받은 수입업자는 수입대금을 결제하고 운송서류를 수취한다. 이때 물품은 도착하였으나 운송서류가 도착되지 않아 물품인수가 곤란할 경우에는 수입화물선취보증서(L/G)를 은행으로부터 발급받아 운송회사에 제시한 후 화물을 인수할 수 있다.

⑤ **수입통관**

수입대금을 결제하고 화물을 인수한 수입업자는 수입물품을 보세구역에 반입한 후 관세법 및 기타 법령이 정하는 바에 따라 세관에 수입신고를 한다.

수입신고를 받은 세관은 수입신고한 물품과 수입승인서상의 물품이 일치하는지 여부와 구비서류 기재사항의 누락 여부를 검사하고 수입신고사항이 수입승인사항과 일치하는지를 심사한다. 그리고 수입물품에 대한 과세기준이 결정되고 관세를 부과한 후 고지된 관세가 수입업자에 의해 납부되면 수입신고필증을 교부한다. 수입신고필증을 교부받은 후에야 수입물품은 외국물품에서 내국물품으로 간주되며 보세구역에서 반출이 가능해진다.

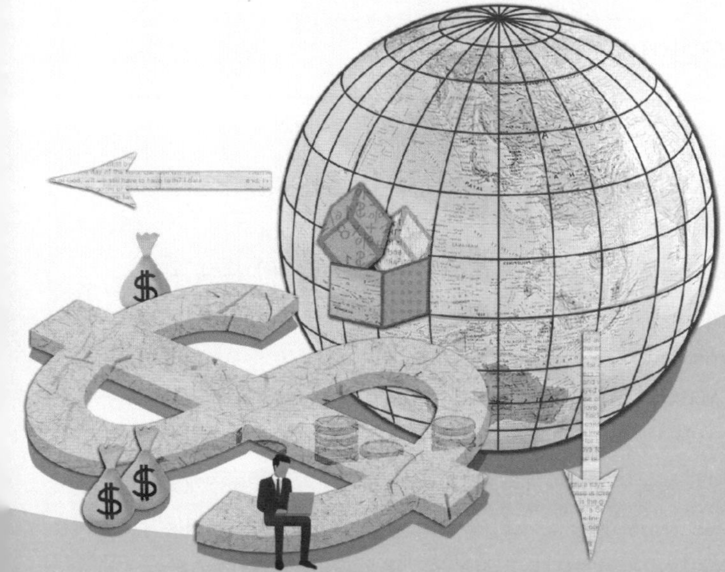

2 CHAPTER 무역대금의 결제방식

무역대금결제 온라인으로 하세요

해외 무역대금결제 시 특송이나 국제우편 등으로 처리해 오던 수출입 관련서류를 간편하게 온라인으로 주고받을 수 있는 시스템이 연내 도입된다.

한국무역협회는 지난달 30일 국제금융통신망 운영기관인 스위프트(SWIFT)사 및 외환은행과 공동으로 글로벌 전자무역 결제모델을 구축하기로 결정하고 중국 국제전자상무중심(CIECC), 일본 도쿄미쓰비시은행 등이 참여하는 실행계획을 발표했다. 이 시스템을 이용하면 국내외 무역업체들은 전자무역 단일창구인 '유트레이드허브(uTradeHub)'와 스위프트망을 이용, 이르면 12월 말부터 무역대금의 전자결제를 이용하게 된다.

특히 전자무역 결제모델에는 중국·일본의 기관 및 은행이 함께 참여, 동북아 3개국의 전자무역 협력네트워크 구축도 가능하게 됐다. 스위프트사는 전 세계 8,400여 개 금융기관이 가입된 세계 최대의 금융통신망 운영기관으로 상업송장 등 주요 무역서류의 은행 간 교환 및 검증기능을 담은 TSU를 개발, 글로벌 결제모델을 만들었다.

〈자료원 : 파이낸셜뉴스, 2008. 7. 1〉

Chapter 02

무역대금의 결제방식

무역거래는 멀리 떨어져 있는 다른 나라와의 거래이기 때문에 국내거래와 달리 대금결제방식이 다양하다. 우선 국내거래는 한 나라 안에서 거래가 이루어지기 때문에 대금결제는 단순하게 해결된다. 이와 반면에 무역거래는 국내거래와 달리 거래기간이 오랫동안 소요되고 상대방의 신용에 따른 대금미회수의 위험이 크기 때문에 대금결제가 복잡하다. 이러한 국내거래와 무역거래의 대금결제방식이 차이가 나는 이유를 살펴보면 다음과 같다.

첫째, 무역거래는 국내거래와 달리 상이한 법제도와 문화를 가진 외국과의 거래이기 때문에 해당 국가의 다양한 결제방법, 상이한 금융환경 등을 고려하여 대금결제방식을 결정하여야 한다.

둘째, 무역거래는 국내거래보다 대금미회수의 위험이 높다. 상대방의 신용이나 상대방국가의 시장상황이나 외환상황 등에 따라 대금미회수의 가능성이 국내거래보다 높기 때문에 적절한 대금결제방식을 결정하여야 한다.

셋째, 동일화폐를 사용하는 국내거래의 경우 대금의 결제방법이 단순하나 무역거래는 사용하는 화폐가 다르기에 환율변동의 위험을 고려하여 대금결제방식의 결정이 요구된다.

표 2-1 무역대금결제방식의 종류 요약

<table>
<tr><th colspan="3">무역대금결제방식의 종류</th></tr>
<tr><td rowspan="3">1. 송금결제방식</td><td>사전송금방식</td><td>CWO방식</td></tr>
<tr><td rowspan="2">사후송금방식</td><td>COD방식</td></tr>
<tr><td>CAD방식</td></tr>
<tr><td rowspan="2">2. 추심결제방식</td><td colspan="2">D/P방식</td></tr>
<tr><td colspan="2">D/A방식</td></tr>
<tr><td rowspan="2">3. 신용장결제방식</td><td colspan="2">at Sight L/C방식</td></tr>
<tr><td colspan="2">usance L/C방식</td></tr>
</table>

제 1 절 무역대금결제방식의 종류

무역대금의 결제방식은 크게 신용장방식과 무신용장방식으로 나누어진다. 본 서에서는 대금결제방식이 어떠한 형태로 발전되었는지에 초점을 맞추어 설명하고자 한다. 즉, 단순한 송금방식에서 오늘날 대부분 사용되는 신용장방식까지 순차적으로 설명한다.

무역거래는 무역대금의 결제방식에 따라 크게 세 가지로 구분할 수 있는데, 송금결제방식에 의한 무역, 추심결제방식에 의한 무역 그리고 신용장결제방식에 의한 무역으로 나눌 수 있다. 이에 대한 내용을 각각 세부적으로 살펴보자.

1. 송금결제방식

송금결제방식이란 추심결제방식, 신용장결제방식 이외의 무역거래의 대금결제방식으로 수입업자와 수출업자 사이의 대금지급에 있어 화환어음이나 신용장 등이 개입되지 않는 단순한 대금결제방식이다. 즉 수출업자가 수입업자에게 물품을 찾을 수 있는 운송서류를 제공하면 별도의 대금청구를 하지 않더라도 수입업자가 수출업자에게 물품대금으로 수표, 국제우편환증서, 전신환 등을 이용해 직접 송금하여 준다. 이 방식은 단순히 수출업자와 수입업자 간의 신용에 의해 대금을 결제하는 방식이다.

송금결제방식의 특징을 살펴보면 이 방식은 이후에 설명할 추심결제방식과 신용장결제방식과 달리 환어음과 신용장이 개입되지 않으며 이에 따라 수출국의 거래은행을 통한 제시 등이 없다. 즉 대금결제는 수입업자가 수출업자에게 현금, 수표, 전신환 등의 각종 방법으로 지급할 수 있고, 선하증권과 같은 운송서류는 은행 등을 거치지 않고 수출업자가 수입업자에게 직접 송부할 수 있는 것이다. 또한 송금방식거래에서는 수출업자가 수입업자를 지급인으로 하여 발행하는 환어음의 존재가 없으므로 이 방식을 무어음거래인 동시에 무신용장거래로 이해하면 된다.

이러한 송금결제방식에는 물품의 수출입 이전에 수입업자가 수출업자 앞으로 수출대금을 사전에 송금하는 사전송금방식(CWO)과 물품 또는 운송서류(선하증권 등)를 받은 후에 수입업자가 수출업자에게 대금을 지급하는 사후송금방식(COD와 CAD)이 있다. 사전송금결제방식과 사후송금결제방식을 각각 나누어 설명하면 다음과 같다.

(1) 사전송금방식(CWO방식)

송금결제방식 중 사전송금방식, 즉 CWO(Cash With Order)방식이란 물품선적 전에 수입업자가 수출업자에게 수입대금을 외화, 수표 등 지정영수통화로 표시된 대외지급수단에 의하여 미리 지급하고 수출업자가 이러한 대금의 수취 후 일정기일 내에 이에 상응하는 물품을 선적하는 거래방식을 말한다. 이러한 사전송금방식은 단순송금방식이라고도 불리는데, 수출업자의 입장에서 보면 수출대금, 즉 채권의 조기회수 등으로 유리하지만 수입업자의 경우에는 대금을 미리 주고 물품을 받지 못할 위험이 있기 때문에 상대적으로 불리한 위치에 놓이게 된다.

이러한 사전송금방식의 대금결제에 있어 지급수단은 외화, 우편환, 전신환 등이 사용되는데 실무에서는 전신환(TT : Telegraphic Transfer)이 가장 많이 이용되므로 TT방식이라고 불리기도 한다. 전신환방식은 수입업자의 요청에 따라 송금은행이 지급은행에게 일정한 금액을 전신환형식으로 발행하여 송금은행이 지급은행으로 송신하는 방식을 말하며 'wire transfer'라고도 한다.

그림 2-1 ▌ 사전송금방식(CWO방식)의 거래흐름도

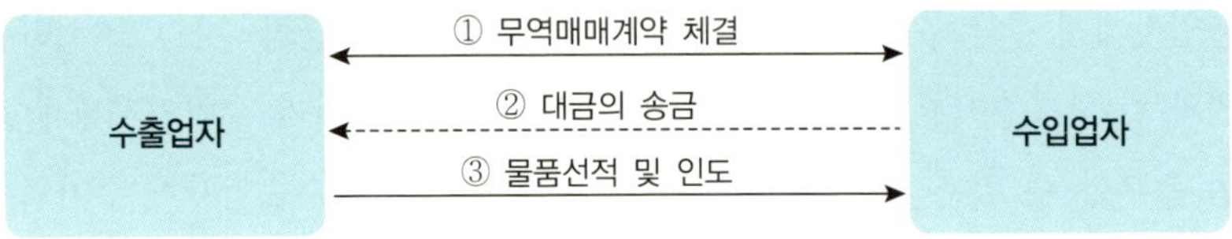

[그림 2-1]의 흐름도와 같이 사전송금(CWO)방식은 다음의 거래절차를 따른다.

① 수출업자와 수입업자는 무역에 관한 계약을 체결한다. 이 경우 계약서에 사전송금(CWO)방식으로 명시한 대금결제방식을 약정한다.

② 수입업자는 수출업자에게 직접 대금을 송금한다.

③ 수출업자는 송금을 받은 후 계약물품의 수출통관을 완료하여 선적하고 운송서류와 함께 물품을 수입업자에게 인도한다.

(2) 사후송금방식(COD와 CAD방식)

송금결제방식 중 사후송금방식은 사전송금방식과 반대로 수입업자는 수출업자가 송부한 물품이나 운송서류를 검사·입수하여 확인한 후에 대금을 지급하는 방식이다. 이러한 사후송금방식은 사전송금방식과 반대로 수입업자의 입장에서는 물품을 받고 대금을 지급할 수 있어 유리하지만 수출업자의 입장에서 보면 수입업자가 물품을 받고도 인수를 거절하거나 대금을 보내지 않을 위험이 있기 때문에 상대적으로 불리한 위치에 놓이게 된다.

사후송금방식은 크게 COD방식과 CAD방식으로 나눌 수 있다. 각각의 내용을 구체적으로 살펴보자.

1) COD방식

사후송금방식 중 COD(Cash On Delivery)방식이란 현물상환지급방식으로서 수출물품이 목적지에 도착하면 수입업자가 직접 상품의 품질 등을 검사한 후에 수출입대금을 물품과 상환하여 현금으로 지급하는 거래방식이다.

이 방식의 거래에서는 수입업자는 도착한 물품의 품질을 확인한 후 계약을 취소하거나 대금을 낮출 수도 있어 수입업자에게 유리한 거래방식이다.

그림 2-2 | COD방식의 거래흐름도

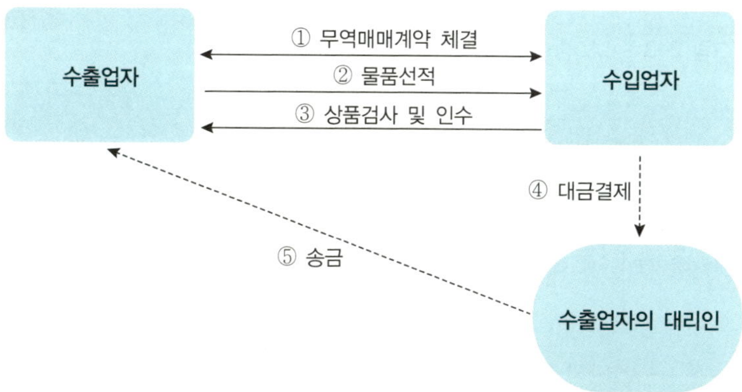

[그림 2-2]의 흐름도와 같이 COD방식은 다음의 거래절차를 따른다.

① 수출업자와 수입업자는 무역에 관한 계약을 체결한다. 이 경우 계약서에 COD방식으로 명시한 대금결제방식을 약정한다.

② 수출업자는 계약물품의 수출통관을 완료하여 선적하고 운송서류를 수입업자에게 발송한다.

③ 수입업자는 물품을 입고한 후 검사한다.

④ 수입업자는 물품에 하자가 없으면 수출업자의 대리인이나 수출업자의 거래은행에 대금을 결제한다.

⑤ 수출업자의 대리인 등은 수입업자로부터 받은 대금을 수출업자에 송금한다.

2) CAD방식

사후송금방식 중 CAD(Cash Against Document)방식이란 운송서류상환지급방식으로서 수출업자가 상품수출 후 선적을 증명하는 선하증권, 상업송장 등 주요 운송서류를 수입업자에게 직접 또는 수입업자의 국가에 소재하는 수출업자의 대리인이나 거래은행을 통해 제시하면 수입업자 등은 이러한 선적과 관련된 운송서류와 상환하여 수출입대금을 현금으로 지급하는 거래방식이다.

그림 2-3 | CAD방식의 거래흐름도

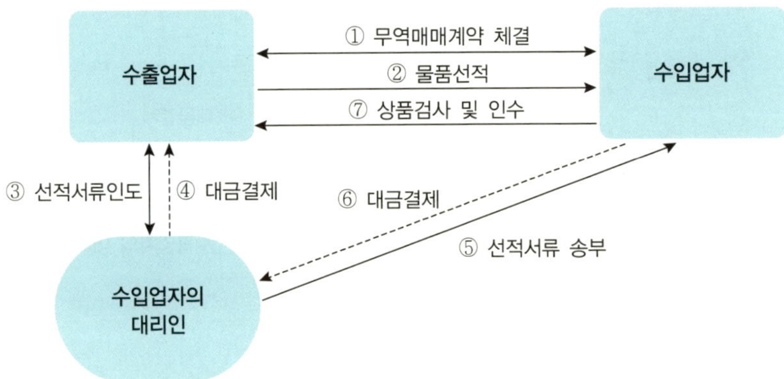

[그림 2-3]의 흐름도와 같이 CAD방식은 다음의 거래절차를 따른다.

① 수출업자와 수입업자는 무역에 관한 계약을 체결한다. 이 경우 계약서에 CAD방식으로 명시한 대금결제방식을 약정한다.

② 수출업자는 계약물품의 수출통관을 완료하여 선적하고 운송서류를 수입업자의 대리인에게 제시한다.

③ 수입업자의 대리인은 수출업자로부터 선적서류를 인도받는다.

④ 수입업자의 대리인은 선적서류를 확인 후 수출업자에게 대금을 결제한다.

⑤ 수입업자의 대리인은 수입업자에게 선적서류를 송부한다.

⑥ 수입업자는 선적서류를 가지고 물품을 입고한 후 검사한다.

참고

위의 ③④⑤에서 수출업자가 직접 수입업자에게 선적서류를 송부하여 대금을 회수하기도 한다.

참고로 COD, CAD 방식 이외에 O/A(Open Account)방식도 있다. 이는 상호계산방식이라고도 불리며, 본 · 지사 간 혹은 계속거래처 사이에서 무역거래를 하는 경우 거래할 때마다 대금결제를 하지 않고 미리 정한 결산시기에 양자 간 채권 · 채무를 상계처리한 후 차액만을 결제하는 방식을 말한다. 이 방식은 유럽 및 북미에서 널리 사용되는 방식으로 최근에는 우리나라도 그 사용비중이 높아지고 있다.

2. 추심결제방식

앞에서 본 송금결제방식에 의한 무역의 경우 수출업자가 수입업자의 신용에 대하여 확신을 가지지 못한다면 믿을 수 있는 다른 수단을 강구하여야 한다. 이 경우 수출업자가 수입업자 대신에 신용 있는 결제수단으로서 은행을 개입시킨다면 송금결제방식보다 훨씬 신용이 있고 편리한 결제방식을 취할 수 있다. 물품대금의 결제와 관련하여 대금결제위험을 줄일 수 있도록 수입업자의 거래은행이 대금과 관련된 일정한 역할을 분담함으로써 수출업자가 좀 더 믿을 수 있는 무역거래를 수행할 수 있게 된다.

추심결제방식이란 앞에서 본 송금결제방식에 화환어음이 개입된 발전된 대금결제방식이다. 일반적으로 추심이라 함은 은행이 수취인의 위탁을 받고 어음, 수표, 배당금 등의 대금을 받아내는 일을 말하는데 여기서 추심결제방식이란 취소불능 화환신용장 없이 매매계약에 의하여 양 무역당사자의 거래은행을 통하여 화환어음 및 운송서류를 추심(collection)하여 대금결제하는 무역거래를 의미한다. 이 방식은 수출업자와 수입업자의 신용에 의한 매매계약을 근거로 발행된 어음을 통해 대금결제가 이루어지는 어음거래방식이다. 앞의 송금결제방식이 무신용장 무어음거래라면 추심결제방식은 무신용장 어음거래라고 보면 된다. 결국 신용장이 없다는 점에서는 송금결제방식과 추심결제방식은 동일하지만 환어음의 개입 여부에 따라 두 방식의 차이가 발생하는 것이다.

추심결제방식에서는 수출업자가 운송서류(선하증권 등)를 첨부하여 수입업자를 지급인으로 하는 환어음을 발행하여 수출업자의 거래외국환은행을 통해 수입업자의 거래외국환은행에 화환어음의 추심을 의뢰한다. 그리고 수입업자는 이러한 화환어음금액을 지급(payment)하거나 인수(acceptance)하는 경우에만 운송서류를 인도받을 수 있게 된다.

이러한 추심결제방식에 의한 무역거래에서는 수입업자 및 수출업자의 거래은행은 지급보증의무가 없으며 단지 무역대금의 추심업무만 수행한다. 결국 추심결제방식에 의한 무역에 있어 거래은행은 중개인, 보조자(추심의뢰 및 추심업무)의 역할을 담당할 뿐이다. 이 방식에 개입하는 거래은행을 나누어 살펴보면 다음과 같은데, 우선 추심결제방식에 개입하는 수출업자의 외환거래은행은 추심의뢰은행 또는 서류송부은행(remitting bank)이 되며, 수입업자의 외환거래은행은 추심은행(collecting bank)이 된다.

뒤에 설명될 신용장결제방식에서 나오는 신용장이 아직 개입되지 않으므로 추심결제방식은 신용이 두터운 회사 간에 많이 사용된다. 이러한 추심결제방식은 크게 어음에 기재된 만기일(tenor)의 유무에 따라 D/P방식과 D/A방식으로 나눌 수 있는데 세부 내용을 각각 구체적으로 살펴보자.

(1) D/P방식

추심결제방식 중 D/P(Documents against Payment)방식이란 무신용장 지급인도조건으로서 수출업자가 물품을 선적한 후 취득한 운송서류를 기반으로 수입업자를 지급인으로 하는 일람출급성 환어음(at sight bill)을 발행하여 수출업자의 거래외국환은행에 추심을 의뢰하여 대금을 회수하는 방식이다. 이 경우 수입업자의 입장에서 보면 추심을 의뢰받은 수입업자의 거래외국환은행은 수입업자에 대하여 운송서류를 환어음에 대한 대금의 지급(payment)과 동시에 인도하여 주고 그 대금을 수출업자의 거래은행인 추심의뢰은행에 송금하는 것이다.

그림 2-4 D/P방식의 거래흐름도

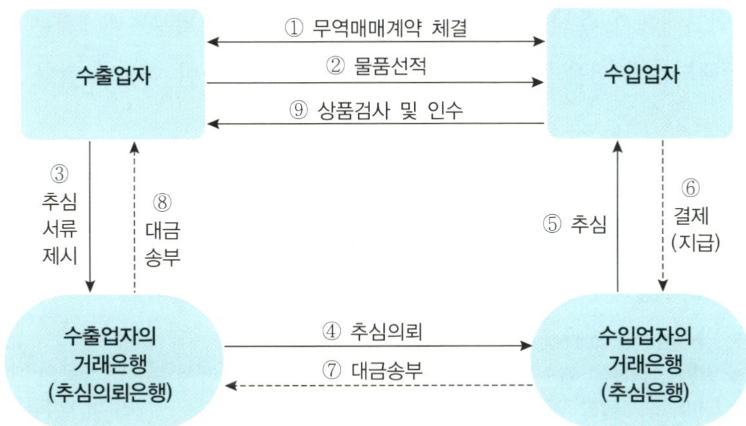

[그림 2-4]의 흐름도와 같이 D/P방식은 다음의 거래절차를 따른다.

① 수출업자와 수입업자는 무역에 관한 계약을 체결한다. 이 경우 계약서에 D/P방식으로 명시한 대금결제방식을 약정한다.

② 수출업자는 계약물품의 수출통관을 완료하여 선적하고 운송서류를 기반으로 수입업자를 지급인으로 하는 일람출급성 환어음을 발행한다.

③ 수출업자는 이러한 운송서류와 환어음을 가지고 수출업자의 거래은행(추심의뢰은행)에 추심을 의뢰한다.

④ 수출업자의 거래은행(추심의뢰은행)은 수입업자의 거래은행(추심은행)에 수출업자가 제시한 서류 등을 제시한다.

⑤ 수입업자의 거래은행(추심은행)은 서류를 받은 후에 수입업자에게 서류를 제시한다.

⑥ 수입업자의 거래은행(추심은행)은 수입업자의 지급확인에 따른 대금을 받은 후 각종 선적서류를 수입업자에게 넘겨준다.

⑦ 수입업자의 거래은행(추심은행)은 수출업자의 거래은행(추심의뢰은행)에게 수입업자로부터 받은 돈을 송금한다.

⑧ 수출업자의 거래은행(추심의뢰은행)은 수출업자에게 대금을 송금한다.
⑨ 수입업자는 선적서류를 가지고 물품을 입고한 후 검사한다.

무역거래에서 추심결제방식과 신용장결제방식 중 일부거래에서는 어음이 발행되는데 어음과 관련된 기본적 용어를 정리하면 다음과 같다.

참고 어음의 용어정리

어음이란 미래의 일정기일에 일정금액을 지급하겠다는 것을 약속한 증권이다. 이러한 어음은 크게 약속어음과 환어음으로 나눌 수 있다. 무역거래에서는 이 중 환어음이 사용되는데 어음과 관련된 기본적 내용은 다음과 같다.

1. 약속어음(promissory note)
   발행인(상품의 매수자)이 일정금액을 일정시기와 장소에서 수취인(상품의 매도자)에게 지불할 것을 약속한 어음이다. 약속어음은 대부분 근거리 거래(주로 국내거래)에 사용된다.

2. 환어음(bill of exchange)
   발행인(상품의 매도자)이 지급인(상품의 매수인)에 대하여 일정금액을 일정시기와 장소에서 지시인 또는 소지인에게 무조건 지불할 것을 위탁하는 요식증권을 말한다. 이러한 환어음은 대부분 원격지 거래(주로 국제거래)에서 사용된다. 무역거래에서 사용되는 환어음의 관련 당사자를 살펴보면 다음과 같다.
   ① 발행인(drawer) : 어음을 발행하는 자, 즉 수출업자가 무역거래를 위해 추심방식이나 일부 신용장방식의 거래에서 환어음을 발행한다.
   ② 지급인(drawee) : 지급위탁을 받은 채무자로서 수입업자나 수입업자의 거래은행이 지급인이 된다.
   ③ 수취인(payee) : 환어음상의 금액을 지급받는 자로서 어음의 소지인을 말한다.

☞ 국내거래에서는 매수자(매입업자)가 약속어음을 발행하나, (국제)무역거래에서는 수출업자(공급업자)가 환어음을 발행한다.

(2) D/A방식

추심결제방식 중 D/A(Documents against Acceptance)방식이란 무신용장인수인도조건으로서 수출업자가 수출물품을 선적한 후 취득한 운송서류를 기반으로 수입업자를 지급인으로 하는 기한부환어음(usance bill)을 발행하고 수출업자의 거래외국환은행에 추심을 의뢰하여 대금을 회수하는 무역방식이다.

이 경우 수입업자의 입장에서 보면 추심을 의뢰받은 수입업자의 거래외국환은행은 수입업자에 대하여 운송서류를 환어음의 인수(acceptance)와 동시에 인도하여 주고 향후에 어음만기일에 어음지급인(수입업자)으로부터 대금을 받아 그 대금을 수출업자의 거래은행인 추심의뢰은행에 송금하게 되는 것이다.

그림 2-5 | D/A방식의 거래흐름도

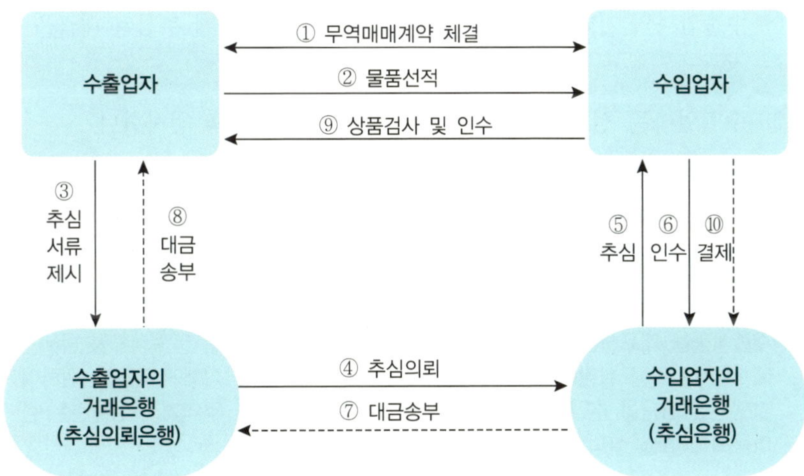

[그림 2-5]의 흐름도와 같이 D/A방식은 다음의 거래절차를 따른다.

① 수출업자와 수입업자는 무역에 관한 계약을 체결한다. 이 경우 계약서에 D/A방식으로 명시한 대금결제방식을 약정한다.

② 수출업자는 계약물품의 수출통관을 완료하여 선적하고 운송서류를 기반으로 수입업자를 지급인으로 하는 만기가 있는 기한부(usance) 환어음을 발행한다.

③ 수출업자는 이러한 운송서류와 환어음을 가지고 수출업자의 거래은행(추심의뢰은행)에 추심을 의뢰한다.

④ 수출업자의 거래은행(추심의뢰은행)은 수입업자의 거래은행(추심은행)에 수출업자가 제시한 서류 등을 제시한다.

⑤ 수입업자의 거래은행(추심은행)은 서류를 받은 후에 수입업자에게 서류를 제시한다.

⑥ 수입업자의 거래은행(추심은행)은 수입업자의 인수확인 후 각종 선적서류를 넘겨준다. 이 경우 수입업자는 향후의 어음만기일에 수입업자의 거래은행에 대금을 지급하게 된다.

⑦ 수입업자의 거래은행(추심은행)은 수출업자의 거래은행(추심의뢰은행)에게 수입업자로부터 받은 돈을 송금한다.

⑧ 수출업자의 거래은행(추심의뢰은행)은 수출업자에게 추심된 대금을 송금한다.

⑨ 수입업자는 선적서류를 가지고 물품을 입고한 후 검사한다.

참고 무역거래와 관련된 환어음의 종류

무역거래에 있어서 수출업자가 수입업자를 지급인으로 하고, 자신 또는 수출업자의 거래은행을 수취인으로 하는 환어음을 발행하는데 환어음 발행의 원인이 되는 수출상품을 대표하는 선하증권 등과 같은 상품인수에 필요한 운송서류를 환어음에 첨부한 것을 화환어음이라고 한다. 그리고 D/P, D/A방식에서 추심을 위하여 발행된 환어음을 추심어음(bill for collection)이라고 한다. 무역거래와 관련된 환어음의 종류를 살펴보면 다음과 같다.

1. 화환어음과 무담보어음

① **화환어음(documentary bill)** : 무역거래에 있어 환어음의 발행이 수출물품을 수출한 후의 관련 선하증권 등의 선적서류가 수반되어 이루어지는 것을 말한다. 즉 진성어음과 같은 성격으로 추심방식이나 신용장방식의 무역에서 대금결제를 위해 수출업자가 발행한다.

② **무담보어음(clean bill)** : 어음의 발행에 선적서류 등이 수반되지 않는 것을 말한다. 즉 융통어음과 같은 성격으로 순수한 금융목적상 자금이동을 위한 어음이며 클린어음이라고도 한다.

2. 일람출급성 환어음과 기한부 환어음

① **일람출급성 환어음(at sight bill)** : 환어음이 지급인에게 제시됨과 동시에 즉시(at sight) 지급의무가 발생하는 환어음으로서 D/P방식이나 일부 일람출급성 신용장방식에 발행되는 환어음이다.

② **기한부환어음(usance bill)** : 환어음이 지급인에게 제시된 후 일정기간이 지나야 지급의무가 발생하는 환어음으로서 D/A방식이나 일부 기한부신용장방식에 발행되는 환어음이다. 이 경우 지급인은 어음제시시점에 인수(acceptance)만으로도 각종 선적서류를 수취할 수 있다.

3. 신용장결제방식

신용장결제방식이란 앞에서 본 추심결제방식에다 신용장(L/C : Letter of Credit)이 개입된 한층 발전된 대금결제방식이다. 즉 화환신용장에 의하여 대금 전액의 결제를 보장하는 조건으로 물품을 수출입하는 무역거래 형태로서 오늘날 대부분의 무역거래 대금결제방식으로 사용되고 있다. 무역거래에 있어 신용장이 개입되면 수입업자의 거래은행은 수입업자를 대신하여 물품대금을 지급하는 약속을 한 셈이 된다. 따라서 수입업자의 거래외국환은행은 수출업자에 대하여 대금에 대한 지급보증의무가 발생하게 되므로 수출업자의 입장에서 보면 대금미회수의 위험을 줄일 수 있는 대금결제방식이 된다. 이러한 장점으로 인해 신용장결제방식은 무역거래 대금결제방식 중 가장 많이 이용된다.

앞에서 본 추심결제방식에 의한 무역거래에서는 수입업자의 거래은행은 지급보증의무가 없으며 단지 수출대금의 추심업무만 수행하므로 거래은행은 중개인, 보조자(추심의뢰 및 추심업무)의 역할을 담당하였으나, 신용장결제방식에 의한 무역거래에서는 수입업자의 거래은행은 지급보증을 하게 되므로 무역거래에 있어 수출업자에 대해 대금결제의 주체가 된다.

신용장방식의 경우 수입업자의 요구에 따라 수입업자의 거래은행이 신용장을 개설하여 수출업자에게 전달하면 수출업자는 이러한 신용장에 근거하여 수출화물을 선적한 후 운송서류를 근거로 수입업자를 지급인으로 하는 화환어음을 첨부하여 수출업자의 거래외국환은행에 매입시킴으로써 대금을 조기에 회수할 수 있다. 신용장에 대한 자세한 내용은 제3장에 자세하게 후술되어 있다.

표 2-2 신용장결제방식의 장점

수출업자 입장	수입업자 입장
1. 수출대금 회수의 확실성이 보장된다. 2. 선적서류만 구비되면 네고를 통해 수출대금의 조기회수가 가능하다. 3. 수입상의 거래변경위험을 줄여준다.	1. 원하는 품질의 상품을 원하는 시기에 수취할 수 있다. 2. 매입가격 흥정을 할 수 있고 수입금융을 통한 외상매입을 할 수 있다.

신용장결제방식은 크게 일람출급신용장방식과 기한부신용장방식으로 나눌 수 있는데, 세부 내용을 각각 구체적으로 살펴보자.

(1) 일람출급신용장방식

일람출급신용장(at sight L/C)방식이란 운송서류 제시 즉시 대금을 지급하는 방식으로서 수출업자가 수출물품을 운송한 후 수입업자가 개설한 신용장을 토대로 취득한 운송서류에 수입업자를 지급인으로 하는 일람출급성 환어음(at sight bill)을 발행하여 수출업자의 거래외국환은행에 매입(네고)을 의뢰하여 대금을 회수하는 무역방식이다. 이 경우 수입업자의 입장에서 보면 수업업자의 거래외국환은행(개설은행)은 개설신용장과 운송서류를 비교하여 환어음에 대한 대금의 지급(payment)을 담당하게 되는 것이다.

[그림 2-6]의 흐름도와 같이 일람출급신용장방식은 다음의 거래절차를 따른다.

① 수출업자와 수입업자는 무역에 관한 계약을 체결한다. 이 경우 계약서에 일람출급신용장(at sight L/C)방식으로 명시한 대금결제방식을 약정한다.

② 수입업자는 자기의 거래은행(신용장 개설은행)에 수입신용장(L/C) 개설을 의뢰한다.

③ 신용장(L/C) 개설을 의뢰받은 수입업자의 거래외국환은행은 L/C를 개설하고 난 후 수출업자 소재국의 외국환거래은행(통지은행)에 L/C를 송부한다.

④ 수출국의 통지은행은 수출업자에게 L/C 도착을 통지한다.

그림 2-6 ▌ 일람출급신용장방식의 거래흐름도

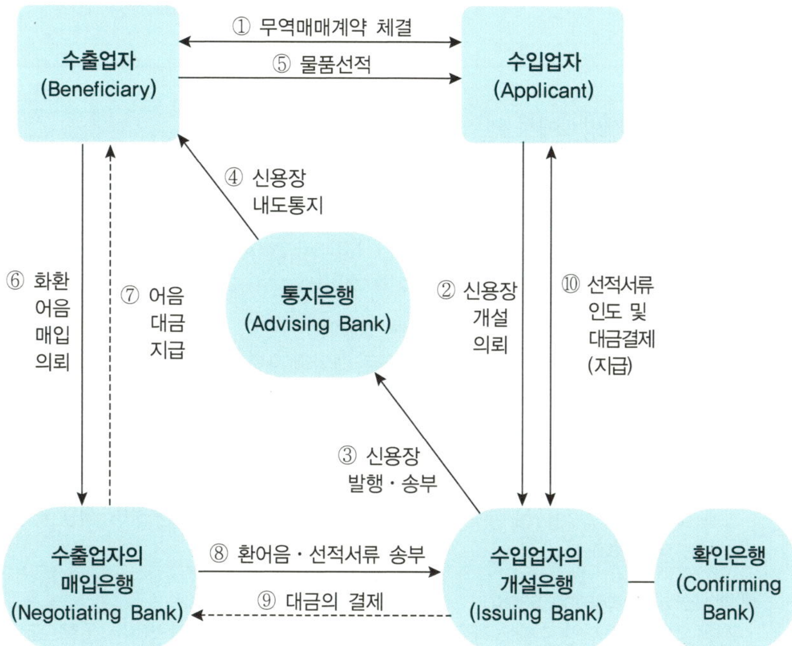

⑤ 수출업자는 신용장(L/C)에 맞춰 물품의 수출통관을 통해 선적하고 운송서류를 기반으로 수입업자를 지급인으로 하는 만기가 없는 일람출급성 환어음을 발행한다.

⑥ 수출업자는 각종 운송서류와 환어음을 통해 자신의 거래은행(매입은행)에 화환어음매입을 의뢰한다.

⑦ 매입은행은 각종 운송서류와 환어음과의 교환으로 수출업자에게 어음대금을 할인하여 지급한다.

⑧ 매입은행은 수입업자의 신용장 개설은행에 각종 운송서류와 환어음을 제시하여 어음대금을 청구한다.

⑨ 신용장 개설은행은 매입은행에 대금을 결제한다.

⑩ 수입업자의 신용장 개설은행은 수입업자의 지급(payment)확인에 따른 대금을 받은 후 각종 선적서류를 넘겨준다. 향후에 수입업자는 이러한 선적서류를 가지고 물품을 입고한 후 검사한다.

신용장방식에서는 여러 은행들이 개입되는데 이와 관련된 용어를 정리하면 다음과 같다.

참고 신용장결제방식에서 관련되는 은행

신용장결제방식에 있어서 수입업자가 자신의 거래은행에 신용장 개설을 요청하므로 수입업자를 개설의뢰인(applicant)이라고 하며, 수출업자가 신용장과 관련된 금액을 수수하게 되므로 수출업자를 수익자(beneficiary)라고 한다. 이러한 신용장의 관계당사자에 다음과 같은 은행들이 개입된다.

1. **개설은행**(issuing bank, opening bank, grantor)
   신용장 개설의뢰인(수입업자)의 요청으로 해외의 수출업자를 수익자로 하는 신용장을 개설하는 은행이다. 개설은행은 수익자가 발행하는 환어음에 대한 지급, 인수를 하게 된다.
2. **통지은행**(advising bank, notifying bank, transmitting bank)
   수출업자 앞으로 신용장 개설사실을 통지하고 개설은행을 대신하여 신용장을 교부하는 은행이다.
3. **매입은행**(negotiating bank)
   신용장의 수익자인 수출업자로부터 환어음 및 선적서류를 매입하는 은행으로 신용장 금액에서 일정금액을 할인하여 매입한다.
4. **확인은행**(confirming bank)
   신용장 개설은행의 신뢰에 대한 의문 시 추가로 개입하는 제3의 은행으로서 신용장에 대한 지급, 인수 및 매입에 대한 개설은행에 대한 추가적인 지급보증 확약을 하는 은행이다.

(2) 기한부신용장방식

기한부신용장(usance L/C)방식이란 운송서류 제시 후 일정기간이 경과한 후에 대금을 지급하는 방식으로서 수출업자가 수입업자가 개설한 신용장을 토대로 수출물품을 운송한 후 취득한 운송서류에 수입업자를 지급인으로 하는 기한부환어음(usance bill)을 발행하여 수출업자의 거래외국환은행에 매입(네고)을 의뢰하여 대금을 회수하는 무역방식이다.

이 경우 수입업자의 입장에서 보면 수업업자의 거래외국환은행은 개설신용장과 운송서류를 비교하여 환어음에 대한 인수(acceptance)를 하고 어음

만기일에 대금을 수출업자의 거래은행에 지급하게 되는 것이다.

그림 2-7 ▌ 기한부신용장방식의 거래흐름도

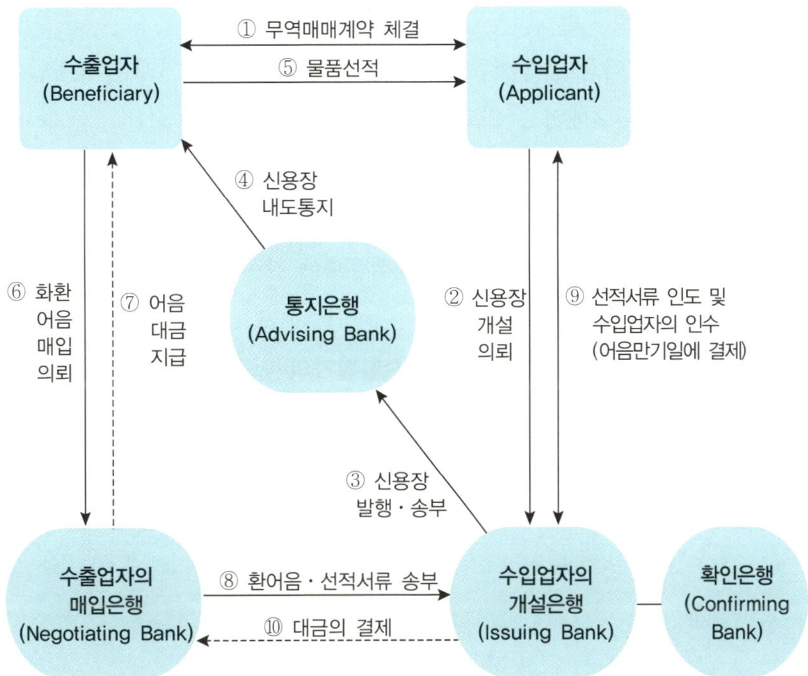

[그림 2-7]의 흐름도와 같이 기한부신용장방식은 다음의 거래절차를 따른다.

① 수출업자와 수입업자는 무역에 관한 매매계약을 체결한다. 이 경우에 계약서에 기한부신용장(usance L/C)방식으로 명시한 대금결제방식을 약정한다.

② 수입업자는 자기의 거래은행(신용장 개설은행)에 수입신용장(L/C) 개설을 의뢰한다.

③ 신용장(L/C) 개설을 의뢰받은 수입업자의 거래외국환은행은 L/C를 개설하고 난 후 수출업자 소재국의 외국환거래은행(통지은행)에 L/C를 송부한다.

④ 수출국의 통지은행은 수출업자에게 L/C 도착을 통지한다.
⑤ 수출업자는 계약물품의 수출통관을 완료하여 선적하고 운송서류를 기반으로 수입업자를 지급인으로 하는 만기가 있는 기한부(usance)환어음을 발행한다.
⑥ 수출업자는 각종 운송서류와 환어음을 통해 자신의 거래은행(매입은행)에 화환어음매입을 의뢰한다.
⑦ 매입은행은 각종 운송서류와 환어음과의 교환으로 수출업자에게 어음대금을 할인하여 지급한다.
⑧ 매입은행은 수입업자의 신용장 개설은행에 각종 운송서류와 환어음을 제시하여 어음대금을 청구한다.
⑨ 수입업자의 신용장 개설은행은 수입업자의 인수(acceptance)확인 후 각종 선적서류를 넘겨준다. 이 경우 수입업자는 어음의 만기일에 어음금액을 신용장 개설은행에 지급하게 된다. 수입업자는 인수 후 받은 선적서류를 가지고 향후에 물품을 입고한 후 검사한다.
⑩ 신용장 개설은행은 어음의 만기일에 수출국의 매입은행에 대금을 결제한다.

신용장결제방식에서 매입, 지급, 인수 등의 여러 용어가 나오는데 이러한 의미를 정리하면 다음과 같다.

참고 어음대금지급과 관련된 용어정리

신용장결제방식에 있어서 매입은행은 수출업자로부터 각종 서류를 매입하고, 이러한 서류를 개설은행 등에 지급 또는 인수하도록 제시한다. 이러한 매입, 지급, 인수의 의미를 살펴보면 다음과 같다.

1. 매입(negotiating)
   수출업자의 요구로 수출업자의 거래은행(매입은행)이 수출업자로부터 환어음 및 선적서류를 할인된 금액으로 구입하는 것을 말한다. 이로써 수출업자의 권리・의무는 종결된다.

2. 지급(payment)
   만기가 없는 일람출급성(at sight) 환어음에 대한 것으로서 수입국의 개설은행 등이 수출업자 또는 매입은행에 대하여 환어음금액 자체를 서류제시와 동시에 지출하는 것을 말한다.
3. 인수(acceptance)
   만기가 있는 기한부(usance) 환어음에 대한 것으로서 수입국의 개설은행 등이 수출업자 또는 매입은행에 대하여 환어음금액을 만기에 지급하겠다고 약속하는 의사표시를 말한다.

제 2 절 무역대금결제방식에 따른 회계처리

국내에서 일어나는 거래는 한 나라 안에서 거래가 이루어지기 때문에 대금결제는 현금결제, 외상결제 등으로 단순하게 해결이 된다. 이와 반면에 무역거래는 국내거래와 달리 거래기간이 오랫동안 소요되고 상대방의 신용에 따른 대금미회수의 위험이 크기 때문에 국내거래에 비해 대금결제가 상대적으로 복잡하다. 앞의 제1절에서 설명한 바와 같이 무역거래는 무역대금의 결제방식에 따라 크게 송금결제방식에 의한 무역, 추심결제방식에 의한 무역 그리고 신용장결제방식에 의한 무역으로 나누어진다. 이러한 무역대금결제방식에 대한 실무의 이해가 선행되어야 각각의 무역방식에 대한 회계처리를 이해할 수 있다.

국내거래에 대한 규정과 별도로 무역에 대한 회계처리의 규정이 정해진 것은 거의 없다. 따라서 대부분의 무역거래에 대한 회계처리는 국내의 회계기준을 근거로 하여 이루어지고 있다. 국내거래에 대한 대금회수에 대한 회계처리규정을 우선 이해해야만 무역거래에 대한 회계처리를 부차적으로 할 수 있다. 따라서 국내거래에 대해 적용되는 대금결제에 따른 제 회계규정과 회계처리사항을 살펴보고 난 후 무역에서 적용되는 사례를 살펴보자.

1. 국내거래의 대금결제방식에 따른 회계처리

국내거래에서 공급자가 물건을 매출한 뒤 그 대금을 회수하는 방법은 무역거래에 비해 단순하다. 이러한 국내거래의 대금회수를 살펴보면 물건을 팔기 전에 미리 현금으로 돈을 받을 수도 있고, 물건을 팔면서 대금을 즉시 받을 수도 있고, 나중에 돈을 받기로 하고 외상으로 물건을 팔기도 한다.

이 장에서는 간단하게 미리 돈을 받고 물건을 파는 경우, 물건을 팔면서 동시에 현금을 받는 경우 그리고 물건을 팔고 나중에 대금을 받는 경우로 나누어 국내거래의 대금회수에 따른 회계처리방법을 각각 보기로 한다.

(1) 사전회수방식

국내거래에서 물건을 팔 때 미리 돈을 받고 나중에 물건을 양도하는 경우가 있다. 이 경우 '선수금'이라는 계정을 사용한다. 선수금(advance from customers)이란 수주공사 · 수주품 및 기타 일반적 상거래에서 발생한 선수액을 의미하며 미래에 재화 또는 용역을 제공하기로 하고 고객으로부터 대금의 전부 또는 일부를 미리 수령하여 인식하는 채무(유동부채)이다. 이러한 선수금으로 인한 재화나 용역의 수익실현 시기는 재화나 용역이 제공될 때(발생주의)이므로 이때 비로소 선수금계정은 차기되어 없어진다.

예제 2-1 사전송금방식의 회계처리(선수금)

서울에 있는 (주)한국은 2013년 8월 15일에 대구에 있는 (주)조선으로부터 ₩100,000을 미리 송금받고 3개월 이후인 11월 15일에 물품을 제공하기로 하였다. 이 경우 (주)한국의 회계처리를 하시오.

① 2013년 8월 15일의 회계처리

(차) 현 금	100,000	(대) 선 수 금	100,000

② 2013년 11월 15일의 회계처리

(차) 선 수 금	100,000	(대) 매 출	100,000

참고로 위의 [예제 2-1]에서 매입자인 (주)조선의 회계처리는 다음과 같다.

① 2013년 8월 15일의 회계처리

(차) 선 급 금	100,000	(대) 현 금	100,000

② 2013년 11월 15일의 회계처리

(차) 매 입	100,000	(대) 선 급 금	100,000

(2) 현금회수방식

국내에서 물건을 팔 때 현금이나 타인발행수표를 받으면서 동시에 물건을 양도하는 경우가 있다. 이 경우에 물품대가로 수취한 타인발생수표도 회계기준상 '현금및현금성자산'으로 처리되는데 현금및현금성자산이란 통화 및 타인발행수표 등 통화대용증권과 당좌예금 · 보통예금 및 현금성자산으로 한다. 이 경우 현금성자산이라 함은 큰 거래비용 없이 현금으로 전환이 용이하고 이자율변동에 따른 가치변동의 위험이 중요하지 않은 유가증권 및 단기금융상품을 말한다. 만약, 타인발행수표로 물품대금을 받는 경우에도 현금을 받은 경우와 동일하게 회계처리하면 된다.

그리고 예금에는 보통예금, 당좌예금, 정기예금, 정기적금 등이 있다. 이 경우 보통예금과 당좌예금은 현금및현금성자산으로 분류하며, 정기예금과 정기적금은 자금운용목적과 만기기한에 따라 단기금융상품 또는 장기금융상품으로 분류한다. 따라서 물건을 팔면서 텔레뱅킹 등을 통해 회사의 보통예금계좌로 물품판매에 대한 자금이체를 받았다면 현금매출과 동일하게 회계처리하면 된다.

예제 2-2 현금회수방식의 회계처리(현금및현금성자산)

서울에 있는 (주)한국은 2013년 11월 15일에 대구에 있는 (주)조선으로부터 ₩100,000을 수표로 받으면서 물품을 제공하였다. 이 경우 (주)한국의 회계처리를 하시오.

① 2013년 11월 15일의 회계처리

(차) 현 금	100,000	(대) 매 출	100,000

참고로 위의 [예제 2-2]에서 매입자인 (주)조선의 회계처리는 다음과 같다.

① 2013년 11월 15일의 회계처리

(차) 매 입	100,000	(대) 현 금	100,000

(3) 외상회수방식

물건을 팔 때 미리 물건을 양도하고 대금은 나중에 받는 외상거래의 경우가 있다. 이 경우 '매출채권'이라는 계정을 사용한다. 매출채권은 일반적 상거래에서 발생한 채권을 말한다. 매출채권(trade receivables)에는 외상매출금(accounts receivable)과 받을어음(notes receivable)이 있다. 외상매출금과 받을어음 모두 물건의 대가를 나중에 받는다는 점에서는 공통점이 있다. 두 계정의 차이점은 외상매출금은 구두에 의해 장래에 대금을 지급하겠다고 하는 경우를 말하고, 받을어음은 이러한 대금지급의 약속이 구두가 아닌 어음이라는 증서에 의해 이루어진다는 점에 있다. 회계기준에서는 두 계정 모두 매출채권이라는 하나의 계정으로 회계처리한다.

예제 2-3 외상회수방식의 회계처리(매출채권)

서울에 있는 (주)한국은 2013년 8월 15일에 대구에 있는 (주)조선에 물품 ₩100,000어치를 제공하고 이에 대한 대금은 3개월 이후인 11월 15일에 받기로 하였다. 이 경우 (주)한국의 회계처리를 하시오.

① 2013년 8월 15일의 회계처리

(차) 매출채권	100,000	(대) 매 출	100,000

② 2013년 11월 15일의 회계처리

(차) 현 금	100,000	(대) 매출채권	100,000

참고로 위의 [예제 2-3]에서 매입자인 (주)조선의 회계처리는 다음과 같다.

① 2013년 8월 15일의 회계처리

(차) 매 입	100,000	(대) 매입채무	100,000

② 2013년 11월 15일의 회계처리

(차) 매입채무	100,000	(대) 현 금	100,000

앞의 사전회수방식과 현금회수방식과 달리 외상회수방식의 경우에는 매출채권에 대한 평가가 결산일에 이루어져야 한다. 즉, 외상회수방식의 경우 상품 등을 외상으로 판매하는 경우에 발생하는 매출채권이 반드시 현금으로 회수되는 것이 아니므로 기간손익의 확정과 적절한 자산의 평가를 위해 회계기말에 매출채권 중 회수불가능한 금액을 추정하여 비용으로 처리한다.

이와 같이 회계기말에 매출채권에 대한 회수불가능금액을 추정하는 회계처리를 대손회계(accounting for bad debt)라고 한다. 회계기준에서는 대손을 매출채권에 대한 손상(impairment)으로 보고 있다. 회계에서 손상이란 보유하고 있는 자산가치가 훼손된 것을 의미하며 이때 장부금액이 회수가능액을 초과하는 금액을 손상차손이라 한다. 국제회계기준에서는 발생된 매출채권에 손실이 발생하였을 경우 대손충당금을 설정하도록 하고 있으며, 일반회계기준에서는 종전 기업회계기준과 같이 손상에 대한 합리적 증거가 있는 경우 합리적이고 객관적 기준에 따라 대손추산액을 대손충당금으로 설정하도록 규정하고 있다.[1] 즉, 결산일에 매출채권에 대한 회수불가능한 금액을 추정하여 대변에 대손충당금(자산의 차감항목)으로 계상하고, 대응되는 금액을 차변에 대손상각비(비용항목)로 계상하여야 한다. 이때 대손충당금은 매출채권에서 차감하는 형식으로 표시되는데 이를 통하여 재무

---

1) 종전 기업회계기준 제57조(채권의 평가)

① 회수가 불확실한 채권은 합리적이고 객관적인 기준에 따라 산출한 대손추산액을 대손충당금으로 설정한다. 다만, 채권의 예상 현금흐름액이 장기간에 걸쳐 발생하는 경우에는 제67조의 규정을 준용하여 대손추산액을 산정한다.

② 제1항의 대손추산액에서 대손충당금잔액을 차감한 금액을 대손상각비로 계상한다. 이 경우 일반적 상거래에서 발생한 매출채권에 대한 대손상각비는 판매비와관리비로 처리하고, 기타채권에 대한 대손상각비는 영업외비용으로 처리한다.

상태표상의 매출채권은 순실현가능액으로 평가가 된다.

예제 2-4 매출채권 평가의 회계처리(대손충당금)

서울에 있는 (주)한국은 2013년 8월 15일에 대구에 있는 (주)조선에 물품 ₩100,000어치를 제공하고 이에 대한 대금은 6개월 이후인 2014년 2월 15일에 받기로 하였다. 결산일인 2013년 12월 31일에 (주)조선에 대한 매출채권 중 50%가 대손예상액으로 추정되었다. 이 경우 (주)한국의 결산일자의 회계처리를 하시오.

① 2013년 8월 15일의 회계처리

(차) 매출채권	100,000	(대) 매 출	100,000

② 2013년 12월 31일의 회계처리

(차) 대손상각비	50,000	(대) 대손충당금	50,000

참고

회계기준은 회계정보작성자가 회계처리를 할 때 지켜야 하는 기준이다. 우리나라 회계기준은 국제회계기준(IFRS : International Financial Reporting Standards)과 일반기업회계기준이 있다. 국제회계기준은 상장회사(코스닥상장회사) 및 금융회사(저축은행, 리스회사는 상장회사인 경우만)가 지켜야 하는 회계기준이다. 대략 1,900여 개 정도의 법인이 이를 지켜 회계처리를 하는 것으로 파악된다. 외부감사 대상회사가 18,000여 개임을 감안하면 그 수는 대단히 적으나 이들이 내는 법인세가 전체 법인세수의 60%에 해당될 정도로 국가 경제상으로는 영향력이 있는 법인들이 국제회계기준에 따라 회계처리를 수행한다고 보면 된다. 그 외 기업들은 한국회계기준원에서 제정한 일반기업회계기준에 따라 회계처리를 수행할 수 있고 국제회계기준을 적용해도 된다.

2. 무역거래의 대금결제방식에 따른 회계처리

앞에서 본 바와 같이 무역거래는 무역대금의 결제방식에 따라 크게 송금결제방식에 의한 무역, 추심결제방식에 의한 무역 그리고 신용장결제방식에 의한 무역으로 나누어진다. 무역에 대한 회계처리의 규정이 국내거래에 대한 규정과 별도로 정해진 것은 거의 없으므로 대부분의 무역거래에 대한 회계처리는 국내의 기업회계기준을 근거로 하여 이루어지고 있다. 국내거래의 대금회수에 대한 회계처리규정을 기준으로 하여 무역거래에 대한 회계처리방법을 대금결제방식에 따라 나누어 살펴보기로 한다.

국내거래의 통화와 무역거래의 통화에 대하여 살펴보자. 국내거래의 경우 한국의 원화(₩)로 대금결제가 이루어지기 때문에 화폐에 대한 환산이 필요없다. 그러나 무역거래의 경우 달러화($) 등과 같은 외화로 대금을 회수하거나 지급해야 한다. 따라서 외화에 대한 환산이 필요하며, 환율의 변동에 따라 원화로 환산한 금액이 달라지게 된다. 회계에서는 자국의 통화, 즉 우리나라의 통화인 원화(₩)로 표시하여야 한다. 따라서 무역거래에 대한 외화를 환산하여야 하는 문제가 발생하는데, 이 장에서는 간단한 회계처리만 살펴보고 자세한 외화환산과 회계처리 사례는 제4장에서 설명한다.

(1) 송금결제방식의 회계처리

송금결제방식이란 앞에서 본 바와 같이 추심결제방식, 신용장결제방식 이외의 무역거래의 대금결제방식으로 수출업자와 수입업자 사이의 대금지급에 있어 화환어음이나 신용장 등이 개입되지 않는 단순한 대금결제방식이다. 송금결제방식에는 앞에서 설명한 바와 같이 사전송금방식(CWO)과 사후송금방식(COD와 CAD)이 있다. 사전송금방식은 수출업자 입장에서 대금을 미리 받고 물품을 나중에 선적하므로 국내거래의 사전회수방식과 같은 논리로 회계처리하면 될 것이다. 그리고 COD와 CAD와 같은 사후송금방식은 수출업자 입장에서 보면 대금을 선적 후 나중에 받게 되므로 국내거래의 외상회수방식과 같은 논리로 회계처리하면 된다. 다만 국내거래와 달리 추가로 외화의 환산만 적절하게 고려하여 회계처리하면 된다.

1) 사전송금방식(CWO) 무역

사전송금방식, 즉 CWO(Cash With Order)방식이란 수입업자가 수출업자에게 대금을 물품의 선적 전에 외화, 수표 등 지정영수통화로 표시된 대외지급수단에 의하여 미리 지급하고 수출업자가 이러한 대금의 수취 후 일정기일 내에 이에 상응하는 물품을 수출하는 거래방식을 의미한다. 이 방식은 수출업자 입장에서 대금을 미리 받고 물품을 나중에 선적(매출)하므로 국내거래의 사전회수방식과 같은 논리로 회계처리하면 될 것이다. 즉 미리 받은 대금의 경우 앞의 [예제 2-1]에서 설명한 바와 같이 '선수금'계정을 이용하여 회계처리하면 된다. 다만 추가로 국내계정과 비교하기 위해 수출선수금, 수출매출 등으로 표시하는 구분 정도를 하는 것도 적절한 회계처리가 된다.

예제 2-5 사전송금방식(CWO) 무역의 회계처리(수출선수금)

서울에 있는 (주)한국은 2013년 8월 15일에 미국에 있는 (주)아메리카로부터 $10,000를 미리 송금받아 그날 원화로 환가하였고 3개월 이후인 11월 15일에 물품을 제공(선적)하기로 하였다. 이 경우 (주)한국의 회계처리를 하시오.

(2013년 8월 15일의 적절한 환율 : ₩1,210/$,
2013년 11월 15일의 적절한 환율 : ₩1,250/$)

(주)한국의 기본통화는 원화(₩)이므로 달러로 받은 금액을 원화금액으로 환산하여 표시하여야 한다.

① 2013년 8월 15일의 회계처리

(차) 현　　금	12,100,000	(대) (수출)선수금	12,100,000

☞ $10,000×₩1,210/$ =₩12,100,000

② 2013년 11월 15일의 회계처리

(차) (수출)선수금	12,100,000	(대) (수출)매　출	12,100,000

☞ 부가가치세법의 규정에 따르면 재화의 공급시기 도래(선적일) 전에 받은 외화를 원화로 환가한 경우는 "그 환가일의 환율"로 환산한 금액을 수출매출액 계상에 적용할 환율로 한다(제4장 제1절 참조).

참고로 [예제 2-5]에서 수입업자인 (주)아메리카의 회계처리는 다음과 같다. (주)아메리카의 자국 기본통화는 달러이므로 외화환산의 문제가 발생하지 않는 것이다.

① 2013년 8월 15일의 회계처리

(차) 선 급 금	$10,000	(대) 현　　금	$10,000

② 2013년 11월 15일의 회계처리

(차) 미착재고	$10,000	(대) 선 급 금	$10,000

2) 사후송금방식(COD와 CAD) 무역

COD와 CAD와 같은 사후송금방식은 사전송금방식과 달리 수입업자는 수출업자가 송부한 물품이나 운송서류를 입수하여 확인한 다음에 대금을 지급하는 방식이다. 이 방식은 수출업자 입장에서 보면 대금을 선적 후 나중에 받게 되므로 국내거래의 외상회수방식과 같은 논리로 회계처리하면 된다. 즉 나중에 받을 대금의 경우 앞의 [예제 2-3]에서 설명한 바와 같이 '매출채권'계정을 이용하여 회계처리하면 된다. 다만 추가로 국내계정과 비교하기 위해 외화매출채권, 수출매출 등으로 표시하는 구분 정도를 하는 것도 적절한 회계처리가 된다.

결론적으로 말하면 송금결제방식 중 사전송금방식을 제외한 사후송금방식, 추심결제방식 그리고 신용장결제방식은 국내거래의 외상매출과 같은 대금결제흐름이 이루어진다. 단지 추심결제방식과 신용장방식에서는 환어음이 개입되고 이에 따른 은행을 통한 추심 및 매입이 이루어지므로 이에 대한 회계처리만 추가하여 숙지하면 된다. 이러한 외화매출채권의 경우 외화매출채권의 발생(매출) 시 환율과 외화매출채권의 회수 시 환율의 차이로 발생하는 손익은 '외환차이(외환차손익)'로 하여 회계기간의 손익으로 회계처리함에 주의하여야 한다.

이때 적용될 환율은 제4장 외화환산회계에서 자세히 다루도록 한다.[2)]

---

2) 기업회계기준서(한국채택국제회계기준) 제1021호 : 환율변동의 효과
- 외환차이 : 특정 통화로 표시된 금액을 변동된 환율을 사용하여 다른 통화로 환산할 때 생기는 차이
- 화폐성 항목의 결제시점에 생기는 외환차이 또는 화폐성 항목의 환산에 사용한 환율이 회계기간 중 최초로 인식한 시점이나 전기의 재무제표 환산시점의 환율이 다르기 때문에 생기는 외환차이는 그 외환차이가 생기는 회계기간의 손익으로 인식한다. 다만 보고기업과 해외사업장을 포함하는 재무제표에서 발생한 외환차이는 기타포괄손익으로 인식한다.

예제 2-6 사후송금방식(COD) 무역의 회계처리(외화매출채권)

서울에 있는 (주)한국은 2013년 8월 15일에 미국에 있는 (주)아메리카에 물품 $10,000어치를 제공(선적)하고 이에 대한 대금은 물품이 도착하여 검사가 이루어지는 3개월 이후인 11월 15일에 받아 원화로 환가하였다. 이러한 COD방식의 무역의 경우 (주)한국의 회계처리를 하시오.

(2013년 8월 15일의 적절한 환율 : ₩1,210/$,
2013년 11월 15일의 적절한 환율 : ₩1,250/$)

① 2013년 8월 15일의 회계처리

(차) (외화)매출채권	12,100,000	(대) (수출)매 출	12,100,000

☞ $10,000×₩1,210/$=₩12,100,000

☞ 부가가치세법의 규정에 따르면 재화의 공급시기 도래(선적일) 후에 받은 외화를 보유한 경우는 '공급시기(선적일)의 기준환율 또는 재정환율'로 환산한 금액을 수출매출액 계상에 적용할 환율로 한다.

☞ 법인세법의 규정에 따르면 사업연도 중 외화자산의 발생 시 적용환율은 발생일의 외환거래법에 의한 기준환율 또는 재정환율에 의하여 환산한다.

☞ 회계기준에서는 외화자산의 발생 시 거래일의 현물환율을 적용하라고 규정하고 있다. 현물환율이란 즉시 인도가 이루어지는 거래에서 사용하는 환율을 말한다(기업회계기준서 제1021호).

② 2013년 11월 15일의 회계처리

(차) 현 금	12,500,000	(대) (외화)매출채권	12,100,000
		외 환 차 익	400,000

☞ 외환차익 : $10,000×(₩1,250/$−₩1,210/$)=₩400,000

☞ 회계기준에서는 외화자산의 경우 외화자산의 발생 시 환율과 외화자산의 회수 시 환율의 차이로 발생하는 손익은 '외환차이'로 하여 당기손익으로 회계처리한다.

☞ 법인세법의 규정에 따르면 사업연도 중 보유외환을 매각하거나 매입하는 경우 '거래은행에서 실제로 적용한 환율'을 적용하면 되고 이 경우 발생하는 외환차손익은 기업회계기준과 마찬가지로 당해 사업연도의 익금과 손금에 산입된다.

(2) 추심결제방식의 회계처리

추심결제방식에서는 수출업자가 운송서류(선하증권 등)를 첨부하여 수입업자를 지급인으로 하는 환어음을 발행하여 수출업자의 거래외국환은행을 통하여 수입업자의 거래외국환은행에 화환어음의 추심을 의뢰한다. 그리고 수입업자는 이러한 화환어음 금액을 지급(payment)하거나 인수(acceptance)한 경우에만 운송서류를 인도받을 수 있게 된다.

D/P방식과 D/A방식과 같은 추심결제방식은 앞에서 본 사후송금방식에 대금결제를 위한 어음이 추가로 첨가된 것으로 보면 된다. 즉 국내거래의 외상매출과 같이 회계처리하면 되고, 다만 거래은행에 대하여 추심하는 경우 발생하는 추심료에 대한 회계처리를 추가적으로 하면 된다. 이 경우 매출채권(환어음)을 수출업자가 거래은행에 추심의뢰하게 되는데 이를 매출채권의 매각거래로 볼 것인지 아니면 담보거래(차입거래)로 볼 것인지의 판단문제가 발생한다. 만약 완전히 매출채권의 소유권이 수출업자의 거래은행으로 넘어가는 것이 아니라면 담보거래(차입거래)[3]로 보아야 할 것이다.

대부분의 경우 매출채권의 추심은 매출채권에 대한 실질적인 위험과 보상이 추심의뢰은행에 완전히 넘어가는 것이 아니고 다만 추심의뢰은행은 추심업무만 하게 되므로, 수출업자는 회계처리 시 매출채권의 매각처리를 할 수 없고 매출채권을 담보로 단기차입금을 차입한 것으로 회계처리를 하여야 한다. 매출채권이 거래상대방으로부터 완전히 추심되어 회수하기 전까지는 수출업자는 추심의뢰 시부터 추심까지 단기차입금계정을 이용하여 회계처리를 하는 것이다. 이 경우 발생하는 단기차입금은 무역거래에서 발생한 것이지만 국내의 은행과의 거래이므로 외화단기차입금이 아니라 원화단기차입금이라는 것에 주의하여야 한다.

---

3) 국제회계기준 도입 전 기업회계기준상으로는 대부분의 어음할인은 매각거래로 회계처리하였다. 과거 기업회계기준등에 관한 해석 52-14)에서 '소구권의 존재는 통제권 이전 여부의 판단에 영향을 미치지 않는다고 규정'하여 어음의 할인을 한 경우 만약 어음이 부도가 나면 금융기관이 소구권을 행사하게 될 경우라도 매출채권의 통제권을 이전한 것으로 보았기 때문이다.

만약 매출채권이 수출업자의 거래은행에 완전히 매각되는 경우(예 : 소구권이 없는 할인상품)에는 수출업자는 매출채권의 매각거래로 회계처리하여야 한다. 즉, 매출채권에 대한 실질적인 위험과 보상을 추심의뢰은행에 완전히 넘길 경우 수출업자는 이 경우 매출채권을 제거시키는 회계처리를 하면 되는 것이다.

참고 매출채권 등의 양도에 대한 기업회계기준서

1. 양도에 대한 판단기준

기업회계기준서 제1039호(금융상품[4] : 인식과 측정)

문단 19. 금융자산을 양도한 경우, 양도자는 금융자산의 소유에 따른 위험과 보상의 보유 정도를 평가하여 다음과 같이 회계처리한다.

① 양도자가 금융자산의 소유에 따른 위험과 보상의 대부분을 이전하면, 당해 금융자산을 제거하고 양도함으로써 발생하거나 보유하게 된 권리와 의무를 각각 자산과 부채로 인식한다.

② 양도자가 금융자산의 소유에 따른 위험과 보상의 대부분을 보유하면, 당해 금융자산을 계속하여 인식한다.

2. 회계처리

양도자가 금융자산의 소유에 따른 위험과 보상의 대부분을 보유하지도 아니하고 이전하지도 아니하면, 양도자가 당해 금융자산을 통제하는지를 결정하여 다음과 같이 회계처리한다.

① **매각거래 회계처리** : 양도자가 금융자산을 통제하고 있지 아니하면, 당해 금융자산을 제거하고 양도함으로써 발생하거나 보유하게 된 권리와 의무를 각각 자산과 부채로 인식한다.

② **차입거래 회계처리** : 양도자가 금융자산을 통제하고 있다면, 당해 금융자산에 대하여 지속적으로 관여하는 정도까지 당해 금융자산을 계속하여 인식한다.

다음의 [예제 2-7]을 통하여 국내거래에서 발생하는 매출채권의 양도 및 할인에 대한 회계처리방법을 살펴보자.

4) 회계기준에서 매출채권은 금융상품에 속한다. 금융상품(financial instrument)은 거래당사자 일방에게 금융자산을 발생시키고 동시에 다른 상대방에게는 금융부채 혹은 지분상품을 발생시키는 모든 계약으로 정의하고 있다. 금융자산에는 일반적인 현금및현금성자산, 다른 실체의 지분상품(예 : 다른 회사의 주식), 거래상대방에게서 현금이나 금융자산을 수취할 계약상 권리(예 : 매출채권, 대여금), 잠재적으로 유리한 조건으로 거래상대방과 금융자산이나 금융부채를 교환하기로 한 계약상 권리(예 : 금융보증, 금융리스채권)가 있다.

예제 2-7 매출채권 등의 양도 및 할인에 대한 회계처리

서울에 있는 (주)한국은 2013년 8월 15일에 ₩100,000어치의 물품을 부산에 있는 (주)고려에게 외상으로 매출하였다. 이 매출채권의 결제일(만기)은 3개월 후인 11월 15일인데 (주)한국은 팩토링회사에 이 매출채권을 8월 18일에 관련비용 ₩10,000을 공제한 ₩90,000에 처분하였다. 그리고 만기일에 이 매출채권은 정상적으로 결제되었다. 이 경우 매출채권을 매각거래와 차입거래로 나눌 경우 (주)한국의 회계처리를 각각 하시오.

1. 매각거래로 보는 경우

① 2013년 8월 15일의 회계처리

(차) 매 출 채 권	100,000	(대) 매 출	100,000

② 2013년 8월 18일의 회계처리

(차) 현 금	90,000	(대) 매 출 채 권	100,000
매출채권처분손실	10,000		

③ 2013년 11월 15일의 회계처리

[분개 없음]

2. 차입(담보)거래로 보는 경우

① 2013년 8월 15일의 회계처리

(차) 매 출 채 권	100,000	(대) 매 출	100,000

② 2013년 8월 18일의 회계처리

(차) 현 금	90,000	(대) 단기차입금	100,000
할인료(이자비용)	10,000		

③ 2013년 11월 15일의 회계처리

(차) 단기차입금	100,000	(대) 매 출 채 권	100,000

다음의 [예제 2-8]은 추심결제방식 무역과 관련된 회계처리방법에 관한 것이다.

예제 2-8 추심결제방식(D/A) 무역의 회계처리(차입거래)

서울에 있는 (주)한국은 2013년 8월 15일에 미국에 있는 (주)아메리카에 물품 $10,000어치를 제공(선적)하였다. 그리고 선적일로부터 3일 후인 8월 18일에 선적서류를 입수하여 선적서류일로부터 90일 후불조건인 기한부환어음을 작성첨부한 다음 선적서류와 함께 한국의 외국환은행에 수출대금을 할인하였다(할인율은 이날 환율의 9%임). 그리고 선적일로부터 90일 후인 11월 15일에 미국의 (주)아메리카는 미국의 추심은행에 수입대금을 지급결제하고 미국의 추심은행은 한국의 추심의뢰은행에 대금을 송금하였다. 이러한 D/A방식의 무역의 경우 (주)한국의 회계처리를 하시오. 이 경우 외국환은행에 할인 시 매각거래로 보는 세 가지 판단기준을 모두 충족하지 않는다고 가정한다.

(2013년 8월 15일의 적절한 환율 : ₩1,210/$,
2013년 8월 18일의 적절한 환율 : ₩1,200/$,
2013년 11월 15일의 적절한 환율 : ₩1,250/$)

① 2013년 8월 15일의 회계처리

(차) (외화)매출채권	12,100,000	(대) (수출)매 출	12,100,000

☞ $10,000×₩1,210/$ = ₩12,100,000

② 2013년 8월 18일의 회계처리

(차) 현 금	10,920,000	(대) 단기차입금	12,000,000
추심료(할인료)	1,080,000		

☞ 차입거래임(즉, 매출채권을 담보로 차입한 거래가 됨)

☞ 단기차입금 : $10,000×₩1,200/$ = ₩12,000,000

어음할인료 : $10,000×(₩1,200/$×9%) = ₩1,080,000

③ 2013년 11월 15일의 회계처리

(차) 단기차입금	12,000,000	(대) (외화)매출채권	12,100,000
현 금	500,000	외 환 차 익	400,000

☞ 외환차익 : $10,000×(₩1,250/$ − ₩1,210/$) = ₩400,000

☞ D/P나 D/A방식과 같은 추심방식의 경우 대부분 매출채권의 추심으로 인하여 소유권이 실질적으로 은행에게 이전되지 않으므로 외화매출채권 등에 대한 환율변동의 위험은 수출업자가 부담하게 되는 것이다.

(3) 신용장결제방식의 회계처리

신용장결제방식이란 앞에서 본 추심결제방식에다 신용장(L/C)이 개입된 한층 발전된 대금결제방식이다. 무역거래에 있어 신용장이 개입되면 수입업자의 거래은행은 수입업자를 대신하여 물품대금을 지급하는 약속을 한 셈이 된다. 따라서 수입업자의 거래외국환은행은 수출업자에 대하여 대금에 대한 지급보증의무가 발생하게 되므로 수출업자의 입장에서 보면 대금미회수의 위험을 줄일 수 있는 대금결제방식이다.

앞에서 본 추심결제방식에 의한 무역거래에서는 대부분의 경우 수입업자의 거래은행은 지급보증의무가 없으며 단지 수출대금의 추심업무만 수행하므로 거래은행은 중개인의 역할을 담당하였으나 신용장결제방식에 의한 무역거래에서는 수입업자의 거래은행은 지급보증을 하게 되므로 무역거래에 있어 수출업자에 대해 대금결제의 주체가 된다.

신용장방식의 경우 수입업자의 요구에 따라 수입업자의 거래은행이 신용장을 개설하여 수출업자에게 전달하면 수출업자는 이에 근거하여 수출화물을 선적한 후 이러한 운송서류를 근거로 수입업자를 지급인으로 하는 화환어음을 첨부하여 외국환은행에 매입시킴으로써 대금을 조기에 회수할 수 있게 된다.

신용장결제방식의 회계처리는 앞에서 본 추심결제방식과 거의 비슷하다. 즉 국내거래의 외상매출과 같이 회계처리하면 되고 다만 거래은행에 대하여 네고하는 경우 발생하는 매출채권처분손익에 대한 회계처리를 추가적으로 하면 된다. 이 경우 매출채권(환어음)을 수출업자가 자신의 거래은행에 매입의뢰하게 되는데 이를 매출채권의 매각거래로 볼 것인지 아니면 차입(담보)거래로 볼 것인지의 판단문제가 발생한다. 만약 매출채권의 소유권이 수출업자의 거래은행으로 넘어가게 되는 경우에는 매각거래로 보아 회계처리를 하면 될 것이다.

즉, 이러한 매출채권의 매입의 경우 매출채권에 대한 실질적인 위험과 보상이 매입은행에 완전히 넘어가고 매입은행은 신용장 개설은행에 대하여 매출채권에 대한 권리·의무의 주체가 되므로, 수출업자는 이 경우 매출채권의 매각처리를 하는 것으로 회계처리를 하여야 한다. 다음의 [예제 2-9]는 신용장결제방식 무역과 관련된 회계처리방법에 관한 것이다.

예제 2-9 일람출급성 신용장방식 무역의 회계처리(매각거래)

서울에 있는 (주)한국은 2013년 8월 15일에 미국에 있는 (주)아메리카에 물품 $10,000어치를 제공(선적)하였다. 그리고 선적일로부터 3일 후인 8월 18일에 선적서류를 입수하여 일람출급성 환어음을 작성첨부한 다음 선적서류와 함께 한국의 외국환은행에 수출대금을 네고시켰다(환가료는 이날 환율의 9%임). 그리고 8월 31일에 한국의 매입은행은 미국의 결제은행에 선적서류 등을 제시하여 수입대금을 지급결제받았다. 이러한 일람출급성 신용장방식의 무역의 경우 (주)한국의 회계처리를 하시오. 이 경우 외국환은행에 할인 시 매각거래로 보는 세 가지 판단기준을 모두 충족한다고 가정한다.

(2013년 8월 15일의 적절한 환율 : ₩1,210/$,
2013년 8월 18일의 적절한 환율 : ₩1,200/$,
2013년 8월 31일의 적절한 환율 : ₩1,250/$)

① 2013년 8월 15일의 회계처리

(차) (외화)매출채권	12,100,000	(대) (수출)매 출	12,100,000

☞ $10,000×₩1,210/$=₩12,100,000

② 2013년 8월 18일의 회계처리

(차) 현 금	10,920,000	(대) (외화)매출채권	12,100,000
외환차손	100,000		
매출채권처분손실	1,080,000		

☞ 매각거래임

☞ 외환차손 : $10,000×(₩1,210/$ − ₩1,200/$) = ₩100,000
매출채권처분손실 : $10,000×(₩1,200/$ × 9%) = ₩1,080,000

③ 2013년 8월 31일의 회계처리

[분개 없음]

☞ 이러한 신용장방식의 경우 매출채권의 매각으로 인하여 소유권이 실질적으로 매입은행에게 이전되므로 외화매출채권 등에 대한 매입 이후의 환율변동의 위험은 매입은행이 부담하게 되는 것이다.

이제까지 국내거래의 대금결제방식과 더불어 크게 송금결제방식에 의한 무역, 추심결제방식에 의한 무역 그리고 신용장결제방식에 의한 무역으로 나누어 무역거래에 대한 회계처리를 대금결제방식에 따라 살펴보았다.

결론적으로 국내거래의 경우 한국 내의 원화(₩)로 대금결제가 되기 때문에 화폐에 대한 환산이 필요 없었으나, 무역거래의 경우 달러화($) 등과 같은 외국화폐로 대금을 회수하거나 지급해야 하므로 이에 대한 원화환산이 필요하다. 그리고 무역의 대금결제방식에 따라 회계처리가 다르게 되는 것을 살펴보았다. 본 장에서는 간단한 회계처리만 살펴보았는데 좀 더 자세한 회계처리 사례와 외화환산은 제4장, 제6장 그리고 제7장에서 살펴보기로 하자.

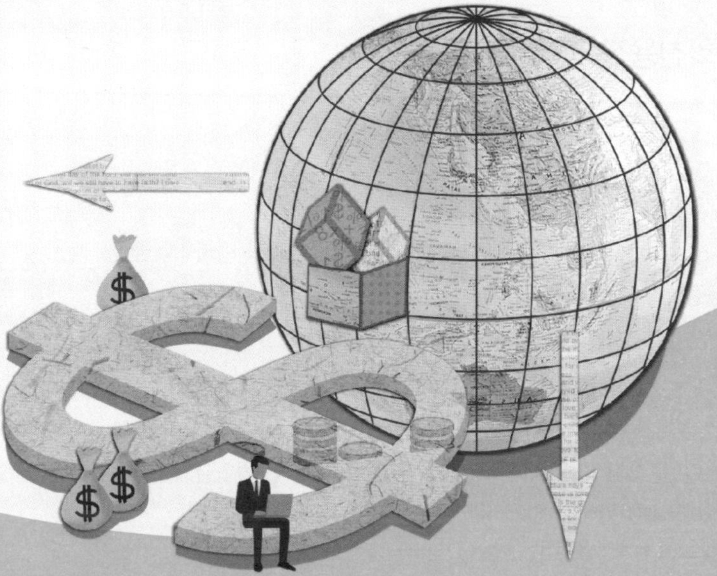

3 CHAPTER 신용장

외환은행, 원화신용장 국내 첫선

환율변동에 따른 위험 없애

외환은행은 13일 국내 수출입업체가 환율변동에 따른 위험 없이 원화로 수출입대금을 결제할 수 있는 '원화신용장(L/C)'을 14일부터 개설한다고 밝혔다.

국내 최초로 개설되는 원화신용장은 수출입과 관련된 신용장의 발행과 결제, 수출환어음매입과 대금회수 등을 모두 원화로 하는 것이다. 그동안 '원화표시 신용장'을 포함한 모든 신용장은 외화기준으로 결제가 이루어지기 때문에 수출입업체는 환율변동에 따른 위험과 환전수수료 부담을 떠안아야 했다. 그러나 원화신용장은 최초 계약 때 원화결제대금을 확정하기 때문에 환율변동에 따른 위험이 없게 된다.

외환은행은 해외 환거래은행의 원화계정을 활용해 원화신용장을 개설할 방침이라고 밝혔다. 이에 대해 금융전문가들은 거래상대방인 외국업체가 원화결제에 동의해야 원화신용장 개설이 가능하기 때문에 활성화 여부는 지켜봐야 한다고 지적했다.

〈자료원 : 중앙일보, 2006. 2. 14〉

Chapter 03

신용장

제 1 절 신용장의 개요

1. 신용장의 의의

국내 상거래와는 달리 국제무역은 대금결제나 운송, 보험 등 무역거래 자체와 관련된 위험 외에 천재지변이나 정변 등 다양한 위험요소를 안고 있다. 무역거래에서 이러한 위험은 대부분 수출업자가 부담하게 되며 수출업자는 이들 위험을 회피하기 위하여 수출선적을 꺼리거나 거래상대방에 대한 개별적인 신용조사를 한다든지 혹은 위험부담에 따른 추가경비를 수출가격에 산입하는 등의 여러 수단을 취하게 된다. 이런 상황을 방치할 경우 국가 간의 무역은 침체에 빠질 것이므로, 무역거래 활성화를 위해서는 이들 위험요소들에 대한 대응방안이 필요하게 된다. 이에 대한 대응수단으로 등장한 것이 신용장이다.

신용장(L/C : Letter of Credit)이란 무역거래상의 대금결제 및 상품수입을 원활하게 하기 위해 수입업자(신용장 개설의뢰인)의 요청으로 수입업자의 거래은행(신용장 개설은행)이 수출업자(수익자) 혹은 수출업자의 지시를 받은 은행이 신용장에 명기된 조건과 일치하는 운송서류를 제시하면 수입업자를 대신하여 신용장대금을 지급하겠다고 약속하는 증서이다. 즉, 신용장은 무역거래상의 가장 큰 위험인 수입업자의 대금결제 여부를 대신 확신시켜 주기 위하여 수입업자의 거래은행이 보증하는 은행의 조건부 지급확약서이다.

신용장이 국제무역 거래에서 널리 이용됨에 따라 국제적인 통일규칙의 제정이 필요하게 되었다. 국제적인 신용장통일운동의 일환으로 1933년 빈(Wien)에서 개최된 국제상업회의소(ICC : International Chamber of Commerce)에서는 신용장통일규칙(UCP : Uniform Customs and Practice for documentary credit)을 제정하였고, 이후 1951년 제1차 개정을 시작으로 2007년 7월(UCP 600)에 이르기까지 6차례에 걸친 개정을 통해 지속적으로 보완해 오고 있다.

2. 신용장의 기능

무역거래에 개입되는 신용장의 기능을 살펴보면 다음과 같다.

(1) 신용위험의 제거

신용장이 개입될 경우 신용장 개설은행이 수입업자를 대신하여 대금지급의 확약을 하게 되므로 수출업자는 신용장에서 요구하는 서류만 제시하면 수출대금의 회수가 보장되고 따라서 수출업자 입장에서는 대금회수불능 위험을 제거할 수 있다. 동시에 수입업자의 경우는 수출업자의 대금회수 불안이 제거된 상태에서 수입예정 물품의 입수가 보장되지 않았기 때문에 계약 시 이를 근거로 가격 및 거래조건 등에 있어 좀 더 유리한 조건을 제시할 수 있다.

(2) 수출입 계약내용의 확정

신용장이 개입될 경우 수입업자의 경우 신용장의 조건과 일치하는 운송서류를 인도받으면서 대금지급을 하게 되므로 수출업자는 반드시 매매계약에 따른 이행을 하여야 하므로 수입업자 입장에서는 희망상품 불인수위험을 방지할 수 있다. 또한 매매계약 시 취소불능신용장을 개설한 경우 신용장의 내용을 변경 혹은 취소하려면 신용장 관계당사자 전원의 합의가 필요하므로 수출업자는 안심하고 수출상품을 제조·선적할 수 있다. 반면에 수입업자의 경우에는 계약기일 내 상품이 도착되지 않으면 대금지급을 거절할 수 있으므로 원하는 시기에 원하는 상품을 입수할 수 있게 된다.

(3) 금융부담의 경감

수출업자는 상품선적 후 즉시 은행으로부터 상품대금을 조기에 회수할 수 있으며, 수입업자는 수입상품이 도착한 후에 대금을 지급할 수 있게 되므로 양 당사자 모두 금융부담이 완화된다.

3. 신용장거래의 특징

신용장은 다음과 같은 특성을 지니고 있다.

(1) 독립성

신용장은 수출입거래 당사자의 매매계약에 의해 개설되지만 일단 개설된 신용장은 최초의 매매계약과 분리되어 전혀 별개의 법률관계를 형성하게 된다. 따라서 신용장 개설은행은 수출업자가 신용장조건대로 계약내용을 이행하였다면 이후에 매매계약이 취소되거나 수입업자가 지급불능상태에 빠지더라도 수출대금을 지급하여야 한다.

(2) 추상성

신용장거래의 대상은 오직 서류에만 한정되며 실제 매매계약상의 이행 여부와는 무관하다. 따라서 개설은행은 수출업자가 신용장의 조건에 부합되는 운송서류를 제시하면 서류심사만으로 대금을 지급하게 된다. 이것은 은행이 신용장 관련심사를 할 때 거래사실 내용의 확인의무를 면제함으로써 신용장거래의 활성화를 도모하기 위한 것이다.

(3) 한계성

신용장 개설은행은 수출업자가 계약서상의 내용과 상이한 물품을 선적하고 관련서류를 위조 혹은 변조하여 제시하더라도 제출서류가 신용장 내용과 일치하면 대금을 지급하여야 하며, 이때 개설은행은 실제 매매계약 위반으로 인해 발생하는 손해보상 책임과 의무는 면제된다. 따라서 수입업자의 입장에서는 신용장거래의 이행이 반드시 실제 계약내용의 이행을 담보하지 않게 되므로 목적상품을 반드시 입수하게 되리라는 보장을 할 수 없는 한계를 갖게 된다.

제 2 절 신용장의 관련 당사자

1. 기본 당사자

(1) 개설의뢰인(applicant)

매매계약이 체결된 후 자신의 거래은행에 수출업자 앞으로 신용장 발행을 의뢰하는 수입업자를 개설의뢰인(applicant)이라고 하는데, 개설의뢰인은 신용장대금의 최종결제자이며 수입화물의 실질적인 수하인이 된다.

(2) 개설은행(issuing bank)

개설은행은 수입업자의 요청과 지시에 따라 신용장을 개설하고 신용장 대금지급을 확약하는 은행으로서 opening bank, establishing bank라고도 한다.

(3) 수익자(beneficiary)

개설은행이 발행한 신용장을 수취한 뒤 신용장에서 요구하는 제반서류를 제시하고 대금을 결제받는 수출업자를 수익자(beneficiary)라고 한다.

| 표 3-1 | 수출입절차흐름에 따른 수출 · 수입업자의 명칭

관 계	수출업자	수입업자
일반명칭	Exporter 수출자	Importer 수입자
매매관계	Seller 매도인	Buyer 매입인
신용장관계	Beneficiary 수익자	Applicant 신용장 개설의뢰인
화물관계	Consignor(Shipper) 송하인	Consignee 수하인
환어음관계	Drawer 환어음 발행인	Drawee 환어음 지급인
계정관계	Accounter(Payee) 대금영수인	Accountee(Payer) 대금결제인

2. 기타 당사자

(1) 통지은행(advising bank)

개설은행의 요청에 따라 신용장의 개설, 조건변경 및 취소 등에 관한 주요 사항을 수출업자에게 통보하는 은행을 통지은행(advising bank)이라 하며, notifying bank라고도 한다. 일반적으로 수출국에 있는 개설은행의 본 · 지점이 되나 본 · 지점이 없는 경우에는 개설은행의 수출국에 있는 환거래은행(correspondent bank)이 통지은행이 된다.

(2) 확인은행(confirming bank)

수출업자가 개설은행의 신용을 믿지 못하거나 외환사정이 좋지 않은 국가와 거래할 경우 수출대금 회수에 불안을 느끼게 되므로 수입업자에게 기존 발행된 신용장에 대한 추가적인 지급보증을 요구하게 된다. 이 경우 개설은행의 요청에 따라 신용장에 대한 제2차 지급확약을 하는 은행을 확인은행(confirming bank)이라고 하는데, 확인은행은 개설은행과 동일하게 동 신용장에 의해 발행된 환어음을 지급·인수·매입할 것을 확약하고 이와 관련된 확인료(confirming fee)를 받는다.

(3) 매입은행(negotiating bank)

신용장조건에 따라 수출업자가 환어음(bill of exchange)에 선적서류를 첨부하여 제시할 경우 이러한 화환어음을 매입(NEGO : negotiation)하고 수출대금을 지급하는 수출국의 은행을 매입은행(negotiating bank)이라고 한다. 이때 매입은행은 수출상에게 매입대금을 미리 지급하고 차후 개설은행으로부터 그 대금을 환수하게 되므로 대금 환수기간 동안의 이자 및 수수료를 공제(할인)하여 매입의뢰인(수출업자)에게 매입대금을 지급한다.

(4) 지급은행(paying bank)

수출업자(수익자)가 발행한 어음이 일람출급성 환어음 또는 일람출급성 신용장인 경우 이러한 환어음 및 신용장에 대해 직접 대금을 지급하는 은행을 지급은행(paying bank)이라고 한다. 일반적으로 수익자 소재지에 있는 개설은행의 본·지점이 되나 본·지점이 없는 경우에는 개설은행과 예치환거래계약(depositary correspondent agreement)을 체결한 은행이 지급은행이 된다.

(5) 인수은행(accepting bank)

수출업자(수익자)가 발행한 어음이 기한부 환어음 또는 기한부 신용장인 경우 이러한 환어음 및 관련서류를 인수하였다가 만기일에 그 대금을 지급할 의무를 지게 되는 은행을 인수은행(accepting bank)이라고 한다.

(6) 결제은행(settling bank)

개설은행과 환어음 매입은행 사이에 예치환거래계약이 체결되어 있지 않을 경우 개설은행은 매입은행에게 신용장대금을 지급할 방법이 없다. 이 경우 개설은행은 예치환거래관계가 있는 제3의 은행을 지정하여 매입은행으로부터 환어음 매입대금에 대한 상환요청이 들어오면 그 즉시 당해 은행에 예치된 개설은행의 계좌에서 동 매입대금에 대한 지급을 이행하도록 위탁하는데 이러한 역할을 하는 은행을 결제은행(settling bank) 또는 상환은행(reimbursing bank)이라고 한다.

제 3 절 신용장의 종류

1. 일반적인 구분

(1) 수출신용장과 수입신용장

신용장의 사용자 입장에 따라 구분한 것으로서 동일한 신용장이 수입업자에게는 수입신용장(import L/C)이 되고 수출업자에게는 수출신용장(export L/C)이 되는 것이다.

(2) 상업(화환)신용장과 클린신용장

상업(화환)신용장(commercial L/C)은 상거래와 관련하여 사용되는 신용장으로, 개설은행이 상거래로 인해 발생한 대금의 결제를 수익자에게 확약한 증서이다. 일반적으로 상업신용장은 화물환어음에 운송서류를 첨부하므로 상업화환신용장(commercial documentary L/C)이라 부르기도 한다.

클린신용장(clean L/C)은 상품거래 이외의 거래에 사용되는 신용장으로 용역거래 결제에 사용되는 일반 클린신용장과 해외여행자의 현금휴대불

편을 없애기 위해 여행자의 요구에 따라 개설은행 앞으로 어음을 발행하여 현금과 교환하여 사용할 수 있는 여행자신용장(traveller's L/C)으로 구분된다.

2. 상업적인 구분

(1) 취소불능신용장과 취소가능신용장

취소불능신용장(irrevocable L/C)은 신용장 문면상에 'irrevocable'이라는 문언이 명시된 신용장으로서 일반적으로 신용장의 취소 여부에 관한 아무런 언급이 없으면 취소불능(irrevocable)신용장으로 간주된다. 취소불능신용장은 신용장 유효기간 내에 관계당사자 전원의 합의 없이는 신용장조건 변경 및 취소가 불가능하다. 오늘날 국제무역에 사용되는 신용장은 대부분 이러한 취소불능신용장이다.

취소가능신용장(revocable L/C)은 신용장 문면상에 'revocable'이라는 문언이 명시된 신용장으로, 개설은행이 수익자에게 아무런 통지 없이 신용장의 취소나 조건 변경이 가능한 신용장이다. 이때 취소권의 행사는 매입은행의 매입통지가 개설은행에 도착할 때까지만 가능하다.

(2) 확인신용장과 미확인신용장

확인신용장(confirmed L/C)은 개설은행 외에 추가적으로 제3의 은행이 수익자가 발행한 어음에 대하여 지급, 인수 혹은 매입하기로 확약한 신용장이다. 따라서 확인신용장은 개설은행이 지급불능상태에 빠지더라도 확인은행이 환어음에 대한 지급을 이행하게 된다.

반면 미확인신용장(unconfirmed L/C)은 제3은행의 추가적인 지급보증이 없는 신용장이다.

(3) 상환청구가능신용장과 상환청구불능신용장

상환청구가능신용장(with recourse L/C)은 수출업자로부터 선적서류와 함께 환어음을 매입한 은행이 신용장 조건과 선적서류 내용의 불일치 등의 원인으로 인해 개설은행 혹은 확인은행으로부터 신용장대금의 지급을 거절당하였을 경우 동 대금을 환어음 발행자인 수익자에게 소구하여 대금상환청구를 행사할 수 있도록 한 신용장이다. 신용장상에 'with recourse'라는 문언이 있거나 별도의 표시가 없는 한 모두 상환청구가능신용장이다.

상환청구불능신용장(without recourse L/C)은 신용장 문면상에 'without recourse'라는 문언이 기재된 신용장으로 매입은행이 수익자에 대하여 일체의 소구권을 행사할 수 없는 신용장을 말한다. 우리나라의 경우에는 은행협회의 협정 및 어음수표법상에서 'without recourse'라는 조항이 있더라도 상환청구불능신용장을 인정하지 않고 있다.

(4) 보통신용장과 특정신용장

신용장상에 매입은행에 대하여 아무런 제한이나 지정을 하지 않은 신용장을 보통신용장(general L/C) 혹은 개방신용장(open L/C)이라고 한다. 반면 신용장상에 매입은행을 어느 특정은행으로만 지정한 신용장을 특정신용장(special L/C or restricted L/C)이라고 한다.

(5) 양도가능신용장과 양도불능신용장

양도가능신용장(transferable L/C)은 신용장상의 원수익자(original beneficiary)가 신용장 금액의 전부 혹은 일부를 제2수익자(second beneficiary)에게 양도할 수 있는 신용장을 말한다. 신용장상에 'transferable'이란 조항이 있는 경우에만 양도가능신용장이 되는데 양도는 1회에 한하며 분할선적이 허용되는 경우에만 분할양도가 가능하다.

양도불능신용장(non-transferable L/C)은 양도가 허용되지 않는 신용장으로서 신용장상에 지정된 수익자만 신용장대금을 지급받을 수 있다. 신용장상에 별도의 표시조항이 없는 신용장은 모두 양도불능신용장이다.

(6) 화환신용장과 무화환신용장

화환신용장(documentary L/C)은 신용장상에 환어음과 함께 선적서류를 함께 첨부해야 환어음을 지급, 인수, 매입할 것을 확약한 신용장이다.

반면 무화환신용장(non-documentary L/C or clean L/C)은 선적서류를 첨부하지 않더라도 환어음에 영수증(receipt) 등만을 첨부하는 조건으로 환어음의 지급, 인수 또는 매입할 것을 확약한 신용장이다.

(7) 일람출급신용장과 기한부신용장

일람출급신용장(sight L/C)은 수출국의 매입은행을 통해 개설은행에 송부된 환어음 및 선적서류가 수입업자에게 제시되면 그 즉시 신용장대금의 지급이 이루어지는 신용장이다.

반면에 기한부신용장(usance L/C)은 환어음이 수입업자에게 제시되면 우선 환어음의 인수가 이루어지고 만기일이 도래하면 신용장대금을 지급할 것을 확약한 신용장이다.

(8) 원신용장과 내국신용장

원신용장(master L/C)은 수출업자가 수입국의 개설은행으로부터 직접 받은 수출신용장을 말한다. 이러한 원신용장은 국제거래에서 발생하는 신용장을 의미한다. 이 경우 수출업자는 수익자가 된다.

그리고 내국신용장(local L/C)은 수출업자가 수출용 상품이나 원자재 등의 확보를 위하여 자기가 받은 원신용장을 담보로 국내 원료공급자나 완제품공급자를 수익자로 하여 국내에서 거래외국환은행을 통해 추가로 새로 개설한 신용장을 말한다. 이 경우 수출업자가 개설의뢰인이 된다. 이러한 내국신용장은 국내거래에서 발생하는 신용장으로서 국내강행법규인 내국신용장 취급규칙이 적용된다.

내국신용장의 기능을 살펴보면 다음과 같다. 첫째, 내국신용장을 이용하는 경우 수출업자의 입장에서는 구매물자의 대금을 사전에 지급할 필요 없이 자국의 외국환은행의 신용을 이용할 수 있다. 둘째, 수출업자에게 물건을 공급하는 국내공급업자의 입장에서는 대금회수에 따른 신용위험을 없앨 수 있고, 내국신용장을 담보로 무역금융을 받을 수 있다. 셋째, 국내공급업자가 국내의 수출업자에게 물건을 공급하였으나 수출실적으로 인정받을 수 있으며, 기타 금융 및 세제혜택을 받을 수 있다.

한편, 수출업자에 물건을 공급하는 국내공급업자 입장에서 보면 내국신용장과 비슷한 것으로 구매승인서가 있다. 구매승인서는 내국신용장과 마찬가지로 외국수출을 위한 원재료, 제품의 국내조달을 위한 것으로 외국환은행에서 발행하는 것이다. 다만 내국신용장과 구매승인서의 차이점은 외국환은행의 지급보증과 무역금융혜택의 유무에 있다. 다시 말해 내국신용장의 경우 국내공급업자에 대해 외국환은행이 대금지급을 보증하며 동시에 무역금융의 대상이 되나 구매승인서는 외국환은행이 대금지급을 보증하지 않으며 무역금융의 대상이 되지 않는다.

[표 3-2]는 내국신용장과 구매승인서를 비교한 것이다.

표 3-2 내국신용장과 구매승인서의 비교

구분	내국신용장	구매승인서
관련법규	무역금융관련규정	대외무역법
개설기관	외국환은행	좌동
개설조건	원자재금융한도	제한 없이 발급
수출실적	공급업체의 수출실적 인정	좌동
부가세	영세율 적용	좌동
외국환은행 지급보증 및 무역금융혜택	있음	없음

(9) 특수신용장

1) 동시개설신용장

동시개설신용장(back to back L/C)은 국가 간 무역균형을 유지하기 위한 구상무역에 사용되는 신용장으로, 신용장조건 중에 수입업자가 수입신용장을 개설할 때 그 신용장에 거래상대국 역시 같은 금액의 수입신용장을 개설하여야만 유효하다는 조건이 명시되어 있는 신용장을 말한다.

2) 기탁신용장

기탁신용장(escrow L/C) 역시 국가 간 무역균형을 유지하기 위한 구상무역에 사용되는 신용장이다. 수입업자가 수입신용장을 개설한 경우 환어음의 매입대금을 수출업자에게 직접 지급하지 않고 수출상 명의의 기탁계정(escrow account)에 예치하여 수출업자가 수입업자의 국가로부터 상품을 수입한 경우 동 대금의 결제로 기탁계정의 예치액을 사용하도록 한 신용장이다. 동시개설신용장은 양국 간 신용장이 동시에 개설되어 시간적 차이가 없으나 기탁신용장은 양국 간 신용장 개설시기에 시간적 차이가 있다.

3) 회전신용장

회전신용장(revolving L/C)은 동일거래처에 동일물품을 지속적으로 거래할 경우 거래시기마다 새로 신용장을 개설하여야 하는 불편을 피하기 위한 것으로서, 처음 개설된 신용장이 이행되고 일정기간이 경과하면 그 신용장이 자동적으로 다시 갱신되도록 한 신용장이다.

4) 보증신용장

보증신용장(stand-by L/C)은 수출입상품대금의 결제가 아니라 금융채무 혹은 계약이행의 보증을 위해 발행되는 신용장이다. 주로 해외지사가 현지 금융업체로부터 운영자금이나 국제입찰 시 필요한 입찰보증금, 계약이행보증금 등을 융자받는 경우 동 채무에 대한 보증을 위해 국내 외국환은행이 해외은행 앞으로 발행하는 신용장이다.

5) 선(전)대신용장

선(전)대신용장(red clause L/C)은 수출상품을 선적하기 전 수출상품의 가공·집하에 필요한 자금을 수출업자에게 융통해 주기 위해 신용장 개설은행이 수출국의 매입은행으로 하여금 수출대금의 일부를 선급해 줄 것을 허용하고 동 선급금의 상환을 보증한 신용장이다. 이때 선급허용조건을 붉은 글씨로 표시했다고 해서 red clause L/C라 불렀으나 현재는 수출업자의 집하자금 융자란 의미에서 packing L/C란 용어가 더 보편적으로 쓰이고 있다.

제 4 절 신용장 구성내용

신용장 구성내용은 다음과 같이 신용장 자체에 관한 사항, 환어음 및 결제에 관한 사항, 운송서류에 관한 사항, 상품 및 선적에 관한 사항, 기타 사항으로 크게 다섯 가지로 나누어 살펴볼 수 있다. 신용장 구성내용을 각각 살펴보면 다음과 같다.

1. 신용장 자체에 관한 사항

(1) 개설은행(issuing bank)

신용장 개설의뢰인의 의뢰를 받아 신용장을 개설하는 은행을 말한다.

(2) 신용장 개설장소 및 개설일자(place and date of issue)

신용장 개설장소(국가) 및 개설일자가 명시되어 있다.

(3) 신용장 종류(type of L/C)

신용장이 취소가능신용장인지 취소불능신용장인지를 나타내는 것으로, 취소가능신용장의 경우 신용장 상단에 'revocable letter of credit' 혹은 'revocable documentary credit'라고 명시되어 있다.

(4) 신용장 번호(credit number)

신용장 상단에 명시되어 있는 번호로서, 일반적으로 신용장 번호는 모든 운송서류에 기재되어 있다.

(5) 개설의뢰인(applicant)

신용장 개설을 거래은행에 의뢰한 수입업자를 말한다. 신용장상에 'for account of'이라는 문구 다음에 오는 당사자를 가리킨다.

(6) 수익자(beneficiary)

신용장상의 결제대금을 받는 수출업자를 말한다.

(7) 신용장 금액(amount)

신용장 금액은 숫자와 문자를 함께 쓰며, 금액 앞에 'about', 'circa', 'approximately' 등의 표현이 있으면 10% 이내의 과부족을 인정한다.

(8) 통지은행(advising bank)

개설은행으로부터 송부된 신용장을 수익자에게 통지해 주는 은행이다.

(9) 신용장 유효기일과 장소(date and place of expiry)

수익자가 신용장상에 기재된 선적서류를 매입은행에 제시하여야 하는 최종기일이다. 만약 최종기일이 은행 휴무일일 경우 그 다음일이 최종기일이 된다.

2. 환어음 및 결제에 관한 사항

(1) 발행인(drawer)

환어음은 무역계약에서 환어음 채권자(수출업자)가 채무자(수입업자)에게 어음상의 금액을 환어음 수취인에게 지급할 것을 위탁하는 유가증권이다. 환어음 발행인(수출업자)은 수출상품 선적 후 이러한 선적서류를 담보로 하여 수입업자 앞으로 환어음을 발행한다.

(2) 지급인(drawee)

환어음대금 지급의무자로서 신용장상에 'drafts drawn on'이라는 문구 다음에 오는 당사자이다.

(3) 지급기일(tenor)

환어음 지급기일은 일람출급어음(sight draft)인 경우 'at sight'로 표시되며, 기한부어음(usance draft)인 경우 'at ×× days after sight', 'at ×× days after(from) B/L date' 등으로 표시된다.

(4) 금액(amount of draft)

환어음상의 발행금액은 신용장 액면금액을 초과하지 않아야 한다.

(5) 결제방법

환어음 결제방법으로는 지급(sight payment), 연지급(deferred payment), 인수(acceptance), 매입(negotiation)이 있으며, 일반적으로 매입이 사용된다.

3. 운송서류에 관한 사항

(1) 선하증권(bill of lading)

선하증권은 화물운송인이 화물을 수령 혹은 선적하였음을 인증하고, 이를 운송하여 화물 도착지에서 해당 증권의 정당한 소지자에게 그 화물을 인도할 것을 약속하는 유가증권이다. 해상선하증권이 대표적으로 원본 3통을 1조로 하여 발행한다. 그 외 기타 운송서류로서 항공화물운송장, 도로·철도·내수로운송장, 복합운송서류 등이 있다.

참고 FCL과 LCL란?

컨테이너 운송에는 수출상이 컨테이너를 통째로 혼자 쓰는 경우 FCL(Full Container Load)이라고 하고 여러 수출상의 물품을 컨테이너에 혼합하는 화물을 LCL(Less (than a) Container Load)이라고 한다.

LCL의 경우 물건을 트럭으로 항구까지 운반하여 운송회사가 제품의 상태를 확인한 후 컨테이너에 채워 넣으므로(stuffing) 제품상태를 직접 알 수 있으나 FCL일 경우에는 공장이나 창고에서 수출상이 직접 물품을 컨테이너에 채워 넣기 때문에 운송회사는 화물의 상태를 알지 못하고 보지도 않는 상태에서 B/L을 발급하게 된다. 이때 선박회사는 자신의 면책을 위하여 B/L상에 'SHIPPER'S LOAD AND COUNT'란 부지조항(unknown clause)을 첨부하게 되는데, 'SHIPPER'S LOAD AND COUNT'란 선적인이 적재하고 계량하였다는 뜻으로 운송회사인 나는 확인할 수 없는 상태로 화물을 선적하였다는 의미이다.

(2) 상업송장(commercial invoice)

수출업자가 수입업자에게 보내는 물품내용명세서로 상업송장에 기재된 상품내역은 반드시 신용장 내용과 일치하여야 한다. 상업송장은 물품가격표시 계산서로 대금청구서로서의 역할도 한다.

(3) 보험증권(insurance document)

보험증권은 보험계약의 내용, 조건 등을 기재한 증서이다. 무역계약조건 중 CIF, CIP조건은 수입업자가 수입물품 운송에 관한 보험을 수출업자에게 요구하는 계약조건으로, 이러한 계약조건의 경우 수출업자는 수출물품에 대한 보험을 부보하고 보험증권을 첨부하여야 한다. 반면에 무역계약조건 중 FOB, CFR조건의 경우에는 보험증권을 첨부하여 제시할 필요가 없다.

참고로 무역계약조건에 주요 조건은 다음과 같으며, 자세한 내용은 제5장 제2절에 서술되어 있다.

참고 **주요 무역계약조건의 의미**

① FOB(free on board) : 본선인도가격조건
② CFR(cost and freight) : 운임포함가격조건
③ CIF(cost, insurance and freight) : 운임・보험료포함가격조건
④ CIP(carriage and insurance paid to) : 수송비, 보험료 지급인도가격조건

(4) 기타 서류

신용장에서 요구하는 운송서류는 이외에도 포장명세서(packing list), 원산지증명서(certificate of origin), 검사증명서(inspection certificate), 중량증명서(certificate of weight) 등이 있다.

4. 상품 및 선적에 관한 사항

(1) 상품명세(commodity description)

상품명세에는 상품명(name of the commodity), 상품수량(quantity of the commodity), 단가(unit price), 규격(specification) 등을 포함한다.

(2) 가격조건(terms of price)

가격조건은 인코텀즈(INCOTERMS)상에 정해진 주요 거래조건 중 선택하여 기재한다. 가격조건에 대한 자세한 내용은 제5장 제2절에 서술되어 있다.

(3) 선적항(port of shipment) 및 도착항(port of destination)

물품을 선적한 항구 및 목적지 항구가 기술되어 있다.

(4) 선적기일(shipping date)

신용장상 선적(shipment)은 별도의 언급이 없는 한 신용장 유효기일 내에 완료되어야 한다.

(5) 분할선적(partial shipment)

신용장상에 분할선적에 관한 별다른 언급이 없거나 금지하는 경우가 아닌 한 분할선적은 허용된다.

(6) 환적(transshipment)

환적은 선적지에서 도착지까지 화물을 운송하는 도중 다른 운송수단으로 옮겨 싣는 것을 말하는데, 환적은 화물손상이나 분실 등의 사고가 발생할 우려가 있으며 비용도 추가되는 단점이 있다. 신용장상에 환적금지조항이 없는 경우나 혹은 환적금지조항이 있더라도 복합운송이나 화물이 컨테이너나 트레일러 등에 적재되어 도착지까지 운송된다는 표시가 있는 경우 환적은 허용된다.

5. 기타 사항

(1) 서류 제시기간(time limit for presentation)

신용장에는 신용장 유효기일과 운송일로부터 운송서류 제시기간을 명시하고 있다. 서류 제시기간에 관한 별다른 언급이 없으면 선적일로부터 21일까지 제시일로 인정하며 동 기간을 경과한 운송서류의 수리는 거절된다.

(2) 신용장통일규칙 준거문언

신용장통일규칙 준거문언을 명시하여 신용장 관계당사자 모두 이를 준수하겠다는 선언을 하게 된다. 일반적으로 신용장 하단에 'subject to the Uniform Customs and Practice for documentary credit(2007 Revision) ICC Publication No. 600'이라는 문구가 기재되어 있다.

(3) 개설은행 지급확약문언(engage clause)

신용장상에서 요구하는 서류가 유효기일 내에 정확히 제시되면 환어음을 매입, 인수, 지급하겠다는 문언이다.

(4) 상환문언(reimbursement)

개설은행에 의하여 상환을 이행하도록 수권 받은 상환은행명을 표시한다.

(5) 과부족 용인사항(more or less clause)

신용장상에 기재된 물품의 수량이 초과 혹은 부족해서는 안 된다고 명시되어 있지 않는 한 신용장 금액한도 내에서 5%의 과부족이 허용된다.

(6) 은행수수료 부담

은행 관련업무로 인해 발생하는 수수료 부담자를 기재한다.

제 5 절 신용장거래

1. 신용장거래절차

다음의 [그림 3-1]은 일반적인 신용장거래절차를 도해한 것이다.

그림 3-1 신용장거래절차

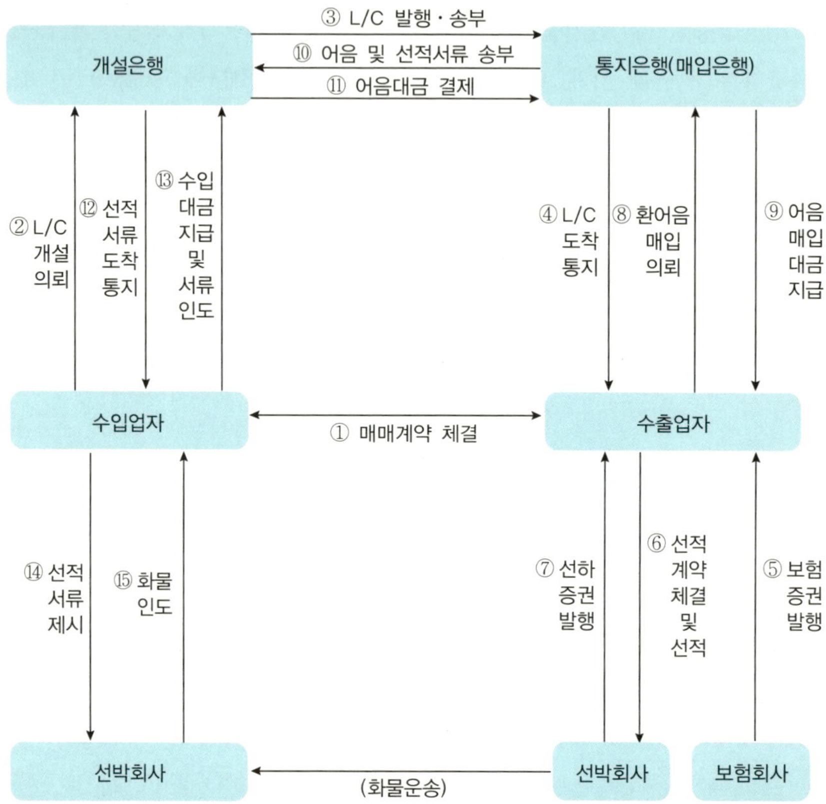

(1) 매매계약 체결

수출업자와 수입업자가 무역계약을 체결하고 대금결제는 신용장방식으로 약정한다.

(2) 신용장 개설의뢰

수입업자(개설의뢰인)는 자기 거래은행(개설은행)에 신용장 개설을 의뢰한다.

(3) 신용장 발행 및 송부

신용장 개설을 의뢰받은 외국환은행(개설은행)은 신용장을 발행하여 우편이나 전신으로 수출국의 통지은행에 신용장을 송부한다.

(4) 신용장 도착통지

통지은행은 수출업자에게 신용장이 도착하였음을 통지한다.

(5)~(7) 선적(보험증권 및 운송서류 발행)

신용장을 받은 수출업자는 상품을 선적하고 선하증권을 교부받으며, 그 외 필요한 경우 신용장에서 요구하는 보험증권, 상업송장 등을 준비한다.

(8)~(9) 수출대금결제

수출업자는 환어음을 발행하고 신용장에서 요구하는 서류를 첨부하여 매입은행에 환어음의 매입(negotiation)을 의뢰한다. 매입은행은 환어음과 선적서류와 교환하여 환어음대금을 수출업자에게 지급한다.

(10)~(11) 어음, 선적서류 송부 및 어음대금결제

매입은행은 신용장 개설은행에 환어음 및 운송서류를 송부하고, 개설은행은 매입은행에 어음대금을 결제한다.

(12)~(13) 수입대금결제

개설은행은 수입업자에게 운송서류 도착통지를 하고, 수입업자가 수입대금을 결제하면 운송서류를 인도한다.

(14)~(15) 화물인도

선박회사는 화물이 도착하면 수입업자에게 화물 도착통지를 하고, 수입업자는 선적서류(B/L)를 선박회사에 제시하고 화물을 인도받는다.

2. 수입신용장 개설 및 수출신용장 수취절차

(1) 수입신용장 개설

신용장 개설은 신용장에 의해 발행되는 환어음의 매입, 인수, 지급을 약정하는 여신행위로, 신용장 개설은 수익자에게 통지하는 방법에 따라 우편개설, 전신개설, SWIFT 개설의 세 가지로 나누어진다.

1) 우편개설

우편개설은 개설은행이 소정의 양식에 따라 신용장을 작성한 뒤 통지은행과 결제은행에 우편으로 우송하는 방법이다.

2) 전신개설

전신개설은 수출업자가 빠른 시일 내에 신용장을 수취하기 위해 신용장 내용을 전신으로 통지은행을 통해 수출업자에게 전달하는 방법이다. 이것은 다시 short cable 방식과 full cable 방식으로 구분된다.

3) SWIFT 개설

SWIFT(society for worldwide interbank financial telecommunication) 개설은 국제은행 간 정보교환을 표준화·전산화한 국제은행 간 대금결제 및 통신망으로 신용장 개설 시 이 통신망을 이용하여 신용장을 개설하는 방법이다.

(2) 수출신용장 수취

수출업자는 신용장을 수취하면 차후 신용장거래로 인한 위험을 사전에 예방하기 위해 다음과 같은 신용장 내용을 면밀히 살펴보아야 한다.

1) 개설은행의 신용상태

신용장은 수출대금에 대한 신용장 개설은행의 지급보증서이므로 개설은행의 신용상태 파악이 매우 중요하다.

2) 계약내용과 대조

신용장 내용이 매매계약 내용과 일치하는지 검토하여야 한다.

3) 신용장 형식요건 구비확인

취소불능문언, 신용장통일규칙 준수문언, 지급확약문언 등의 존재 여부를 확인하여야 한다.

4) 특수요건 확인

신용장 효력에 관한 특별조건을 기재하였는지와 신용장 내용 중 이행불가능한 조건이 있는지 확인하여야 한다.

사례연습 1 신용장의 독해

다음은 무역실무에서 흔히 쓰이는 SWIFT("Society for Worldwide inter-bank Financial Telecommunication")신용장이다. 가상의 신용장의 일부분을 독해하고 다음 ○× 문제에 답하시오.

```
** : 40A form of documentary credit : IRREVOCABLE
** : 20 documentary credit no. : MGK248181
** : 31C date of issue : 020320
**:  31D date and place of expiry : 020422 KOREA
** : 50 applicant : KAL FOOD. LTD.  HONG KONG
** : 59 beneficiary : DONDUCK CO.,LTD. KOREA
** : 32B currency code amount: currency code : USD   US DOLLAR
**       amount 27,000.00
** : 39A pct credit amount tolerance : 03/03
** : 41D available with/by-name HK+SHANGHAI BANKING CORPORATION LTD
**       SEOUL, KOREA BY NEGOTIATION
** : 42C drafts at:  DRAFTS TO BE DRAWN AT SIGHT FOR
** : 42D drawee  name and address:
**       THE HONGKONG AND SHANGHAI BANKING
**       CORPORATION LIMITED
**       MONGKOK OFFICE,
** : 43P partial shipments : **ALLOWED**
   : 43T transshipment : **PROHIBITED**
** : 44E on board/disp/taking charge  INCHEON KOREA
** : 44F for transportation to:   HONG KONG
** : 44C LATEST DATE OF SHIPMENTS : 020410 KOREA
** : 45A descr goods and/or services:
**    + 9,000 YARDS 30 PERCENT NYLON 70 PERCENT COTTON WOVEN FABRIC
**           WIDTH : 56 INCHES
**           ITEM NO : IE-3
**           FINISH : PD. WR. W/S
**           AT USD 3 PER YD CIF HONG KONG
**           COLOUR ASSORTMENT :
**           COLOUR   BLACK
**   PRICE TERM : CIF
** :46A documents required
**   +  SIGNED COMMERCIAL INVOICE IN TRIPLICATE.
**   +  SIGNED PACKING AND WEIGHT LIST IN TRIPLICATE.
**   +  FULL SET ORIGINAL CLEAN  'ON BOARD' MARINE BILLS OF LADING MADE
          OUT TO
**      ORDER, ENDORSED IN BLANK. MARKED  'FREIGHT PREPAID', NOTIFY
          APPLICANT
**      WITH FULL ADDRESS AND MENTIONING THIS DC NO.
**   +  INSPECTION CERTIFICATE ISSUED AND SIGNED BY TEXTILE LIMITED.
```

문제)

01. 본 신용장은 환어음이 수입업자에게 제시되면 우선 환어음의 인수가 이루어지고 만기일이 도래하면 신용장대금이 지급되는 신용장이다.

☞ : × 해설) see SWIFT CODE 42C : 일람출급환어음 이용

02. 본 신용장의 제시는 특정은행에만 반드시 하여야 한다.

☞ : ○ 해설) see SWIFT CODE 41D : 특정은행 지정

03. 본 신용장은 관계당사자 전원의 합의가 없어도 신용장조건 변경 및 취소가 가능하다.

☞ : × 해설) see SWIFT CODE 40A : 취소불능신용장

04. 본 수출의 선적을 2002년 4월 9일에 하면 무역계약 위반이 아니다.

☞ : ○ 해설) see SWIFT CODE 44C : 4월 10일까지는 선적을 완료해야 한다.

05. 본 신용장에 의하면 수출통관비는 KAL FOOD. LTD, HONG KONG가 부담한다.

☞ : × 해설) see SWIFT CODE 45A : CIF조건에서는 매도인이 수출통관비를 부담한다. 자세한 내용은 제5장에서 다룬다.

06. 만약 수출품의 YARDS가 8,700 YARDS라면 무역계약 위반이다.

☞ : ○ 해설) see SWIFT CODE 39A : ± 3% 과부족용인조건이다. 하한은 8730 YARDS이다.

07. 신용장과 함께 제시되야 하는 서류는 환어음 선하증권과 보험 관련서류, 포장명세와 검수보고서뿐이다.

☞ : × 해설) see SWIFT CODE** 46A : documents required 상업송장도 함께 제시되어야 한다.

사례연습 2 신용장의 독해

Kookmin Bank

11th Floor Han Kook Building, Chong-ro, Chongo-Ku, Seoul, Korea
Telephone: 371-0150/7, Facsimile: 371-0157

SHINGU CO LTD
SEOUL KOREA
TEL 740-1381

DEAR SIRS
DOCUMENTARY CREDIT NO. KMK15187
FOR USD 30,000.55
ISSUED BY Bank of America
US
WE ARE PLEASED TO INFORM YOU, WITHOUT ANY RESPONSIBILITY ON OUR PART, THAT WE HAVE RECEIVED A TELEGRAPHIC/MAIL MESSAGE ATTACHED HEREOF DATED 09AUG14.
THIS IS A SYSTEM GENERATED ADVICE AND THEREFORE NO SIGNATURE IS REQUIRED.

*** AUTH. CORRECT WITH CURRENT KEY ***

** Output Message Type 700 issue of a documentary credit
** Input Time/MIR 1051090811BOA2009608850
** Received from Bank of America
** US
** Output Date/time 0090814

** :27 sequence of total :
** 1/1
** :40A form of documentary credit:
** IRREVOCABLE
** :20 documentary credit no. :
** KMK15187.
** :31C date of issue :
** 090810
** :31D date and place of expiry :
** 091015 IN BENEFICIARY'S COUNTRY
** :50 applicant:
** IK CO.,LTD.
** 1299 SAN TOMAS AQUINO RD #115,
** SAN JOSE, CA95117, US
** :59 beneficiary:
** SHINGU. CO LTD
** 7F DONG DUCK BLDG, KUMKWANG ST,
** SEOUL, KOREA

-1-

◎ SWIFT 신용장 조항별 해설

27 sequence of total : SWIFT 신용장 총 쪽수 중에서 몇 번째 쪽인지를 표시한다. (예) 1/3 : 총 3쪽으로 구성된 전신문의 1쪽

40A form of documentary credit : 신용장의 종류를 알 수 있다. 만약 이 코드가 없으면 모든 신용장은 취소불능신용장, 즉 irrevocable L/C로 간주된다.

20 documentary credit number : ISSUING BANK(개설은행)에서 부여한 신용장번호를 알 수 있다.

31C date of issue : 본 신용장의 개설일자를 알 수 있다. 본 신용장의 개설일은 2009년 8월 10일이다. 만약 아무런 표시가 없을 경우에는 신용장이 발송된 일자를 개설일자로 간주한다.

31D date and place of expiry : 신용장을 네고하기 위해 요구되는 서류가 제시되어야 하는 최종일과 장소를 알 수 있다. 본 신용장의 유효기일 장소는 한국(IN BENEFICIARY'S COUNTRY)으로 대부분 수출업자의 소재국이 되는 경우가 일반적이나 수입국이 되는 경우도 있기에 수입국까지의 서류도착 기일에 맞추어 미리 매입의뢰(NEGOTIATION)해야 한다.

50 applicant : 개설의뢰인(수입업자)을 알 수 있다.

59 beneficiary : 수익자(수출업자)를 알 수 있다.

----- 계속

```
** :32B   currency code amount:
**        currency code              : USD   US DOLLAR
**        amount                     : #30,000.55#
** :41D   available with/by-name. address:
**        ANY BANK OF KOREA AVAILABLE BY NEGOTIATION
** :42C drafts at:
**      DRAFTS TO BE DRAWN AT SIGHT FOR
**      FULL INVOICE VALUE
** :42D drawee  name and address:
**      BANK OF AMERICA
**      SAN JOSE OFFICE,
** :43P partial shipments : **NOT ALLOWED**
   :43T transshipment : **PROHIBITED**
** :44A on board/disp/taking charge
**       BUSAN, KOREA
** :44B for transportation to:
**      SAN FRANCISCO, US
** :45A   descr goods and/or services:
**     + 100  ULTRA FAT COMPUTER, CFR SAN FRANCISCO
** :46A documents required
```

-2-

32B currency code amount : 신용장의 통화 및 금액을 알 수 있다.

41D available with/by name and address : 신용장을 매입의뢰할 수 있는 은행을 알 수 있다. 일반적으로 With 이후에는 신용장을 사용할 수 있는 은행명을, 'by' 이후에는 신용장의 사용방법을 표기한다. 본 신용장은 아무 은행에서나 매입을 의뢰할 수 있는 자유매입신용장임을 알 수 있다. 대부분의 신용장이 자유매입신용장이다. 만약 특정은행으로 매입이 제한된 경우라면 수출업자는 매입제한된 은행으로 곧 바로 가서 매입을 의뢰할 수도 있고 자신의 거래은행과의 특정약정이 있는 경우에는 자신의 주거래은행에서 매입을 시키고 주거래은행이 매입제한된 은행으로 2차 매입을 의뢰하면 된다.

42C drafts at : 화환어음의 기간을 알 수 있다. 본 신용장은 일람출급신용장(Draft to be drawn at sight for full invoice value)임을 알 수 있다. 이는 환어음(draft)을 at sight(일람불)조건으로 발행하라는 의미이다. At sight(일람불)란 매입은행이 환어음과 선적서류를 개설은행으로 송부하면 개설은행은 서류상의 하자가 없는 한 대금을 즉시 지급(payment)하는 조건이다. 반면에 usance(기한부)란 개설은행이 서류를 인수(acceptance)하며, 인수란 만기일에 틀림없이 대금을 지급하겠다는 약속이다. 개설은행은 만기일에 매입은행으로 대금을 지급하게 된다.

42D drawee name and address : 화환어음의 지급인을 알 수 있다. 화환어음의 지급인은 개설은행이 된다.

43P partial shipments : 분할선적이 허용되는지 여부를 알 수 있다. 본 신용장은 분할선적이 허용되지 않으며 만약 Allowed(or permitted)로 되어 있다면 허용된다는 의미이다. 다만 이러한 문구가 없는 경우에는 UCP600 상에서는 분할선적이 허용되는 것으로 해석된다.

43T transshipment : 환적이 허용되는지 여부를 알 수 있다. 환적(transshipment)이란 신용장에 명시된 선적항으로부터 양륙항까지 해상운송의 도중에 한 선박에서 다른 선박으로 상품을 다시 적재하는 것을 의미한다.

44A on board/dispatch/taking in charge at/from : 선적항 또는 발송지 또는 수탁지를 알 수 있다.

44B for transportation to : 최종목적지를 알 수 있다.

45A description of goods and/or services : 해당 무역계약의 상품 또는 용역의 명세를 알 수 있다.

46A documents required : 수출상이 제시해야 할 서류에 관한 사항을 알 수 있다. 이는 네고를 위해 갖추어야 할 서류의 명세로서 신용장이 조건부 지급확약서라는 것을 상기한다면 나열된 조건충족을 위해 꼼꼼한 준비가 요구된다. 본 신용장의 구체적인 명세는 아래와 같다.

----- 계속

```
**   +  SIGNED COMMERCIAL INVOICE IN TRIPLICATE.
**      (AN EXTRA COPY OF INVOICE FOR ISSUING BANK'S FILE IS
**        REQUIRED.)
**   +  SIGNED PACKING AND WEIGHT LIST IN DUPLICATE.
**   +  FULL SET ORIGINAL CLEAN 'ON BOARD' MARINE BILLS OF LADING
**      MADE OUT TO ORDER, ENDORSED IN BLANK. MARKED 'FREIGHT
**        PREPAID', NOTIFY APPLICANT  WITH FULL ADDRESS
**        AND MENTIONING THIS DC NO.
```

-3-

+ SIGNED COMMERCIAL INVOICE IN TRIPLICATE
네고를 위해서는 상업송장 3부(triplicate)를 첨부하라는 의미이다.
신용장에서 요구하는 서류의 수량을 나타낼 때는 통상 '3부로 구성된(triplicate)', '4겹으로 된(4 folds)'과 같은 방법으로 요구한다. 이러한 경우 통상 그 숫자만큼의 부수 중에서 1부의 원본을 요구하고 나머지는 부본(copy)을 요구하는 것으로 해석한다. 그러나 '3부의 원본(originals)과 4부의 부본(copies)을 요구한다'는 식으로 명확히 표기된 경우 그 지시에 따라야 한다.

참고) 서류의 부수 표시방법

부 수	영 문	부 수	영 문
2	DUPLICATE	6	SEXTUPLICATE
3	TRIPLICATE	7	SEPTUPLICATE
4	QUADRUPLICATE	8	OCTUPLICATE
5	QUINTUPLICATE		

+ SIGNED PACKING AND WEIGHT LIST IN DUPLICATE.
네고를 위해 서명된 포장명세가 2부 필요함을 알 수 있다.
+ FULL SET ORIGINAL CLEAN 'ON BOARD' MARINE BILLS OF LADING MADE OUT TO ORDER, ENDORSED IN BLANK. MARKED 'FREIGHT PREPAID' NOTIFY APPLICANT WITH FULL ADDRESS AND MENTIONING THIS DC NO.
선박회사로부터 발급되는 B/L은 원본(original)이 모두 3부(original, duplicate, triplicate)이다. 따라서 'FULL SET'으로 표시되어 있는 경우 3부 모두 제출되어야 한다. 이 3통은 독립적으로 효력을 발휘하므로 이 중에서 한 부만 있어도 수입지에서 물품을 찾을 수 있다. 만약에 2/3라고 명시되었다면 2부만 제출하라는 의미이며 이때 나머지 1부은 바이어에게 직접 우편 등으로 송부한 후 영수증을 첨부하라고 명시하는 것이 보통이다.
'CLEAN'이란 선적한 제품 자체 및 그 포장에 별다른 하자가 없어서 B/L의 remark란에 특별히 하자에 관한 사항을 명시하지 않은 B/L을 의미한다. 반대로 remark란에 어떤 하자사항에 관한 언급이 있다면 foul(dirty) B/L이라고 부른다. 하지만 해운회사는 foul B/L을 거의 발급하지 않고 만약 하자가 있다면 송하인(consignor)에게 돌려보낸다.
'ON BOARD'란 물품이 본선에 적재되었음을 증명하는 B/L을 뜻하는 것으로서 B/L형식이 shipped B/L(선적선하증권)인 경우 그 자체로 본선적재를 증명한다. 하지만 수취선하증권(received B/L)이라면 별도의 본선적재부기(on board notation)가 있어야 한다. 'MARINE BILLS OF LADING'은 해상운송 B/L을 의미하며 대양을 항해하는 선박에 의한 선적과 관련하여 발행한다. Marine 대신에 'Ocean'이라는 용어도 사용되며 항공기에

----- 계속

** + MARINE INSURANCE POLICY OR CERTIFICATE IN NEGOTIABLE FORM,
** ENDORSED IN BLANK FOR FULL CIF VALUE PLUS 10 PERCENT
** COVERING INSTITUTE CARGO CLAUSES (A) INCLUDING FROM
** WAREHOUSE TO WAREHOUSE, INSTITUTE WAR CLAUSES (CARGO)
** AND INSTITUTE
** STRIKES CLAUSES (CARGO), AND SHOWING CLAIMS PAYABLE AT
** DESTINATION IN THE CURRENCY OF THIS DOCUMENTARY CREDIT.
** :47A additional conditions:
** + DOCUMENTS TO BE PRESENTED WITHIN 7 DAYS AFTER THE DATE
** OF SHIPMENT BUT WITHIN THE VALIDITY OF THIS CREDIT.
** DOCUMENTS MUST BE PRESENTED TO US THROUGH YOUR BANKER.
** :71B charges:
** ALL BANKING CHARGES OUTSIDE US INCLUDING ADVISING AND
** NEGOTIATION COMMISSION, ARE FOR THE ACCOUNT OF BENEFICIARY.
** :49 confirmation instructions : WITHOUT

-4-

의한 항공운송인 경우에는 AWB(Air Way Bill)라고 불린다. 'TO ORDER'란 수입물품의 수하인을 지시식으로 작성하라는 의미이다. 그러므로 B/L의 consignee란에 'TO ORDER'라고만 작성하면 된다. 이 신용장에는 'ENDORSED IN BLANK'라 되어 있으므로 B/L에 피배서인을 지정함이 없이 배서하라는 의미이므로 누구누구 앞으로라는 피배서인 없이 자신(수출상)의 배서만 하면 된다. 이후 B/L의 소유주가 배서를 통해서 소유권을 이전한다. 만약에 'To the order of A bank'라고 되어 있는 경우, 수입업체가 대금을 결제하면 A은행이 배서를 하여 수입업체에게 교부하고 A은행의 B/L의 양수인인 수입업체가 수입물품을 인도받게 된다. 신용장방식에서는 대부분 이와 같은 지시식방식을 이용하지만 특수한 경우나 기타 대금결제방식(송금방식, 추심결제방식)에서는 'consigned to xxx' 또는 consignee란에 특정인을 명시하기도 하여 특정인만이 물품을 찾을 수 있도록 하기도 한다. 'MARKED FREIGHT PREPAID'는 가격조건에 따라 CFR 및 CIF계열에는 '운임지급필'을 나타내는 'PREPAID'로 표시한다. 만약 FOB라면 운임이 후불이라는 뜻의 'collect'로 표시된다. FREIGHT PREPAID란 운임을 선지급하고 이를 이행하였다는 표시를 B/L상에 나타내라는 것이다. 'NOTIFY APPLICANT'란 본선이 목적항에 도착하면 선박회사에서 화물을 찾을 사람에게 도착 사실을 통지하게 되는데 APPLICANT를 통지처로 하여 서류를 작성하라는 의미이다. 그러므로 notify란에 applicant의 상호와 주소를 함께 명시하게 된다. 'MENTIONING THIS DC NO.'에서 DC란 Documentary Credit란 의미이며 결국 화환신용장을 의미한다. 그러므로 DC NO.란 신용장의 번호이고 B/L상에 신용장 번호를 명시하라는 뜻이다. 선박회사는 B/L발급 시 해당란이 없으면 여백을 이용하여 신용장에서 요구하는 모든 사항을 명기하게 된다.

+ MARINE INSURANCE POLICY OR CERTIFICATE IN
  보험회사에 신용장 copy 및 invoice를 보내면 보험회사가 신용장 조건에 맞는 보험증권을 발급해 주며 이를 구비해야 함을 알 수 있다.

47A additional conditions : 추가조건을 표시한다.

71B charges : 수수료가 수익자측의 부담인 경우에 한하여 표시한다. 명시가 없는 경우 매입수수료와 양도수수료를 제외한 모든 수수료는 개설의뢰인의 부담으로 간주한다.

49 confirmation instructions : 신용장은 개설은행이 지급보증을 한다. 다만 개설은행의 신용도에 따라 2차적 지급보증이 요구되는 경우 수신은행(receiving bank)앞 확인에 대한 지시사항이다. 본 신용장은 확인을 요청하지 않는 신용장이다.

* CONFIRM : 수신은행에게 신용장의 확인을 요구한다.
* MAY ADD : 수신은행에게 신용장의 확인을 추가할 수 있다.
* WITHOUT : 수신은행에게 신용장의 확인을 요구하지 않는다.

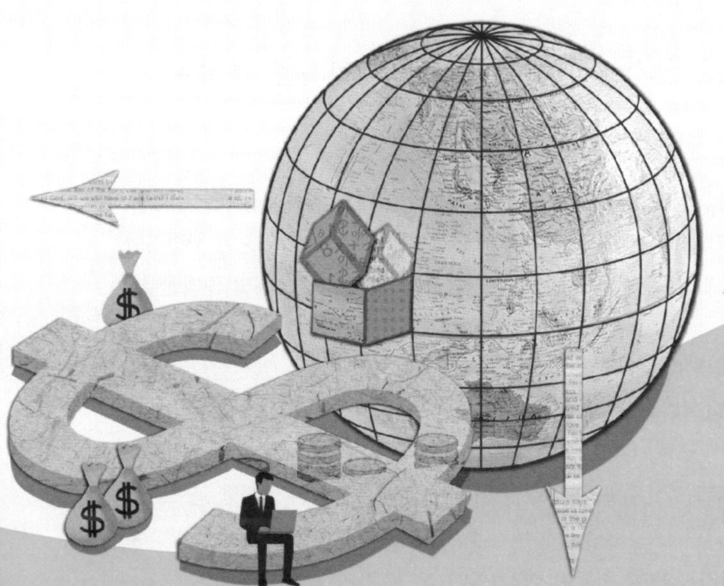

4 CHAPTER 외화환산회계

제1절 외화표시 자산·부채의 거래

제2절 외화표시 재무제표의 환산

日기업, 엔저로 단기실적 개선… 경쟁력 회복은 불확실

일본기업은 환율변동 및 엔저영향으로 단기실적 개선이 기대되나 경쟁력 회복은 불확실하다는 분석이다. 일본기업의 경쟁력 회복 여부는 개별기업이 현재 추진 중인 사업통합, 구조조정 및 신사업 추진의 효과가 얼마나 가시화될지 여부가 이들의 크레딧 펀더멘털을 좌우할 것으로 예상된다.

11일 우리투자증권에 따르면, 일본 주요 기업들은 2013년 3월 말 기준 결산실적이 환율효과에 원가절감, 구조조정, 생산정상화 등 각 기업의 수익성 개선노력이 더해져 전년 및 기존 전망치 대비 상당히 개선될 수 있을 것으로 예상된다.

업종별로는 자동차를 제외하고는 느린 글로벌 경기회복 및 부진한 수요성장 등으로 인해 쉽지 않은 사업환경이 지속될 것으로 예상된다. TV, 스마트폰 등 IT부문은 글로벌 상위권 업체와의 격차를 좁히기 어려울 것으로 평가된다.

소니는 지난해 신임 CEO 취임 이후 TV사업 축소를 통한 수익성 개선 및 디지털이미징, 게임, 모바일의 핵심 사업부문을 강화하고 있다. 후지쯔는 부진한 반도체부문에서 파나소닉과 사업을 통합, 독립법인을 설립해 수익성을 높이고 있다.

〈자료원 : 파이낸셜뉴스, 2013. 3. 11〉

Chapter 04

외화환산회계

기업의 경영활동이 국제화되고 무역거래가 활성화됨에 따라 국제거래가 빈번하게 발생하고 있다. 국제거래에 따라 회계상 외화표시 자산 및 부채의 금액을 원화로 환산하여야 하는 문제와 해외지점이나 종속법인 등의 외화표시 재무제표를 원화로 환산하여야 하는 문제가 발생한다.

외화자산 및 부채와 외화표시 재무제표를 원화로 환산하는 절차를 외화환산(foreign currency translation)이라고 한다. 이와 같은 외화환산 시 실무에서 어떤 환율을 적용해야 하는지에 대한 문제가 발생한다. 각각의 외화거래와 관련하여 어떤 환율을 적용하여야 하고, 환율적용 시 발생하는 손익을 어떻게 처리해야 하는지를 숙지하는 것은 무역과 관련된 회계처리의 출발점이라고 할 수 있다.

외화환산은 크게 국내기업의 국제거래와 관련된 외화자산 및 외화부채의 적용환율과 관련된 회계문제와 해외지점 및 종속법인의 외화로 된 재무제표의 원화환산과 관련된 적용환율과 관련 회계문제로 나눌 수 있다. 제1절에서는 이러한 국내기업의 무역거래와 관련하여 발생하는 외화자산 및 외화부채의 발생, 상환 및 회수 그리고 결산 시에 발생하는 회계 및 세법의 규정을 살펴보고자 하며, 제2절에서는 국내기업의 해외지점이나 연결 및 결합재무제표 등에 포함되는 해외종속법인의 외화재무제표의 원화환산과 관련된 회계 및 세법규정을 살펴보고자 한다.

표 4-1 외화환산과 관련된 내용의 구분 · 요약표

<table>
<tr><td rowspan="5">외화환산</td><td rowspan="3">국내기업의 수출입거래에 따른 외화자산 · 부채 거래의 경우</td><td>외화표시 자산 · 부채의 발생 시</td></tr>
<tr><td>외화표시 자산 · 부채의 회수 및 상환 시</td></tr>
<tr><td>외화표시 자산 · 부채의 결산일 환산 시</td></tr>
<tr><td rowspan="2">해외지점 및 종속법인 등의 외화표시 재무제표의 합산 등의 경우</td><td>해외지점 등의 재무제표의 환산</td></tr>
<tr><td>해외종속법인 등의 연결 및 결합을 위한 재무제표의 환산</td></tr>
</table>

제 1 절 외화표시 자산 · 부채의 거래

무역거래가 국내거래와 구별되는 중요한 특징 중 하나가 바로 거래통화에 있다. 국내거래의 경우 자국통화, 즉 한국기업끼리의 거래에서는 원화(₩)로 거래가 되기 때문에 통화가치에 있어 큰 문제가 발생하지 않는다. 반면에 무역거래의 경우 달러화나 엔화와 같은 외화로 가격이 표시되어 재화나 용역이 매매되기에 통화가치의 변동문제가 발생하게 된다.

만약 한국의 한 기업이 미국의 회사와 매출계약을 외국통화, 즉 달러화($)로 맺었다면 환율의 변동에 따라 매출액의 차이가 발생한다. 예를 들어 미국에 $10,000어치를 매출하였다고 한다면 환율의 변동에 따라 국내통화로 환산한 원화가치는 차이가 난다. 만약 환율이 평가절하하여 ₩1,300/$이라고 한다면 이 기업의 매출액은 ₩13,000,000이 된다. 이와 반대로 환율이 평가절상하여 ₩800/$이라고 한다면 이 기업의 매출액은 ₩8,000,000이 된다. 즉 이 무역회사의 매출액은 달러화로 본다면 $10,000로 고정되어 있지만 이 회사의 자국통화로 환산할 때 환율변동에 따라 원화금액은 차이가 나게 되는 것이다.

이렇듯 환율변동에 따라 외화로 표시된 자산 및 부채 등의 원화로의 환산표시가 문제가 되는데 결국 어떤 환율을 어느 시기에 적용하여야 하는가하는 결정이 필요하다. 외화로 표시된 거래에 대한 회계처리는 크게 세 분류로 나눌 수 있다. 첫째, 외화표시 자산 및 부채가 발생할 때 적용환율 등의 회계처리문제가 있을 수 있다. 둘째, 발생된 외화표시 자산 및 부채의 회수 및 상환 시 적용할 환율 등의 회계처리문제가 있다. 그리고 셋째, 기간구분에 따른 문제로서 결산일 현재 재무제표상에 계상된 외화표시 자산과 부채의 적용환율 등의 환산과 관련된 회계처리문제가 있다.

기업회계기준서 제1021호 환율변동효과에서는 외화거래와 해외사업장의 운영을 재무제표에 반영하는 방법과 재무제표를 표시통화로 환산하는 방법을 규정하고 있다. 여기서 표시통화란 재무제표를 표시할 때 사용하는 통화를 말한다. 이하에서는 회계기준 및 제 세법(법인세법, 부가가치세법 등)의 규정을 비교하여 살펴보자.

1. 외화표시 자산 · 부채의 발생거래

(1) 기업회계기준서의 규정

회계기준상 외화표시 자산 및 부채가 발생하면(이를 회계용어로는 '최초인식'이라 한다) '거래일의 외화와 기능통화(기업이 영업활동을 할 때 주로 사용하는 통화) 사이의 현물환율을 외화금액에 적용하여 기록한다'고 규정하고 있다. 여기서 현물환율이란 '즉시 인도가 이루어지는 거래에서 사용하는 환율'이라 규정하고 있으며 실무적으로는 일주일이나 한 달 동안 발생하는 모든 외화거래에 대하여 해당 기간의 평균환율을 사용할 수도 있다.

(2) 법인세법의 규정

법인세법에서 외화표시 자산 및 부채의 발생 시 적용하여야 할 환율에 대한 규정은 기업회계기준과 거의 동일하며 다만 적용환율에 대하여 다음과 같이 구체적으로 규정하고 있다.

[법인세법 기본통칙 42-76…2의 1호 : 외화자산·부채의 기장환율]

사업연도 중에 발생된 외화자산·부채는 발생일 현재 외국환거래법에 의한 기준환율 또는 재정환율에 의하여 환산한다. 이 경우 외화자산·부채의 발생일이 공휴일인 때에는 그 직전일의 환율에 의한다.

(3) 부가가치세법의 규정

부가가치세법에서는 재화의 공급시기를 전후로 하여 외화(수출매출액)에 대한 환산규정이 부가가치세법 시행령 제59조에 다음과 같이 서술되어 있다.

[부가가치세법 시행령 제59조 : 외화의 환산]

부가가치세법 제29조 제3항 제1호(과세표준) 단서에 따라 대가를 외국통화 기타 외국환으로 받은 때에는 다음 각호의 구분에 따른 금액을 그 대가로 한다.

1. 법 제15조부터 제17조까지(거래시기)의 규정에 따른 공급시기가 되기전에 원화로 환가한 경우에는 그 환가한 금액
2. 법 제15조부터 제17조까지(거래시기)의 규정에 따른 공급시기 이후에 외국통화 기타 외국환의 상태로 보유하거나 지급받은 경우에는 동조에 규정하는 공급시기의 외국환거래법에 의한 기준환율 또는 재정환율에 의하여 계산한 금액

결국 부가가치세법에서 초점을 두는 것은 공급대가, 즉 '외화수출액'에 대한 환율적용인데 공급시기를 전후로 구분하여 다음과 같이 요약된다.

우선 재화의 공급시기 도래(선적일) 전에 원화로 환가한 경우 그 환가일의 환율로 환산한 금액을 그 대가로 한다. 즉, 수출물품의 선적일 전에 그 대금을 미리 선수금으로 받아 공급시기 전에 원화로 환가 시 수출액 금액은 원화로 환가한 날의 금액으로 한다는 것이다. 수출액에 대한 외화선수금을 받고 이러한 외화를 선적일 전에 원화로 환가한 경우 원화로 환가 시에 실제로 적용한 환율로 환산한 금액을 수출금액으로 계상하는 것이다.

그리고 재화의 공급시기(선적일) 이후에 외화로 지급받거나 외화의 상태

로 보유한 경우에는 선적일의 기준환율 또는 재정환율에 의하여 계산한 금액을 그 대가로 한다. 즉, 수출물품의 선적일 이후에 대금을 받거나 선적일 이전에 받은 외화선수금이라고 하더라도 수출물품의 인도일 이후까지 외화 상태로 계속 보유한 경우에는 수출매출액 금액은 선적일 당시의 외국환거래법에 의한 기준환율 또는 재정환율을 적용하여 계산한 금액으로 한다는 것이다.

표 4-2 외화표시 자산 및 부채의 발생거래 시 적용환율

<table>
<tr><th>구분</th><th colspan="2">적용환율</th></tr>
<tr><td>회계기준</td><td colspan="2">발생당시의 현물환율(즉시 인도가 이루어지는 거래에서 사용하는 환율)</td></tr>
<tr><td>법인세법</td><td colspan="2">발생일 현재 외국환거래법에 의한 기준환율 또는 재정환율</td></tr>
<tr><td rowspan="2">부가가치세법</td><td>공급시기 전 원화환가 시</td><td>그 환가한 금액</td></tr>
<tr><td>공급시기 후 원화환가 시</td><td>공급시기 현재 외국환거래법에 의한 기준환율 또는 재정환율</td></tr>
<tr><td colspan="3">결국 수출매출액에 대한 금액산정 시 적용환율에 대하여는 부가가치세법에 의한 규정에 의하여 두 가지 경우로 구분하여 환율을 적용하면 되고, 그 외의 자산 및 부채의 발생에 따른 적용환율은 회계기준이나 법인세법에 의하여 결정하여 적용하면 된다.</td></tr>
</table>

예제 4-1 외화표시 자산 · 부채의 발생 시 회계처리

서울에 있는 (주)한국은 2013년 8월 5일에 미국에 있는 (주)아메리카로부터 $10,000를 미리 송금받았다. 그리고 3개월 이후인 11월 5일에 물품을 제공(선적)하기로 하였다. 수출대금의 원화환가가 다음과 같이 세 가지 사례로 이루어지는 경우 (주)한국의 회계처리를 각각 하시오.

(1) 수출선수금 $10,000를 8월 5일에 받는 즉시 원화로 환가한 경우
(2) 수출선수금을 외화예금으로 보유하다가 11월 4일에 원화로 환가한 경우
(3) 수출선수금을 외화예금으로 보유하다가 11월 6일에 원화로 환가한 경우

각각의 날의 환율이 다음과 같다고 가정하자.

(2013년 8월 5일의 환율 : 대고객전신환매입률 ₩1,210/$,
매매기준환율 ₩1,240/$

2013년 11월 4일의 환율 : 대고객전신환매입률 ₩1,270/＄,
매매기준환율 ₩1,290/＄
2013년 11월 5일의 환율 : 대고객전신환매입률 ₩1,280/＄,
매매기준환율 ₩1,310/＄
2013년 11월 6일의 환율 : 대고객전신환매입률 ₩1,290/＄,
매매기준환율 ₩1,340/＄)

(1) 수출선수금을 즉시 원화로 환가한 경우

① 2013년 8월 5일의 회계처리

(차) 현　　금	12,100,000	(대) (수출)선수금	12,100,000

☞ ＄10,000×₩1,210/＄=₩12,100,000

☞ 법인세법의 규정에 따르면 사업연도 중 보유외환을 매각하거나 매입하는 경우 '거래은행에서 실제로 적용한 환율'을 적용하면 된다. 따라서 대고객전신환매입률을 실제로 적용하므로 이날의 환율인 ₩1,210/＄을 적용하면 된다.

② 2013년 11월 5일의 회계처리

(차) (수출)선수금	12,100,000	(대) (수출)매　출	12,100,000

☞ 부가가치세법의 규정에 따르면 재화의 공급시기 도래(선적일) 전에 받은 외화를 원화로 환가한 경우는 '그 환가일의 환율'로 환산한 금액을 수출매출액 계상에 적용할 환율로 한다. 따라서 8월 5일날 환가한 환율인 대고객전신환매입률을 적용하므로 이날의 환율인 ₩1,210/＄을 적용하여 수출매출액을 계상한다.

(2) 선수금을 예금으로 보유하다가 공급시기 도래 전에 원화로 환가한 경우

① 2013년 8월 5일의 회계처리

(차) (외화)단기금융상품	12,400,000	(대) (수출)선수금	12,400,000

☞ ＄10,000×₩1,240/＄=₩12,400,000

☞ 법인세법의 규정에 따르면 사업연도 중 외화자산의 발생 시 적용환율은 발생일의 외환거래법에 의한 기준환율 또는 재정환율에 의하여 환산한다. 따라서 이날의 기준환율인 매매기준환율 ₩1,240/＄을 적용한다.

② 2013년 11월 4일의 회계처리

(차) 현　　금	12,700,000	(대) (외화)단기금융상품	12,400,000
		외 환 차 익	300,000

☞ 법인세법의 규정에 따르면 사업연도 중 보유외환을 매각하거나 매입하는 경우 '거래은행에서 실제로 적용한 환율'을 적용하면 되고 외환차손익은 당해 사업연도의 익금과 손금, 즉 당기손익에 산입된다. 따라서 대고객전신환매입률을 실제로 적용하므로 이날의 환율인 ₩1,270/＄을 적용하면 된다.

③ 2013년 11월 5일의 회계처리

(차) (수출)선수금	12,400,000	(대) (수출)매 출	12,700,000
외 환 차 손	300,000		

☞ 부가가치세법의 규정에 따르면 재화의 공급시기 도래(선적일) 전에 받은 외화를 원화로 환가한 경우는 '그 환가일의 환율'로 환산한 금액을 수출매출액 계상에 적용할 환율로 하므로 11월 4일의 환가환율인 ₩1,270/$을 적용하면 된다.

(3) 선수금을 예금으로 보유하다가 공급시기 도래 후에 원화로 환가한 경우

① 2013년 8월 5일의 회계처리

(차) (외화)단기금융상품	12,400,000	(대) (수출)선수금	12,400,000

② 2013년 11월 5일의 회계처리

(차) (수출)선수금	12,400,000	(대) (수출)매 출	13,100,000
외환차손	700,000		

☞ 부가가치세법의 규정에 따르면 재화의 공급시기 도래 후에 받은 외화를 보유한 경우는 '공급시기(선적일)의 기준환율 또는 재정환율'로 환산한 금액을 수출매출액 계상에 적용하므로 11월 5일의 기준환율인 ₩1,310/$을 적용한다.

③ 2013년 11월 6일의 회계처리

(차) 현 금	12,900,000	(대) (외환)단기금융상품	12,400,000
		외 환 차 익	500,000

2. 외화표시 자산·부채의 회수 및 상환거래

(1) 기업회계기준서의 규정

화폐성 항목의 결제시점에 생기는 외환차이는 그 외환차이가 생기는 회계기간의 손익으로 인식한다. 여기서 화폐성 항목이란 화폐성 자산·부채로서 현금, 예금, 매출채권, 매입채무, 차입금 등과 같이 화폐가치의 변동과 상관없이 자산 및 부채의 금액이 계약 기타에 의하여 일정액의 화폐금액으로 고정되어 있는 경우에 당해 자산·부채를 말한다. 그리고 이와 다른 성질을 가진 항목을 비화폐성 항목으로 구분한다.

예를 들어, 매출채권은 계약에 의해 그 금액이 화폐로 확정되어 있고 그 금액을 외화로 수취하여 원화로 환산하는 경우 환율의 변동에 따라 원화금

액이 변동하므로 화폐성으로 구분하며 회수 시 외환차이가 발생하게 된다. 반면에 선수금은 대응수단이 금액이 확정된 화폐가 아니라 상품 등의 재화나 용역이므로 환율의 변동에 따라 금액이 변화하지 않으므로 비화폐성으로 구분하며, 회수 시 최근 환율로 재평가하지 않고 과거의 취득(발생) 시 환율로 평가한 금액을 그대로 유지하는 것이다. 주된 화폐성 항목과 비화폐성 항목을 구분해 보면 다음 [표 4-3]과 같다.

표 4-3 화폐성 · 비화폐성 항목의 구분 예시

구분	항목
화폐성 항목	(외화)현금, 예금, 매출채권, 매입채무, 장・단기대여금, 장・단기차입금, 유가증권(채권), 신주인수권부사채 등
비화폐성 항목	재고자산, 선급금, 선수금, 선수수익, 선급비용, 유형자산, 무형자산, 유가증권(주식), 전환사채 등

외화예금, 외화매출채권 등과 같은 화폐성 외화자산과 외화부채는 회수 및 상환 시에 과거의 환율과 현재의 환율의 차이로 인한 외환차이가 발생한다. 반면에 재고자산, 선급금, 선수금 등과 같은 비화폐성 외화자산과 외화부채는 취득(발생) 당시의 적절한 환율을 그대로 적용하여 평가하므로 화폐성 항목과 달리 외환차이가 발생하지 않는다.

이때 외환차이는 외환차익과 차손이 있는 바 본 서에서는 외환차이를 둘로 구분하여 회계처리하도록 한다.

(2) 법인세법의 규정

법인세법에서 외화표시 자산 및 부채의 회수 및 상환 시 적용하여야 할 환율에 대한 규정은 다음과 같이 크게 두 가지로 요약할 수 있다. 첫째, 사업연도 중 보유외환을 매각하거나 매입하는 경우로서 이 경우에는 거래은행에서 실제로 적용한 환율을 적용하면 된다. 둘째, 이 경우에 발생하는 외환차손익은 당해 사업연도의 손금과 익금에 산입되어 당기손익으로 계상된다.

잠시 쉬어가며

회계에 수익과 비용이 있다면 법인세법에서는 이에 대응되는 개념인 익금과 손금이 있다. 많은 부분 수익과 비용이 익금과 손금과 일치하지만 다를 경우 법인세신고를 위해 세무조정이 필요하게 된다. 예를 들어 장부에서 수익으로 계상한 부분이 익금이 아닌 경우 익금불산입으로 조정하여 회계상 당기순이익에서 그 금액을 차감하여 세법의 과세표준을 작게 만들어 주고, 수익으로 계상하지 않은 부분이 익금일 경우 익금산입으로 조정하여 과세표준을 크게 만들어 주는 조정을 하게 된다. 손금의 경우에도 동일한 논리로 손금불산입은 과세표준을 크게 만들어 주고 손금산입은 과세표준을 작게 만들어 준다. 이를 세무조정이라 한다.

[법인세법 기본통칙 42-76…2의 2호 : 외화자산 · 부채의 기장환율]

사업연도 중에 보유외환을 매각하거나 외환을 매입하는 경우에는 거래은행에서 실제 적용한 환율에 의하여 기장한다.

즉, 외화자산을 회수하거나 외화부채를 상환하기 위하여 거래은행에 외환을 매각하거나 매입을 하여야 한다. 이 경우 거래은행에서 실제로 적용한 환율을 적용하여 회계처리하면 되는 것이다. 예를 들어, 수출업자가 보유외환을 매각하기 위해 거래은행에서 대고객전신환매입률을 적용하였다면 이 경우 매각과 관련되어 발생하는 거래에 실제 적용한 환율인 대고객전신환매입률을 적용하면 되는 것이다.

[법인세법 시행령 제76조의 5항]

내국법인이 상환받거나 상환하는 외화채권 · 채무의 원화금액과 원화기장액의 차익 또는 차손은 당해 사업연도의 익금 또는 손금에 이를 산입한다.

즉, 과거의 발생 시나 결산 시에 적용한 환율로 기장되어 있는 외화자산 및 부채의 원화로 기장된 금액과 이러한 외화자산 및 부채의 회수 및 상환 시 실제 원화금액과는 차이가 나는데 이러한 차이로 인한 손익은 당기의 손익(익금과 손금)으로 처리한다.

[법인세법 기본통칙 42-76…2호의 3호 : 외화자산·부채의 기장환율]

사업연도 중에 보유외환으로 다른 외화자산을 취득하거나 기존의 외화부채를 상환하는 경우에는 보유외환의 장부상 원화금액으로 회계처리한다.

[법인세법 기본통칙 42-76…3호]

새로운 외화채무로 종전의 외화채무를 상환한 경우에는 당해 채무의 원화기장액을 수정하지 아니한다.

표 4-4 외화표시 자산 및 부채의 회수·상환거래 시 적용환율

구분	적용환율
회계기준	회수·상환 당시의 현물환율 (이 경우 발생하는 외환차이는 발생기간의 손익)
법인세법	거래은행에서 실제로 적용한 환율 (이 경우 발생하는 외환차손익은 익금과 손금에 산입하여 당기손익으로 처리함)
결국 외화표시 자산 및 부채의 회수·상환 시 적용환율은 기업회계기준에 의해 기장하는 경우에는 실제 환율을 적용하면 되며, 세법에 의해 세무조정하는 경우에도 거래은행이 실제로 적용한 환율을 적용하면 된다. 따라서 이 경우에는 거래은행이 실제로 적용한 환율을 적용하여 계속적으로 기장하면 기업회계기준상이나 세법상 일치시켜 회계처리할 수 있다.	

다음의 [예제 4-2]를 통해 이와 관련된 회계처리방법을 살펴보자.

예제 4-2 외화표시 자산·부채의 회수 및 상환 시 회계처리

서울에 있는 (주)한국은 2013년 8월 5일에 미국에 있는 (주)아메리카에 물품 $10,000어치를 제공(선적)하고 이에 대한 대금은 물품이 도착하여 검사가 이루어지는 3개월 이후인 11월 5일에 받아 원화로 환가하였다. 이러한 COD방식의 무역의 경우 (주)한국의 회계처리를 하시오.

각각의 날의 환율이 다음과 같다고 가정하자.

(2013년 8월 5일의 환율 : 대고객전신환매입률 ₩1,210/$,
매매기준환율 ₩1,240/$
2013년 11월 5일의 환율 : 대고객전신환매입률 ₩1,280/$,
매매기준환율 ₩1,310/$)

① 2013년 8월 5일의 회계처리

(차) (외화)매출채권 12,400,000 (대) (수출)매 출 12,400,000

☞ ＄10,000×₩1,240/＄= ₩12,400,000

☞ 법인세법의 규정에 따르면 사업연도 중 외화자산의 발생 시 적용환율은 발생일의 외환거래법에 의한 기준환율 또는 재정환율에 의하여 환산하므로 외화매출채권의 적용환율은 이날의 매매기준환율인 ₩1,240/＄을 적용한다.

☞ 부가가치세법의 규정에 따르면 재화의 공급시기 도래(선적일) 후에 받은 외화를 보유한 경우는 '공급시기(선적일)의 기준환율 또는 재정환율'로 환산한 금액을 수출매출액 계상에 적용할 환율로 하므로 수출매출액에 적용할 환율은 이날의 매매기준환율인 ₩1,240/＄이 된다.

☞ 기업회계기준에서는 외화자산의 발생 시 적용환율에 대한 별도의 규정은 없으나 발생당시의 현물환율로 환산하면 되고, 다만 이러한 적용환율방법을 매기 계속적으로 적용하기만 하면 된다.

② 2013년 11월 5일의 회계처리

(차) 현 금 12,800,000 (대) (외화)매출채권 12,400,000

외 환 차 익 400,000

☞ 외환차익 : ＄10,000×(₩1,280/＄－₩1,240/＄) = ₩400,000

☞ 법인세법의 규정에 따르면 사업연도 중 보유외환을 매각하거나 매입하는 경우 '거래은행에서 실제로 적용한 환율'을 적용하면 되므로 이날의 대고객전신환매입률인 ₩1,280/＄을 적용한다. 이 경우 외환차손익은 기업회계기준과 마찬가지로 당해 사업연도의 익금과 손금에 산입된다.

3. 결산일 현재의 외화표시 자산 · 부채의 환산회계

외화로 표시된 자산과 부채는 결산일에 적절한 원화의 가치로 재평가하여 표시하여야 하는데 이때 적용환율에 대한 문제가 발생한다. 이 경우 외화자산 및 부채의 항목을 어떤 방법에 의해 구분하고 이에 대하여 어떠한 환율을 적용하여야 하는지에 대한 내용이 회계기준과 세법에 규정되어 있다. 이러한 외화환산방법에는 이론적으로 크게 유동성·비유동성법, 화폐성·비화폐성법, 시제법, 현행환율법 등이 있다. 우선 이러한 네 가지 외화환산방법의 종류에 대하여 각각 간략하게 살펴보고, 회계기준과 세법의 규정에서 어떤 방법을 적용하는지 구체적으로 살펴보자.

(1) 외화표시 재무제표의 외화환산방법의 종류

1) **유동성 · 비유동성법**(current non-current method)

이 방법은 재무상태표 항목을 재무상태표 구성논리와 같이 결산일로부터 1년을 기준으로 하여 유동항목과 비유동항목으로 구분한다. 이것은 유동 · 비유동항목 구분에 의하여 외화자산 · 부채를 환산하는 방법으로서 유동항목(유동자산과 유동부채)에 대하여는 결산일 현재의 현행환율을, 비유동항목(비유동자산과 비유동부채)에 대하여는 취득 시의 역사적 환율을 적용하여 환산하는 것이다. 그리고 수익 및 비용의 손익항목에 대하여는 항목에 따라 취득일 또는 부담일의 역사적 환율이나 가중평균환율을 적용하여 환산하는 방법이다.

2) **화폐성 · 비화폐성법**(monetary non-monetary method)

이 방법은 외화자산과 부채를 화폐성과 비화폐성으로 구분하여 화폐성 외화자산과 부채인 경우에는 결산일 현재의 현행환율을, 비화폐성 외화자산과 부채인 경우에는 취득당시의 역사적 환율을 적용하여 환산하는 방법이다. 그리고 수익 및 비용의 손익항목에 대하여는 항목에 따라 취득일 또는 부담일의 역사적 환율이나 가중평균환율을 적용하여 환산하는 방법이다.

3) **시제법**(temporal method)

이 방법은 환산대상이 되는 외화자산 및 부채항목의 측정기준을 고려하여 그에 따라 환율을 차등하여 적용하는 방법이다. 즉, 외화의 표시금액이 과거의 발생 또는 취득 시의 가격으로 표시되어 있으면 환율도 발생 또는 취득일자의 역사적 환율을 적용하여 해당 외화자산 및 부채를 환산하고, 외화의 표시금액이 현재 또는 미래의 가격으로 표시되어 있으면 환율도 결산일 현재의 현행환율을 적용하여 해당 외화자산 및 부채를 환산하는 방법이다. 그리고 수익 및 비용의 손익항목에 대하여는 항목에 따라 취득일 또는 부담일의 역사적 환율이나 가중평균환율을 적용하여 환산하는 방법이다.

4) **현행환율법**(current rate method)

이 방법은 재무상태표의 모든 외화자산과 부채에 대하여 결산일 현재의 현행환율을 적용하여 환산하는 방법이다. 그리고 자본에 대하여는 과거의 역사적 환율을, 손익항목에 대하여는 평균환율을 적용하여 환산하는 방법이다.

(2) 기업회계기준의 규정

화폐성 외화항목은 마감환율로, 역사적원가로 측정하는 비화폐성 외화항목은 거래일의 환율로 환산한다. 또한 공정가치로 측정하는 비화폐성 외화항목은 공정가치가 결정된 날의 환율로 환산한다.

이 경우 화폐성 항목의 환산에 사용한 환율이 회계기간 중 최초로 인식한 시점이나 전기의 재무제표 환산시점의 환율과 다르기 때문에 생기는 외환차이는 그 외환차이가 생기는 회계기간의 손익으로 인식한다. 본 서에서는 화폐성 외화자산 또는 화폐성 외화부채의 결산 시 환율차이로 발생하는 차손익은 '외환환산손익'으로 회계처리하여 외화자산 및 부채의 회수·상환 시에 발생하는 외환차손익과는 구분하고자 한다.

이러한 결산 시 외화표시 자산·부채의 환산과 관련된 회계기준의 내용은 다음과 같다.

참고 결산 시 외화자산 및 부채의 환산과 관련된 국제회계기준 규정

[기업회계기준서 제1021호] 환율변동의 효과

23. 매 보고기간 말의 외화환산방법은 다음과 같다.
    (1) 화폐성 외화항목은 마감환율로 환산한다.
    (2) 역사적원가로 측정하는 비화폐성 외화항목은 거래일의 환율로 환산한다.
    (3) 공정가치로 측정하는 비화폐성 외화항목은 공정가치가 결정된 날의 환율로 환산한다.

24. 장부금액은 이 기준서 이외의 관련된 다른 한국채택국제기준서를 함께 고려하여 결정한다. 예를 들어, 유형자산은 기업회계기준서 제1016호 '유형자산'에 따라 공정가치나 역사적원가로 측정할 수 있다. 공정가치를 기준으로 결정하든 역사적원가를 기준으로 결정하든 장부금액이 외화로 결정된다면 이 기준서에 따라 기능통화로 환산한다.

28. 화폐성 항목의 결제시점에 생기는 외환차이 또는 화폐성 항목의 환산에 사용한 환율이 회계기간 중 최초로 인식한 시점이나 전기의 재무제표 환산시점의 환율과 다르기 때문에 생기는 외환차이는 그 외환차이가 생기는 회계기간의 손익으로 인식한다. 다만 문단 32에서 설명하는 별도의 자본항목으로 분류하는 외환차이에는 이를 적용하지 아니한다.
29. 외화거래에서 화폐성 항목이 생기고 거래일과 결제일의 환율이 변동된 경우에 외환차이가 나타난다. 거래가 발생한 회계기간에 결제되는 경우에는 모든 외환차이를 그 회계기간에 인식한다. 그러나 거래가 후속 회계기간에 결제되는 경우에는 각 회계기간의 환율변동에 따른 외환차이를 결제일까지 각 회계기간에 인식한다.
30. 비화폐성 항목에서 생긴 손익을 기타포괄손익으로 인식하는 경우에 그 손익에 포함된 환율변동효과도 기타포괄손익으로 인식한다. 그러나 비화폐성 항목에서 생긴 손익을 당기손익으로 인식하는 경우에는 그 손익에 포함된 환율변동효과도 당기손익으로 인식한다.

회계기준에서 외화자산 및 외화부채를 결산 시 적용하는 외화환산방법은 화폐성·비화폐성법이다. 따라서 우선적으로 항목을 화폐성과 비화폐성으로 구분하는 것이 필요하다.

결산 시 외화자산과 외화부채를 화폐성과 비화폐성으로 항목을 구분한 후 화폐성 항목은 최근 적절한 환율로 재평가되므로 이와 관련된 외환차이(외화환산손익)가 발생하는 것이다. 한편 비화폐성으로 구분된 것 중 역사적 원가로 측정되는 항목인 경우 발생당시의 환율로 평가된 금액이 그대로 결산상의 금액이 되므로 외화환산손익이 발생하지 않으며, 비화폐성으로 구분된 것 중 공정가치로 측정되는 항목인 경우 발생하는 외환차이는 공정가치평가손익에 포함되어 회계처리된다.

(3) 법인세법의 규정

외화표시 자산 및 부채의 결산일 현재 외환평가 시 적용하여야 할 환율에 대한 법인세법의 규정은 회계기준과 달리 금융기관과 일반법인으로 구분하여 다르게 적용되고 있다. 우선, 금융기관의 경우 화폐성 외화자산·부채에 대해서는 사업연도 종료일 현재의 외국환거래법에 의한 기준환율 또는 재정환율에 의하여 평가한다. 그리고 이 경우에 발생하는 외화환산손익은 당해 사업연도의 손금과 익금에 산입되어 당기손익으로 처리된다. 반면에 금융기관 이외의 일반법인의 경우는 화폐성 자산·부채에 대해서 사업연도 종료일 현재의 외국환거래법에 의한 기준환율 또는 재정환율에 의하여 평가하여 환산손익을 익금과 손금으로 계상하거나 발생일 현재의 환율로 고정하여 평가를 하지 않는 방법 중 하나를 선택할 수 있으며, 한 번 선택한 방법은 그 다음 사업연도에도 계속 적용되어야 한다.

[법인세법 시행령 제76조 : 외화자산 및 부채의 평가]

① 제61조 제2항 제1호부터 제7호까지의 금융회사 등이 보유하는 화폐성 외화자산·부채와 통화선호등은 다음 각 호의 방법에 따라 평가하여야 한다.

1. 화폐성 외화자산·부채 : 사업연도 종료일 현재의 기획재정부령으로 정하는 매매기준율 또는 재정(裁定)된 매매기준율(이하 '매매기준율등'이라 한다)로 평가하는 방법
2. 중략

② 제61조 제2항 제1호부터 제7호까지의 금융회사 등 외의 법인이 보유하는 화폐성 외화자산·부채와 제73조 제5호에 따라 화폐성 외화자산·부채의 환위험을 회피하기 위하여 보유하는 통화선도등(이하 이 조에서 '환위험회피용통화선도등'이라 한다)은 다음 각 호의 어느 하나에 해당하는 방법 중 관할 세무서장에게 신고한 방법에 따라 평가하여야 한다. 다만, 최초로 제2호의 방법을 신고하여 적용하기 이전 사업연도의 경우에는 제1호의 방법을 적용하여야 한다.

1. 화폐성 외화자산·부채와 환위험회피용통화선도등의 계약내용 중 외화자산 및 부채를 취득일 또는 발생일(통화선도 등의 경우에는 계약체결일을 말한다) 현재의 매매기준율등으로 평가하는 방법
2. 화폐성 외화자산·부채와 환위험회피용통화선도등의 계약내용 중 외화자산 및 부채를 사업연도 종료일 현재의 매매기준율등으로 평가하는 방법

③ 법인이 제1항 제2호 및 제2항에 따라 신고한 평가방법은 그 후의 사업연도에도 계속하여 적용하여야 한다.

결국 외화표시 자산 및 부채의 결산일 현재의 외환평가와 관련하여 법인

세법은 기업회계기준과 달리 금융기관과 그 이외의 업종을 영위하는 일반법인으로 구분하여 이 중 금융기관에 대해서는 강제적으로 화폐성 · 비화폐성법을 적용하고, 그 이외의 업종에 대해서는 외화자산 · 부채에 대한 평가로 인한 환산손익 인식을 선택사항으로 하도록 하고 있는 것이다.

그 결과 제조업 등을 영위하는 일반법인이 국세청에 환산손익을 인식하지 않는 것으로 신고하였다면 화폐성 외화자산 · 부채를 기업회계기준에 따라 외화환산손익을 인식하였을 경우 환산방법에 대해 법인세법상 익금(손금)에서 부인되게 된다. 반대로 신고 시 환산손익을 인식하는 것으로 한 법인이 회계처리를 할 때 외화환산손익을 인식하지 아니하였다면 세무조정상 환산손익을 각각 익금과 손금으로 계상하여야 한다.

| 표 4-5 | 외화표시 자산 및 부채의 결산일 평가 시 적용환율

관련규정	구분	적용환율
기업회계기준	화폐성 외화자산 · 부채	결산일 현재의 적절한 환율(현행환율) (이 경우 발생하는 외화환산손익은 기간손익으로 회계처리함)
	비화폐성 외화자산 · 부채	취득 또는 부담할 당시의 적절한 환율(역사적 환율) (이 경우 외화환산손익이 발생하지 않음)
법인세법	일반법인	화폐성 외화자산 · 부채에 대해 환산손익 인식 선택가능
	금융기관	화폐성 외화자산 · 부채에 대해 환산손익 인식

예제 4-3 외화표시 자산 · 부채의 기말결산 시 회계처리

제조업을 영위하는 서울에 있는 (주)한국은 2013년 8월 5일에 미국에 있는 (주)아메리카에 물품 $10,000어치를 제공(선적)하고 이에 대한 대금 중 $5,000는 물품이 도착하여 검사가 이루어지는 3개월 이후인 11월 5일에 받아 원화로 환가하였고 나머지 $5,000는 기말현재 미회수상태이다. 이 경우 (주)한국의 회계처리를 하시오.

각각의 날의 환율이 다음과 같다고 가정하자.

(2013년 8월 5일 환율 : 대고객전신환매입률 ₩1,210/$,

매매기준환율 ₩1,240/$

2013년 11월 5일 환율 : 대고객전신환매입률 ₩1,280/$,
매매기준환율 ₩1,310/$
2013년 12월 31일 환율 : 대고객전신환매입률 ₩1,150/$,
매매기준환율 ₩1,190/$)

---

① 2013년 8월 5일의 회계처리

(차) (외화)매출채권	12,400,000	(대) (수출)매 출	12,400,000

☞ $10,000× ₩1,240/$ = ₩12,400,000

② 2013년 11월 5일의 회계처리

(차) 현 금	6,400,000	(대) (외화)매출채권	6,200,000
		외 환 차 익	200,000

☞ 외환차익 : $5,000×(₩1,280/$ − ₩1,240/$) = ₩200,000

③ 2013년 12월 31일의 회계처리(결산 시 회계처리)

(차) 외화환산손실	250,000	(대) (외화)매출채권	250,000

☞ 외화환산손실 : $5,000×(₩1,240/$ − ₩1,190/$) = ₩250,000

☞ 법인세법의 규정에 의해 환산손익을 인식하는 것으로 신고하였다면 세무조정이 발생하지 않는다. 만약 환산손익을 인식하지 않는 것으로 신고하였을 경우 외화환산손실은 손금불산입항목으로 처리된다.

제 2 절 외화표시 재무제표의 환산

기업의 경영활동이 국제화됨에 따라 해외지점이나 해외종속법인 등이 증가하고 있다. 이 경우 해외사업장(해외지점이나 해외종속법인 등)의 재무제표는 외화로 표시되어 있기 때문에 국내본점 등의 재무제표와 합산하기 위해서는 해외사업장의 외화표시 재무제표를 원화(원화가 기능통화가 아닌 경우 그 통화)로 환산하여야 하는 문제가 발생한다.

외화환산은 크게 개별기업의 국제거래와 관련된 외화자산 및 외화부채의 적용환율과 제 회계문제와 해외지점 및 종속법인의 외화로 된 재무제표의 원화환산과 관련된 적용환율과 제 회계문제로 나눌 수 있다. 이 중 앞의 제

1절에서는 국내기업의 무역거래와 관련하여 발생하는 외화자산 및 외화부채의 발생, 상환 및 회수 그리고 결산 시에 적용하여야 하는 회계 및 세법의 규정을 살펴보았다. 그리고 본 제2절에서는 국내기업의 해외지점이나 연결 등에 포함되는 해외종속법인의 외화재무제표의 원화환산과 관련된 회계 및 세법규정을 살펴보고자 한다.

외화표시 재무제표의 환산과 관련하여 발생되는 회계 및 세무문제는 다음과 같이 크게 두 가지로 구분하여 살펴볼 수 있다. 첫째, 해외에 지점이 진출한 경우 해외에 있는 지점의 외화표시 재무제표와 국내본사의 원화표시 재무제표를 합산하여야 하는데, 이 경우 우선 두 재무제표를 합산하기 위해서는 단일통화로 일치시켜야 하므로 해외지점의 외화표시 재무제표를 국내통화인 원화로 환산하여야 한다. 이 경우 적용환율의 시기 및 종류 등에 대한 회계처리문제가 발생한다. 둘째, 지배·종속의 관계 등에 의해 해외에 있는 종속법인 등과의 연결이나 결합을 하는 경우 연결과 결합을 하기 전에 우선 해외종속법인이나 해외결합대상계열회사의 외화표시 재무제표를 원화로 환산하여야 한다.

결론적으로 말하면 해외지점의 외화표시 재무제표의 원화환산 시 적용하는 규정은 연결이나 결합재무제표 작성을 위해 해외종속법인이나 해외결합대상계열회사의 외화표시 재무제표를 원화환산 경우에 준용되므로 두 가지 모두 동일한 방법에 의하여 회계처리를 하면 된다.

1. 해외사업장의 재무제표의 외화환산

(1) 기업회계기준의 규정

기업회계기준상 해외지점 등의 재무제표에 대한 적용환율 등의 규정은 기업회계기준서 제1021호에 다음과 같이 서술되어 있다.

참고 해외지점 등의 외화환산과 관련된 기업회계기준 규정

[기업회계기준서 제1021호] 해외사업장의 환산

38. 재무제표는 어떠한 통화로도 보고할 수 있다. 표시통화와 기능통화가 다른 경우에는 경영성과와 재무상태를 표시통화로 환산한다. 예를 들어, 서로 다른 기능통화를 사용하는 개별기업으로 구성되는 연결실체는 연결재무제표를 작성하기 위하여 각 기업의 경영성과와 재무상태를 같은 통화로 표시한다.

39. 기능통화가 초인플레이션 경제의 통화가 아닌 경우 경영성과와 재무상태를 기능통화와 다른 표시통화로 환산하는 방법은 다음과 같다.
    (1) 재무상태표(비교표시하는 재무상태표 포함)의 자산과 부채는 해당 보고기간말의 마감환율로 환산한다.
    (2) 포괄손익계산서(비교표시하는 포괄손익계산서 포함)의 수익과 비용은 해당 거래일의 환율로 환산한다.
    (3) 위 (1)과 (2)의 환산에서 생기는 외환차이는 기타포괄손익으로 인식한다.

42. 기능통화가 초인플레이션 경제의 통화인 경우 경영성과와 재무상태를 기능통화와 다른 표시통화로 환산하는 방법은 다음과 같다.
    (1) 모든 금액(즉, 자산, 부채, 자본항목, 수익과 비용. 비교표시되는 금액 포함)을 최근 재무상태표 일자의 마감환율로 환산한다.
    (2) 다만, 금액을 초인플레이션이 아닌 경제의 통화로 환산하는 경우에 비교표시되는 금액은 전기에 보고한 재무제표의 금액(즉, 전기 이후의 물가수준 변동효과나 환율변동효과를 반영하지 않은 금액)으로 한다.

기업회계기준에 의하면 재무제표는 어떤 통화로도 보고가능하다. 따라서 기능통화가 미국 달러인 경우 달러로도 재무제표를 작성가능하며 그 경우 환산의 문제는 발생하지 않을 수 있다.

기능통화를 결정할 때는 다음사항을 고려하여 결정하도록 규정되어 있다.

참고

[기업회계기준서 제1021호] 기능통화

9. (1) 다음의 통화
    (가) 재화와 용역의 공급가격에 주로 영향을 미치는 통화(흔히 재화와 용역의 공급가격을 표시하고 결제하는 통화)
    (나) 재화와 용역의 공급가격을 주로 결정하는 경쟁요인과 법규가 있는 국가의 통화
  (2) 재화를 공급하거나 용역을 제공하는 데 드는 노무원가, 재료원가와 그 밖의 원가에 주로 영향을 미치는 통화(흔히 이러한 원가를 표시하고 결제하는 통화)

10. 다음 사항도 기능통화의 증거가 될 수 있다.
  (1) 재무활동(즉, 채무상품이나 지분상품의 발행)으로 조달되는 통화
  (2) 영업활동에서 유입되어 통상적으로 보유하는 통화

이상의 지표들이 서로 다른 결과를 제시하여 기능통화가 분명하지 않은 경우에는 경영진이 판단하여 실제 거래, 사건과 상황의 경제적 효과를 가장 충실하게 표현하는 기능통화를 결정한다. 이때 경영진은 기능통화를 결정하는 데 추가적인 보조증거를 제공하는 문단 10 등을 고려하기 전에 문단 9의 주요 지표를 우선하여 고려한다.

하지만 여러 해외사업장의 기능통화가 각국의 통화로 선택될 경우 각 사업장의 재무상태와 경영성과는 주재무제표인 연결재무제표로 표현되어야 한다. 이 경우 연결은 표시통화로 이루어진다. 표시통화란 재무제표를 표시할 때 사용하는 통화이다. 만약 미국현지법인의 기능통화는 달러이지만 본사와 연결재무제표를 작성할 경우 표시통화는 원화일 가능성이 있으며 그럴 경우 해외사업장의 달러표시 재무제표는 연결을 위해 원화로 환산되어야 한다.

기업회계기준에서는 기능통화가 초인플레이션 경제의 통화가 아닌 경우와 초인플레이션 경제의 통화인 경우로 구분하여 규정하고 있다.

먼저 초인플레이션 경제의 통화가 아닌 정상적인 경우 수익과 비용은 해당 거래일의 환율로 환산하고 자산과 부채는 마감환율로 환산한다. 이 경우 순자산의 기초잔액을 전기의 마감환율과 다른 마감환율로 환산하게 되어 차이가 발생하고 이는 기타포괄손익으로 인식하게 된다. 이러한 차이를 기타포괄손익으로 인식하게 되는 이유는 이 차이가 현재와 미래의 영업현금흐름에 직접적으로 영향을 미치지 않거나 거의 미치지 않기 때문이다. 외환차이의 누계액은 해외사업장이 처분될 때까지 자본의 별도항목으로 표시한다. 또한 실무적으로 수익과 비용항목을 환산할 때 거래일의 환율에 근접한 환율(예 : 해당 기간의 평균환율)을 자주 사용한다. 그러나 환율이 유의적으로 변동한 경우에는 일정기간의 평균환율을 사용하는 것은 부적절

할 수 있을 것이다.

만약 해당 통화가 초인플레이션 경제의 통화인 경우에는 문단 42의 환산법을 적용하기 전에 기업회계기준 제1029호 인플레이션 경제에서의 재무보고에 따라 재무제표를 재작성한 후 모든 항목의 금액을 최근 재무상태표 일자의 마감환율로 환산하도록 규정하고 있다. 이 경우의 회계처리는 본서의 범위를 벗어나므로 생략하기로 한다.

(2) 법인세법의 규정

법인세법상 해외지점 등의 재무제표에 대한 적용환율 등의 규정은 법인세법 기본통칙 42-76…4에 서술되어 있다.

해외사업장의 외화표시 재무제표의 환산에 대한 구체적인 규정으로 다음의 법인세법 기본통칙 42-76…4에서는 세 가지 환산방법을 제시하고 있으며, 이 중 하나를 선택하여 계속적으로 적용하여야 한다고 규정하고 있다. 이에 대한 세부적인 내용은 다음과 같다.

[법인세법 기본통칙 42-76…4] 국외지점 등의 외화재무제표의 원화환산기준

① 국외지점 등의 외화표시 재무제표를 본점의 재무제표와 합산하는 경우에는 다음 각호에 게기하는 방법 중 하나를 선택하여 원화로 환산하여야 한다. 이 경우 한번 선택한 방법은 그 후 사업연도에 있어서 계속 이를 적용하여야 한다.

1. 외화표시 재무제표를 다음에 게기하는 기준일(기준일이 속하는 달의 말일을 포함한다) 현재의 외국환관리법에 의한 기준환율 또는 재정환율(이하 '기준환율 또는 재정환율'이라 한다)을 적용하여 환산하는 방법
   가. 재무상태표 항목
      ㄱ. 화폐성 자산·부채는 당해 사업연도 종료일
      ㄴ. 기타의 항목은 취득일 또는 발생일
   나. 손익계산서 항목
      ㄱ. 현금수수거래는 거래의 발생일
      ㄴ. '가의 ㄱ 계정'과 손익계정이 대체되는 경우에는 대체거래발생일
      ㄷ. '가의 ㄴ 계정'과 손익계정이 대체되는 경우에는 당초 취득일 또는 발생일
2. 외화표시 재무제표 중 재무상태표 항목은 사업연도 종료일 현재의 기준환

율 또는 재정환율로 하고, 손익계산서 항목은 당해 사업연도의 평균 기준환율 또는 재정환율에 의하여 환산하는 방법
3. 외화표시 재무제표의 모든 항목은 당해 사업연도 종료일 현재의 기준환율 또는 재정환율에 의하여 환산하는 방법

② 제1항 제1호의 규정에 의하여 외화표시 재무제표를 원화로 환산함으로써 발생하는 환산차손익은 각 사업연도의 소득금액 계산상 익금 또는 손금에 산입한다.

③ 제1항 제2호 및 제3호의 규정에 의하여 외화표시 재무제표를 원화로 환산함으로써 발생하는 환산차손익(본지점계정환산차액, 제2호의 경우 손익계산서상 순이익과 재무상태표상 순이익의 차액 등)은 각 사업연도의 소득금액 계산상 이를 익금 또는 손금에 산입하지 아니한다.

④ 제1항 제2호 및 제3호의 방법을 선택함으로써 자산의 취득일 또는 거래의 발생일의 환율에 의하여 환산한 금액과 차액이 있는 경우에도 그 차액은 세무조정으로써 이를 익금 또는 손금에 산입하지 아니한다.

⑤ 제3항의 규정에 의한 환산차손익은 국외지점별로 구분하여 그 후의 사업연도에서 발생하는 국외지점별 환산차손익과 우선적으로 상계하며, 잔액은 국외지점 등을 폐쇄하는 때에 익금 또는 손금에 산입하여야 한다.

⑥ 제1항의 규정에 의한 각호의 방법을 적용하지 아니하거나 선택한 방법을 임의로 변경한 경우에는 제1항 제3호의 방법에 의하여 환산한 금액을 원화환산기준금액으로 한다. 다만, 당해 국외지점 등의 결산재무제표상의 당기순이익이 제1항 제3호의 방법에 의하여 환산한 당기순이익보다 큰 때에는 그러하지 아니한다.

⑦ 제1항의 규정에 의한 환산차액은 이를 결산에 반영하여야 한다.

⑧ 제1항 제2호의 규정에서 평균 기준환율 또는 재정환율이라 함은 매일의 기준환율 또는 재정환율의 합계액을 당해 연도의 일수로 나눈 금액으로 한다.

앞의 법인세법상의 규정을 기업회계기준과 비교하여 살펴보면 다음과 같다.

첫째, 기업회계기준에서는 외화표시 재무제표의 환산은 재무상태표의 자산과 부채는 해당 보고기간말의 마감환율로 포괄손익계산서의 수익과 비용은 해당 거래일의 환율로 환산하도록 규정되어 있다. 이러한 방법은 현행환율법에 의해 재무제표를 환산하도록 규정한 것이다. 반면에 법인세법은 화폐성・비화폐성법과 비슷한 1방법(①항의 1)과 현행환율법과 비슷한 2방법(①항의 2)과 전부 현행환율을 적용하는 3방법(①항의 3) 중 하나를 선택

하여 계속성의 원칙에 따라 처리할 수 있도록 하고 있다.

둘째, 기업회계기준에서는 현행환율법을 적용하여 외화환산한 경우 발생하는 손익은 이를 상계하여 그 차액을 외환차이라는 과목으로 하여 손익항목이 아닌 자본항목의 일종인 기타포괄손익누계액으로 처리하도록 하고 있다. 이에 비해 법인세법은 1방법(①항의 1)을 적용하여 환산한 경우에는 당기 환산차액을 당해 사업연도의 익금과 손금에 산입하도록 하고 있으나, 2방법(①항의 2) 또는 3방법(①항의 3)을 적용하여 환산한 경우에는 당기차액을 당해 사업연도의 익금과 손금에 산입하지 아니한다고 규정하고 있다.

셋째, 기업회계기준에서의 현행환율법과 법인세법의 2방법(①항의 2) 또는 3방법(①항의 3)에 의한 환산 시 발생하는 환산차액의 차기 이후의 처리문제로 거의 비슷하다. 우선 기업회계기준서에서 현행환율법의 적용으로 발생하는 해외사업환산이익(손실)은 자본의 차감(부가)항목으로서 상각하거나 환입하지 않고 다만 이후 사업연도에 발생하는 해외사업환산손실(이익)과 상계시키면 되고, 이러한 환산이익(손실) 상계잔액은 해외지점 등이 폐쇄, 청산 또는 매각되는 회계연도에 특별손익으로 처리되어 비로소 손익으로 실현되는 것이다. 이와 비슷하게 법인세법의 2방법(①항의 2) 또는 3방법(①항의 3)에 의한 환산 시 발생하는 환산차액은 국외지점별로 구분하여 이후 사업연도에 발생하는 국외지점별 환산차액과 우선적으로 상계시키면 되고, 이러한 환산차액의 잔액은 국외지점 등을 폐쇄하는 때에 비로소 익금과 손금에 산입되어 손익으로 실현된다.

법인세법에서 2방법(①항의 2)을 적용 시 손익계산서 항목에 대해 평균기준(재정)환율을 적용할 수 있다고 하였는데 이 경우 평균 기준(재정)환율이란 매일매일의 기준(재정)환율의 합계액의 당해 연도의 일수로 나누어 계산된 것으로 한다.

이러한 법인세법상 해외지점 등의 외화표시 재무제표의 환산방법을 요약하면 [표 4-6]과 같으며 이 중 하나를 선택하여 계속 적용하면 된다.

표 4-6 해외지점 등의 외화표시 재무제표의 환산방법 요약

<table>
<tr><th>구분</th><th>적용환율</th><th>환산차액</th></tr>
<tr><td>1법</td><td>1. 재무상태표 항목
(1) 화폐성 항목 : 사업연도 종료일의 기준(재정)환율
(2) 비화폐성 항목 : 취득(발생)일의 기준(재정)환율
2. 손익계산서 항목
(1) 현금수수거래 : 거래발생일 기준(재정)환율
(2) 화폐성 항목과 대체되는 경우 : 대체거래발생일의 기준(재정)환율
(3) 비화폐성 항목과 대체되는 경우 : 취득(발생일)일의 기준(재정)환율</td><td>당해 사업연도의 익금과 손금에 산입하여 손익으로 처리함</td></tr>
<tr><td>2법</td><td>1. 재무상태표 항목 : 사업연도 종료일의 기준(재정)환율
2. 손익계산서 항목 : 당해 사업연도의 평균 기준(재정)환율</td><td rowspan="2">익금과 손금에 산입하지 아니함</td></tr>
<tr><td>3법</td><td>모든 항목에 대해 : 사업연도 종료일의 기준(재정)환율</td></tr>
</table>

결론적으로 해외지점 등의 외화표시 재무제표의 환산 시에는 원칙적으로 기업회계기준의 현행환율법을 적용하여 환산하고 법인세법의 2방법(①항의 2)을 적용한다면 적절한 회계처리를 하였다고 할 수 있다.

부가하여 기업회계기준이 원화 외의 통화를 기능통화로 채택하여 재무제표를 작성할 수 있게 변경됨에 따라 법인세법도 법인의 경우 다음의 방법 중 하나를 선택하여 과세표준계산 가능하도록 개정되었다. 다만 방법이 선택되면 변경은 불가하다.

(방법 1) 기능통화로 과세표준을 계산하고 기능통화로 표시된 과세표준을 원화로 환산하는 방법

(방법 2) 원화를 기능통화로 하여 재작성한 재무제표를 기준으로 과세표준을 계산하는 방법

(방법 3) 표시통화 재무제표를 기준으로 과세표준을 계산하는 방법

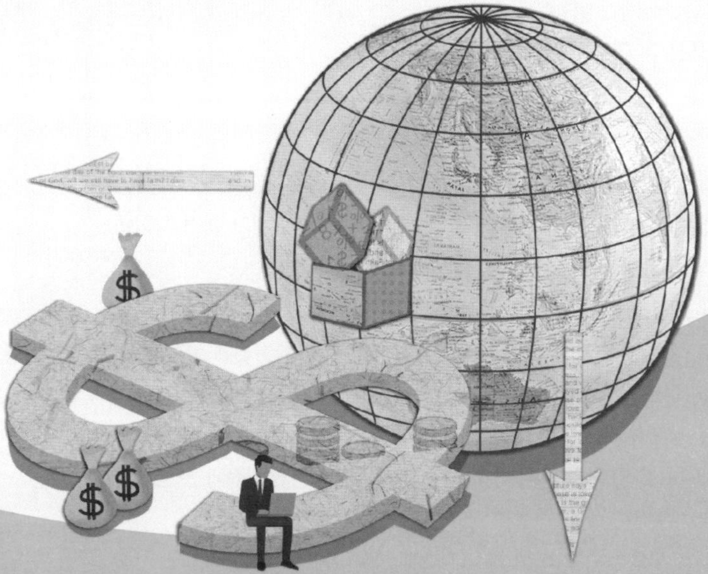

5 CHAPTER 국제무역거래관습

상품수지와 무역수지

한국은행이 발표하는 '상품수지'와 관세청이 집계하는 '무역수지'는 기본적으로 수출입과 수입액의 차이를 나타내는 수치라는 점에서 동일하다. 그럼에도 두 수지가 매번 차이를 보이는 것은 계산과정에 적용되는 기준이 서로 다르기 때문이다.

우선 상품수지는 수출입 통계를 낼 때 수출과 수입 모두 FOB(Free on Board, 본선인도조건)를 가격산정 기준으로 삼는다. FOB란 수출상품값에 수출업자가 화물선에 물품을 인도하는 데까지 들어가는 비용(운송비, 창고비 등)만 포함시킨 계약조건을 말한다.

반면 관세청이 집계하는 무역수지에서 수출은 FOB, 수입은 CIF(Cost, Insurance and Freight, 운임 · 보험료포함인도조건)가 적용된다. CIF는 FOB에다 국제운임료와 보험료를 더한 것이다.

따라서 상품수지 흑자폭은 무역수지에 비해 좀 더 크게 나타나는 게 일반적이다. 한국은행은 관세청의 무역수지 통계를 받아서 상품수지를 계산하는데 이 과정에서 '국제운임료와 보험료'를 수입액에서 차감하기 때문이다.

〈자료원 : 한국경제, 2003. 8. 4〉

Chapter 05

국제무역거래관습

무역거래관습이란 무역에 종사하는 사람들이 준수하려고 하는 무역거래의 상관습(국제상관습)을 의미한다. 무역거래관습의 기능은 다음과 같이 크게 두 가지로 나눌 수 있다. 첫째, 무역계약에 대한 보완적 기능을 하는 것으로 무역거래관습이 무역계약 중 묵시조항으로서의 역할을 한다. 둘째, 무역계약의 해석기준의 기능을 하는 것으로 무역거래관습이 통일적인 규범적 역할을 한다. 무역거래관습 중 중요한 것의 하나로 인코텀즈가 있는데 이것에 대하여 살펴보자.

제 1 절 인코텀즈의 개요

1. 인코텀즈의 의의

국제무역은 문화, 법률, 상관습 등이 상이한 환경하에 놓인 격지자 간 거래이므로 거래당사자 간에 끊임없이 무역분쟁이 발생하여 왔다. 이러한 분쟁을 해소하고 무역조건의 용어나 약어의 오해석을 방지하여 국제무역거래의 관습 및 용어의 국제적 통일을 제정하기 위해 국제상업회의소(ICC : International Chamber of Commerce)는 1936년 무역거래조건에 관한 국제적인 통일규칙을 제정하였는데 이것이 바로 인코텀즈(INCOTERMS)이다.

인코텀즈는 'International Commercial Terms'의 약칭으로 일반적으로 '무역거래조건 해석에 관한 국제규칙(International Rules for the Interpretation of Trade Terms)'이라고도 불린다. 이 규칙은 강제력은 없으나 무역거래에서 준거기준으로 이용되고 있다.

인코텀즈의 목적은 무역거래에서 일반적으로 사용되어 온 정형거래조건을 해석하기 위한 일련의 국제규칙을 제공하자는 데 그 목적이 있으며 실제로도 오늘날의 무역거래는 인코텀즈의 정형거래조건에 따라 무역계약이 이루어지고 있다. 인코텀즈는 1936년 처음 제정된 이래 1953년, 1967년, 1976년, 1980년, 1990년, 2000년과 2010년 7차례의 개정이 이루어져 왔으며 최근의 개정판은 2010년 개정·보완된 인코텀즈 2010(INCOTERMS 2010)이다. 인코텀즈 2010은 이전의 인코텀즈 2000이 13개의 정형거래조건을 사용하였던데 반해 11개의 정형거래조건을 규정하고 있다. 또한 종래의 정형거래조건이 E Group(EXW), F Group(FCA, FAS, FOB), C Group(CFR, CIF, CPT, CIP), D Group(DAF, DES, DEQ, DDU, DDP)와 같이 정형거래조건의 앞글자를 따서 4가지 Group으로 구분한데 반해 '어떠한 운송수단에도 사용가능한 규칙(rules for any model or modes of transport)'과 '해상운송과 내수로 운송에 사용가능한 규칙(rules for sea and inland waterway transport)'의 운송수단별 구분을 제시하고 있는 등 종래의 정형거래조건과 다른 구분방식을 채택하였다.

2. 인코텀즈 2010의 구성내용과 특징

인코텀즈 2010의 기본체계는 기본적으로 다음의 사항을 규정하고 있다.

① 위험부담의 분기점 : 매도인과 매수인의 물품에 대한 위험부담의 시점과 장소의 결정
② 비용부담의 분기점
③ 서류제공의무 : 매도인이 제공하여야 할 서류의 규정
④ 기타사항

이 중 무역당사자 간 실무적으로 가장 중요시되는 사항은 비용부담의 분기점에 관한 사항이라 할 수 있을 것이다. 예를 들어 CIF BUSAN, FOB San Francisco 등의 가격이 규정되면 계약상 비용에 대한 다른 규정이 없는 한 매도인에서 매수인으로 희망물품이 인도될 때 발생되는 비용을 누가 부담하는가에 대한 해석이 정형거래조건으로 이루어진다.

인코텀즈(INCOTERMS) 2010의 정형거래조건은 모두 11가지이며 각기 그 공통점에 따라 다음과 같이 크게 2가지로 묶어서 분류할 수 있다.

표 5-1 인코텀즈 2010의 분류방식

제1그룹(운송방식 불문규칙)		제2그룹(선박운송 전용규칙)	
(rules for any model or modes of transport) : 어떠한 운송수단에도 사용가능한 규칙		(rules for sea and inland waterway transport) : 해상운송과 내수로운송에 사용가능한 규칙	
EXW	Ex Works(공장인도)	FAS	Free Alongside Ship(선측인도)
FCA	Free Carrier(운송인인도)	FOB	Free On Board(본선인도)
CPT	Carriage Paid To(운임지급인도)	CFR	Cost and Freight(운임포함인도)
CIP	Carriage and Insurance Paid To (운임 · 보험료지급인도)	CIF	Cost, Insurance and Freight (운임 · 보험료포함인도)
DAT	Delivered At Terminal (도착터미널인도)		
DAP	Delivered At Place (도착지정장소인도)		
DDP	Delivered Duty Paid (관세지급인도)		

(1) 어떠한 운송수단에도 사용가능한 규칙 (rules for any model or modes of transport)

이 그룹은 육상 · 해상 · 내수로 · 항공운송 등 모든 운송에 사용가능한 방식이다. 또한 하나의 방식 이상의 순차적 사용이 가능하여 육상과 항공운송이 결합하는 등 복합운송에도 사용가능하다. 즉 운송방식 불문조건이라

할 수 있다. 이에는 7가지 방식(EXW, FCA, CPT, CIP, DAT, DAP, DDP)이 있다.

(2) 해상운송과 내수로운송에 사용가능한 규칙 (rules for sea and inland waterway transport)

이 그룹은 해상운송과 내수로운송에 사용가능한 방식이다. 우리나라의 경우 내수로운송이 없는 관계로 이를 해상운송으로 인식가능하다. 삼면이 바다로 둘러싸여 있는 지리적 특성상 우리나라의 무역은 대부분 이 조건들에 의해 이루어진다. 이 그룹에는 4가지(FAS, FOB, CFR, CIF)가 있다.

제2절 인코텀즈 2010의 무역거래 가격조건

가격조건에서 주요한 문제는 수출입과 관련하여 발생하는 비용과 위험을 매도인인 수출업자와 매수인인 수업업자 중에서 누가 부담하느냐는 것이다. 수출입과 관련하여 발생하는 비용은 거래의 형태에 따라 다양하게 발생하는데 이러한 비용에는 수출통관비, 운송비, 보험료, 수입통관비, 관세, 신용장 개설비용, 선적 및 하역비용, 환거래수수료, 항만사용료 등 여러 가지가 있다.

인코텀즈(INCOTERMS) 2010의 무역거래 가격조건은 수출업자인 매도인이 부담하여야 할 제비용의 범위를 결정하므로 동일한 상품의 가격이라도 무역계약 시 결정된 가격조건에 따라 거래가격은 상당히 달라지게 된다. 무역거래 가격조건을 각각 살펴보면 다음과 같다.

1. 어떠한 운송수단에도 사용가능한 규칙

(1) EXW(ex works, 공장인도조건)

EXW(공장인도조건)는 매도인이 자신의 공장이나 창고 등에서 거래물품을 매수인이 인도가능하게만 하면 되는 조건으로 별도의 합의가 없는 한 매도인은 매수인의 차량에 물품을 적재할 책임은 없다.

이 조건하에서는 매수인은 물품을 인도받은 후부터 도착지까지 발생하는 모든 비용과 위험을 부담하므로, 매도인에게는 최소한의 의무를, 매수인에게는 최대한의 의무를 부담하게 한다.

구 분	위험의 이전시점	비용의 이전시점	통관책임
EXW	매도인의 작업장 구내에서 매수인이 임의처분할 수 있도록 물품을 인도하였을 때	매도인은 위험이전까지의 제비용부담	수출입통관, 승인 모두 매수인 의무

(2) FCA(free carrier, 운송인인도조건)

FCA(운송인인도조건)는 매도인이 물품을 수출통관한 뒤 지정된 장소에서 매수인이 선정한 운송인에게 물품을 인도하는 거래조건이다. 이 조건에서 물품인도장소는 매도인이나 운송인의 영업장 혹은 항구나 기차역 등 모든 장소가 포함된다. 이 조건에서 비용 및 위험부담의 이전은 물품이 인도되는 시점에서 이루어진다.

구 분	위험의 이전시점	비용의 이전시점	통관책임
FCA	매도인이 매수인이 지정한 운송인에게 수출통관된 물품을 인도하였을 때	매도인은 위험이전까지의 제비용부담	수출통관 : 매도인 수입통관 : 매수인

(3) CPT(carriage paid to, 운임지급인도조건)

CPT(운임지급인도조건)는 매수인이 지정한 목적지까지의 운임을 매도인이 지급하되, 위험부담은 거래물품이 최초의 운송인에게 인도되는 시점에 매도인으로부터 매수인으로 이전된다. 따라서 물품이 운송인에게 인도된 이후 분실 혹은 멸실 등으로 인한 손실이 발생하였을 경우 책임은 매수인이 부담하게 된다. CPT 조건은 주로 복합운송에서 사용된다.

CPT조건의 표기방법은 'CPT + 지정목적지(named place of destination : 항구, 공항, 철도역, 부두터미널, 창고 등)'로 표시된다.

구 분	위험의 이전시점	비용의 이전시점	통관책임
CPT	물품이 약정된 일자 또는 기간 내에 지정목적지까지 운송할 운송인의 보관하에 또는 후속 운송인이 있을 경우 최초의 운송인에게 물품인도 시	매도인은 FCA조건 +지정된 목적지까지의 물품운송비	수출통관 : 매도인 수입통관 : 매수인

(4) CIP(carriage and insurance paid to : 운임·보험료지급인도조건)

CIP(운임·보험료지급인도조건)는 기본적으로 CPT조건과 동일하며 매도인은 지정목적지까지의 운임 외에 보험료를 추가적으로 부담한다. 즉, 매도인이 지정된 목적지까지 물품운송에 필요한 비용 및 운임을 지급함은 물론 복합운송전체기간 동안 물품의 멸실 또는 손상으로 인한 매수인 부담위험 등의 추가비용에 따른 보험계약을 매도인이 체결하여 보험료를 지급하는 가격조건이다.

이 가격조건의 경우 물품의 인도시점은 물품이 최초의 운송인에게 인도되는 시점이며 이 시점은 위험부담의 분기점과 동일하다. 다만 비용부담의 분기점은 장소측면에서는 동일하나 비용측면에서는 위험부담분기점까지 발생하는 총비용(운임과 보험료 등)과 목적지까지의 운임과 보험료를 합산한 금액을 지급한 때가 된다.

이 조건은 주로 복합운송에서 사용되는데 CIP조건의 경우 매도인과 매수인의 권리 및 의무를 살펴보면 다음과 같다. 우선 매도인의 경우 지정목적지까지의 운송계약 체결의 의무와 보상청구가능한 보험계약 체결의 의무가 있다. 따라서 매도인은 각종 운송서류 중 보험증서의 제공과 더불어 운송과 관련된 상업송장과 선하증권 등을 매수인 등에게 제공하여야 한다.

CIP조건의 표기방법은 'CIP + 지정목적지(named place of destination : 항구, 공항, 철도역, 부두터미널, 창고 등)'로 표시된다.

이후에 설명할 CIF조건과 CIP조건은 매도인이 목적지까지 운임과 보험료를 부담한다는 점에서 동일하다. 다만 해상운송이나 내수로 운송에서 사용되는 CIF조건에서는 매도인의 위험부담은 선적항 본선난간에서 종결되고 도착항까지의 해상운임 및 보험료를 매도인이 부담하는 것에 반해, 복합운송에서 사용되는 CIP조건에서는 매도인의 위험부담은 물품이 최초의 운송인에게 인도되는 시점에서 매수인에게 이전되고 매수인이 지정한 목적지까지의 운임(복합운송 포함)과 보험료를 매도인이 부담한다는 데 차이가 있다.

구 분	위험의 이전시점	비용의 이전시점	통관책임
CIP	물품이 약정된 일자 또는 기간 내에 지정목적지까지 운송할 운송인의 보관하에 또는 후속운송인이 있을 경우 최초의 운송인에게 물품인도 시	CPT+지정된 목적지까지의 보험료	수출통관 : 매도인 수입통관 : 매수인

(5) DAT(delivered at terminal, 도착터미널인도조건)

DAT(도착터미널인도조건)는 물품이 지정된 도착터미널(termial)에서 수입통관되지 아니한 상태에서 매수인의 임의처분하에 인도되기 전까지 소요되는 모든 비용 및 위험을 매도인이 부담하는 거래조건이다. 이 가격조건의 경우 물품의 인도시점은 목적지의 터미널에서 희망물품이 인도되는 시점이며, 이 시점은 위험부담 및 비용부담의 분기점과 동일하다.

구 분	위험의 이전시점	비용의 이전시점	통관책임
DAT	접지정목적지에서 도착운송수단에 실린 채 양하된 상태로 지정목적항이나 지적목적지의 지정터미널에서 매수인의 처분하에 놓이는 때	DAP + 양하비용	수출통관 : 매도인 수입통관 : 매수인

(6) DAP(delivered At Place, 도착지정장소인도)

DAP(도착지정장소인도)는 물품이 수입통관되지 아니한 상태에서 합의된 목적지 내에 운송수단에 실린 채 양하 준비가 된 상태로 매수인의 처분하에 놓이는 때 매도인의 의무가 완료되는 조건이다. 이 조건에서 비용 및 위험의 이전시기는 운송수단에 실린 채 매수인에게 인도가능한 상태가 될 때 이전된다. 도착항의 본선상에서 이루어진다.

구 분	위험의 이전시점	비용의 이전시점	통관책임
DAP	접지정목적지에서 도착운송수단에 실린 채 양하 준비된 상태로 매수인의 처분하에 놓이는 때	양하준비 시까지의 모든 비용	수출통관 : 매도인 수입통관 : 매수인

(7) DDP(delivered duty paid, 관세지급인도조건)

DDP(관세지급인도조건)는 매도인이 직접 수입통관하여 매수인의 지정목적지까지 운송하는 조건이며, 매수인에게 인도되기 전까지 소요되는 모든 비용 및 위험을 매도인이 부담하는 거래조건이다. 이 조건은 매도인이 추가로 수입국의 수입통관절차를 이행하고 관세를 부담하는 것이 추가된 조건이다. 이 조건은 매도인에게는 최대의무를, 매수인에게는 최소의무를 갖게 한다.

구 분	위험의 이전시점	비용의 이전시점	통관책임
DDP	약정된 일자 또는 기간 내에 매도인이 지정된 수입국 내의 목적지점에 물품을 반입하여 매수인의 임의처분하에 인도된 때	DAP + 양하비용 + 이동비 + 통관비 + 관세	수출입통관, 승인 모두 매도인 의무

2. 해상운송과 내수로운송에 사용가능한 규칙

(1) FAS(free alongside ship, 선측인도조건)

FAS(선측인도조건)는 매도인이 물품을 수출통관한 뒤, 매수인이 지정한 선적항의 부두나 외항에 정박 중인 본선의 선측에 물품을 인도함으로써 매도인의 의무가 종결되는 거래조건이다. 따라서 매수인은 물품이 본선의 선측에 적치된 이후의 모든 위험과 비용을 부담하게 된다. FAS조건은 원목이나 산적(bulk)화물 등을 거래할 경우 주로 사용되는 거래조건이다.

구 분	위험의 이전시점	비용의 이전시점	통관책임
FAS	물품이 지정선적항의 부두에 혹은 부선으로 본선의 선측에 인도하였을 때	매도인은 위험이전까지의 제비용부담	수출통관 : 매도인 수입통관 : 매수인

(2) FOB(free on board, 본선인도조건)

FOB(본선인도조건)는 매도인이 물품을 수출통관한 후 선적항에서 매수인이 지정한 운송인의 정박 중인 본선에 적재될 때 매도인의 비용 및 위험부담의무가 종결되는 거래조건이다. 본 서에서는 이러한 FOB조건의 가격을 설명의 편의상 수출원가[1)]라고 하겠다.

이 가격조건의 경우 물품의 인도시점은 선적항에서 매수인이 지정한 본선에 적재하는 때라고 하였는데 이 시점은 위험부담의 분기점 및 비용부담의 분기점이 된다. FOB조건의 경우 매도인과 매수인의 권리 및 의무를 살펴보면 다음과 같다. 우선 매도인의 경우 선적항에서 목적항까지의 운송 및 보험계약의 의무가 없고 단지 수출수속의 의무만을 부담한다. 따라서 각종 운송서류 중 보험증서의 제공은 필요 없고 다만 이러한 선적과 관련된 상업송장과 선하증권 등을 매수인 등에게 제공하여야 한다. 이러한 조

1) FOB조건은 CFR조건, CIF조건과 더불어 우리나라에서 많이 사용되는 가격조건인데 이를 비교하기 위해 FOB조건의 가격을 수출원가(cost)로 명명하고 CFR조건과 CIF조건과 비교하고자 한다.

건의 가격을 매도인의 입장에서 본 수출원가라고 한다면 물품의 제조원가에 선적항 본선 갑판까지의 비용과 수출허가, 통관비용 및 본선 적재비용까지 부담한 원가까지 가격의 범위로 본다. 그리고 매수인의 입장에서 보면 목적항까지의 운반비와 운송인에 의한 물품인도지연 등 모든 위험과 추가적 비용을 부담하게 된다. 즉 매수인 자신의 비용으로 운송계약을 체결하고 선적항에서 목적항까지의 운임과 보험료 및 수입관련 일체의 비용을 부담하게 되는 것이다.

FOB조건은 해상운송이나 내수로운송에만 사용가능한데 참고로 이 조건의 표기방법은 'FOB + 선적항(named port of shipment) 또는 내수로(harbour)'로 표시된다.

구 분	위험의 이전시점	비용의 이전시점	통관책임
FOB	물품이 지정선적항에서 본선에 적재하였을 때	매도인은 위험이전까지의 제비용부담	수출통관 : 매도인 수입통관 : 매수인

(3) CFR(cost and freight, 운임포함인도조건)

CFR(운임포함인도조건)은 매도인이 물품을 지정된 목적항까지 운송하는데 소요되는 모든 비용과 운임을 지급하는 거래조건이다. 다만, 물품의 멸실이나 손상에 관한 위험부담의 이전은 거래물품이 선적항에서 본선의 선측 난간을 통과할 때 매수인에게 이전된다. 즉, 앞의 FOB 가격조건의 가격을 수출원가라고 한다면 이 CFR 조건의 가격은 수출원가(cost)에 추가로 선적항에서 목적항까지의 운임(freight)이 추가된 것으로 보면 된다.

이 가격조건의 경우 물품의 인도시점은 선적항에서 본선에 적재되는 시점이며 이 시점은 위험부담의 분기점과 동일하다. 다만, 비용부담의 분기점은 장소측면에서는 동일하나 비용측면에서는 FOB 가격조건에서의 모든 비용과 목적항까지의 모든 운임을 합산한 금액을 지급한 때가 된다.

CFR조건의 경우 매도인과 매수인의 권리 및 의무를 살펴보면 다음과 같다. 우선 매도인의 경우 목적항까지의 운송계약 체결의 의무는 있으나 보험계약의 의무는 없다. 따라서 각종 운송서류 중 보험증서의 제공은 필요 없고 다만 이러한 선적과 관련된 상업송장과 선하증권 등을 매수인 등에게 제공하여야 한다. 결국 매도자는 앞의 FOB조건에 선적항에서 목적항까지의 운임을 추가로 부담하는 것으로 이해하면 된다.

그리고 매수인의 입장에서 보면 운송인에 의한 물품인도지연 등 모든 위험과 추가적 비용을 부담하게 된다. 즉, 매수인 자신의 비용으로 보험계약을 체결하고 선적항에서 목적항까지의 보험료 및 수입관련 일체의 비용을 부담하게 되는 것이다.

CFR조건은 해상운송이나 내수로운송에만 사용가능한데 이 조건의 표기 방법은 'CFR + 목적항(named port of destination) 또는 내수로(harbour)'로 표시된다.

구 분	위험의 이전시점	비용의 이전시점	통관책임
CFR	물품이 지정선적항에서 본선에 적재하였을 때	매도인은 적재 시까지의 제비용 + 목적항까지의 운임 + 정기선의 경우 양하비부담	수출통관 : 매도인 수입통관 : 매수인

(4) CIF(cost, insurance and freight, 운임 · 보험료포함인도조건)

CIF(운임 · 보험료포함인도조건)는 기본적으로 CFR조건과 동일하며 추가적으로 매도인이 도착항까지의 운임 외에 보험료를 부담한다. CIF조건 역시 비용부담의 이전은 도착항에서 이루어지나 위험부담의 이전은 선적항에서 본선에 적재될 때이며, 해상운송이나 내수로운송에만 사용된다. 즉, 앞에서 설명한 FOB 가격조건의 가격을 수출원가라고 한다면 이 CIF조건의 가격은 수출원가(cost)에 추가로 선적항에서 목적항까지의 운임(freight)과 보험료(insurance)가 추가된 것으로 보면 된다.

이 가격조건의 경우 물품의 인도시점은 선적항에서 본선의 갑판에 인도되는 시점이라고 하였는데 이 시점은 위험부담의 분기점과 동일하다. 다만, 비용부담의 분기점은 장소측면에서는 동일하나 비용측면에서는 FOB 가격조건에서의 모든 비용과 목적항까지의 모든 운임 및 보험료를 합산한 금액을 지급한 때가 된다.

CIF조건의 경우 각 당사자의 권리 및 의무를 살펴보면 다음과 같다. 우선 매도인의 경우 선적항에서 목적항까지의 운송계약 체결의 의무와 보상청구가능한 보험계약 체결의 의무가 있다. 따라서 각종 운송서류 중 보험증서의 제공과 더불어 선적과 관련된 상업송장과 선하증권 등을 매수인 등에게 제공하여야 한다. 결국 매도자는 앞의 FOB조건에 선적항에서 목적항까지의 운임 및 보험료를 추가로 부담하는 것으로 이해하면 된다.

CIF조건은 해상운송이나 내수로운송에만 사용가능한데 이 조건의 표기방법은 'CIF + 목적항(named port of destination) 또는 내수로(harbour)'로 표시된다.

구 분	위험의 이전시점	비용의 이전시점	통관책임
CIF	물품이 지정선적항에서 본선에 적재하였을 때	CFR + 보험료	수출통관 : 매도인 수입통관 : 매수인

참고 선적비용(cost of shipment)의 종류

본선이 부두 밖에 정박하고 있는 경우 선적비용은 다음 세 가지로 구성된다.

1. 선적비(shipping charges)
   부두에 있는 희망물품을 선적을 위해 본선의 선측(alongside ship)으로 운반하는데 드는 비용으로 이는 부두에 종사하는 부두인부들의 임금(인부임, stevedorage)과 부선료(lighterage, lightering)로 구성되어 있다. 여기서 부선이란 항만의 선석이 부족한 경우에는 시멘트로 된 육지의 부두에서 작업하는 것이 아니라 본선을 항만 가운데 띄워놓고 바지로 작업을 하게 되는데, 그때 바지선을 주로 이용하고 바지를 부선이라 한다. FAS조건에서는 매도인이 선적비를 부담하게 된다.

2. 적화비(loading charge)
   보선의 선측에 있는 물품을 갑판(deck)에 적재하는데 소요되는 비용으로 적화비에는 본선의 양화기(혹은 부두의 크레인)의 사용료와 인부임 등이 있다. FOB조건에서는 선적비와 적화비 모두를 매도인이 부담하게 된다.

3. 적부비(stowage charge)
   갑판상(on deck)의 물품을 선창 내(in hold)로 옮겨 물품을 운반하기 용이한 상태로 정렬하는데 소요되는 비용이다. 여기서 선창(hold)이란 선체(船體)에 있어서 갑판 아래쪽, 선저(船底)와 사이에 있는 장소로 일반적으로 물품은 파도 및 기타 외기로부터 보호를 위한 덮개가 있는 선창에 적재되어 운반된다. 중앙에 기관실이 있는 선박의 기관실 앞의 선창을 선수창, 뒤쪽에 있는 선창을 선미창이라 한다. CFR과 CIF조건의 경우 위 모든 선적비용을 매도인이 부담하게 된다.

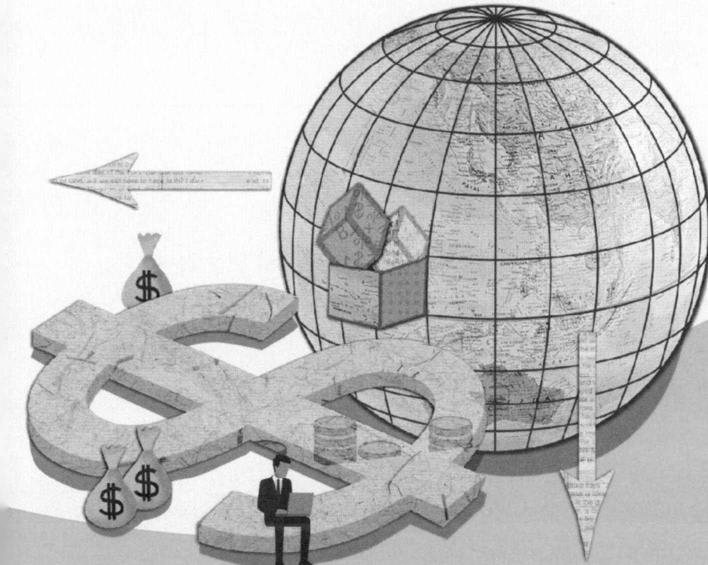

The basis of International Trade Accounting

회계전공자를 위한 무역실무의 기초

CHAPTER 6 수출회계

제1절 수출매출의 인식

제2절 수출과 부가가치세

제3절 수출거래의 회계처리방법

금괴 변칙거래 5천억 세금포탈

'수출용' 속여 부가세 안내 탈세조직 30명 구속기소

수출용 금괴를 변칙거래하면서 5천억 원대의 세금을 떼먹거나 부정환급을 받은 탈세조직이 무더기로 검찰에 적발됐다. 서울중앙지검 형사4부는 면세 금괴를 수입한 뒤 수출용 원재료로 사용하는 것처럼 속여 부가가치세를 내지 않거나 부정환급을 받은 금괴유통업자 심모씨 등 5개 조직, 30명을 조세포탈 등의 혐의로 구속기소했다.

검찰에 따르면 심씨 등은 금괴 유통과정에 적용되는 과세제도의 허점을 교묘히 악용했다. 수입한 금괴를 국내에서 내수용으로 유통하면 판매단계별로 10%의 부가세가 부과된다. 그러나 재수출을 목적으로 판매할 때는 부가세가 전액 면제된다. 심씨는 이를 악용, 재수출용 금괴를 거래한다고 신고한 뒤 실제로는 내수용으로 판매했다. 면세가격으로 구입한 금은 내수용보다 저렴한 가격에 판매할 수 있어 이로 인한 시세차익을 노렸다는 게 검찰의 설명이다.

또 심씨 등은 내수용으로 금괴를 판매하면서 부가세를 한 푼도 내지 않았다. 국세청은 분기별로 부가세를 징수하는데 심씨 등은 징수시기를 앞두고 금괴유통업체를 폐업하는 방식으로 세금납부를 피해갔다. 부가세 탈루를 목적으로 자진 폐업을 하는 이런 업체는 '폭탄업체'로 통하고 있다.

〈자료원 : 경향신문, 2006. 12. 14〉

Chapter 06

수출회계

과거와 달리 기업의 영업영역이 확장되고 있다. 예전에는 한 국경 안에서의 거래가 주를 이루었으나 시간이 흐를수록 국경에 대한 영역은 없어지고 세계 각국과의 거래가 늘어나고 있다. 따라서 국내매출과 무역에 따른 수출매출의 차이점을 파악하고 각각에 대하여 회계처리하는 방법을 숙지하는 것이 필요하다.

수출거래로 인한 회계처리는 각종 보험, 지원제도, 관세환급, 외화환산 등 여러 문제가 따르기 때문에 이에 대한 제반과정과 회계처리문제를 살펴보는 것은 수출회계의 이해에 있어 중요하다.

참고 수출회계의 요약

1. 매출시점 : 수출품 매매계약상의 화물인도장소인 본선 갑판상(on board)에 선적된 일자
2. 매출 시 적용환율 : 선적일 전 원화환산 대 선적일 후 원화환산 (부가세 시행령 제51조 제2호)
3. 수출대금 회수(수출네고)일자와의 환율차이 : 외환차손익 발생
4. 외화매출채권의 결산 기말잔액 : 외환환산손익 발생
5. 부가가치세법상 영세율 적용

제 1 절 수출매출의 인식

국내매출과 수출매출은 대부분 비슷하나 무역거래와 관련된 수출매출의 경우 추가적으로 외화환산 시 적용환율, 무역거래관습에 따른 해석 등의 여러 문제가 있으므로 수출매출의 인식시점에 대한 정리가 필요하다. 우선 국내매출과 관련된 기업회계기준과 제 세법상의 규정을 살펴보고 이와 비교하여 수출매출과 관련된 규정을 살펴보자.

1. 기업회계상 수익의 인식

기업회계기준서에서는 수익은 실현주의, 비용은 수익비용대응의 원칙에 따라 인식하는 발생주의에 기초한 회계처리를 하고 있다. 이 중 재화 등의 매출로 인한 수익의 인식시점은 인도시점 이전의 수익인식, 인도시점의 수익인식, 인도시점 이후의 수익인식으로 크게 나눌 수 있다. 일반적으로 상품, 제품매출의 인식시점은 인도시점의 수익인식, 즉 상품 등을 판매하여 인도하는 시점에 실현되는 것으로 본다. 이 사항은 기업회계기준서 제1018호 '수익'에 서술되어 있는데 그 내용을 구체적으로 살펴보면 다음과 같다.

기준서에서는 수익을 통상적인 경영활동에서 발생하는 경제적 효익의 총유입으로서, 자산의 증가 또는 부채의 감소로 나타난다고 정의하고 있다. 이러한 수익에 있어 두 가지 중요한 회계상의 문제가 있는데, 첫째는 수익에 대한 인식(기간귀속, timing)문제이며, 둘째는 수익의 측정(금액의 결정) 문제이다.

기준서에서는 수익은 경제적 효익의 유입가능성이 매우 높고, 그 효익을 신뢰성 있게 측정할 수 있을 때 인식한다. 그리고 수익은 재화의 판매, 용역의 제공이나 자산의 사용에 대하여 받았거나 또는 받을 대가(판매대가)의 공정가액으로 측정한다.

(1) 수익(매출액)의 인식

수익인식의 구체적 기준을 세 가지로 구분하면 생산기준(진행기준 및 완성기준), 판매기준, 회수기준으로 나눌 수 있다. 기준서 제1018호에서는 수익인식의 기준을 재화의 판매, 용역의 제공, 자산사용대가(이자, 배당금, 로열티 등), 기타의 수익과 같이 네 가지 거래형태별로 각각 규정하고 있다.

또한 기준서와 별도로 다른 기업회계기준에서 정하는 거래는 기준서를 적용하지 않고 해당 기업회계기준의 규정을 적용한다. 이러한 것으로는 리스, 보험, 도급공사 및 예약매출 관련 건설공사(건설업회계처리준칙), 농산물, 임산물, 가축의 자연적 가치증가, 광물의 추출 등이 있다.

기업회계기준서 제1018호에 서술된 수익인식의 내용을 네 가지 거래형태별로 각각 살펴보면 다음과 같다.

1) 재화의 판매

재화의 경우 판매(인도)되는 시점에 일반적으로 수익을 인식한다. 기준서에서는 재화의 판매로 인한 수익은 다음의 조건이 모두 충족될 때 인식하도록 하고 있다.

① 재화의 소유에 따른 중요한 위험과 보상이 구매자에게 이전된다.
② 판매자는 판매재화에 대하여 소유권과 결부된 통상적인 수준의 지속적인 관리상 관여를 하지 않을 뿐만 아니라 효과적인 통제를 하지도 않는다.
③ 수익금액을 신뢰성 있게 측정할 수 있다.
④ 거래와 관련된 경제적 효익의 유입가능성이 높다.
⑤ 거래와 관련하여 발생했거나 발생할 원가를 신뢰성 있게 측정할 수 있다.

다만, 예외적으로 거래 이후에도 판매자가 관련 재화소유에 따른 위험의 대부분을 부담하는 경우에는 판매로 보지 아니하고 수익을 인식하지 않는데 그 예시를 열거하면 다음과 같다.

① 인도된 재화의 결함에 대하여 정상적 품질보증범위를 초과하여 책임을 지는 경우
② 판매대금의 회수가 구매자의 재판매에 의해 결정되는 경우
③ 설치조건부 판매에서 계약의 중요한 부분을 차지하는 설치가 아직 완료되지 않은 경우
④ 구매자가 판매계약에 따라 구매를 취소할 권리가 있고 해당 재화의 반품가능성을 예측하기 어려운 경우

이러한 판매(인도)기준의 예외로서 특수한 경우의 재화판매에 대한 수익인식을 살펴보면 다음과 같다.

첫째, 위탁판매의 경우인데 이 경우에는 수탁자가 해당 재화를 제3자에게 판매한 시점에 수익을 인식한다.

둘째, 구매자에게 제한적인 반품권이 부여된 경우로서 반품가능성이 불확실하여 추정이 어려운 경우이다. 이 경우에는 구매자가 재화의 인수를 공식적으로 수락한 시점 또는 재화가 인도된 후 반품기간이 종료된 시점에 수익을 인식한다.

셋째, 상품권을 발행한 경우인데 이 경우에는 상품권이 회수된 시점, 즉 재화를 인도하거나 판매한 시점에 인식한다. 이러한 상품권을 판매한 경우에는 수익으로 인식하지 않고 선수금으로 회계처리하면 된다.

넷째, 임대업, 종합상사, 전자쇼핑몰회사 등과 같이 재화의 소유에 따른 위험과 효익을 가지지 않고 타인의 대리인 역할을 수행하여 재화를 판매하는 경우인데 이 경우에는 판매가액총액을 수익으로 계상할 수 없으며 판매수수료만을 수익으로 인식하여야 한다.

재화판매의 경우 일반적으로 판매(인도)한 시점에 수익을 인식하나 대금의 회수시점에 수익을 인식하는 것을 회수기준이라고 한다. 기준서 제4호에서도 이에 대한 내용을 서술하고 있는데, 현금회수가능성을 합리적으로 예측할 수 없는 경우에는 수익의 인식을 이연하도록 하고 있다.

즉, 구매자의 대금지불가능성을 예측하기 어렵거나 현금회수를 위하여 상당한 양의 노력을 투입하여야 하는 경우에는 수익의 인식을 이연한다. 또한 미래에 발생할 환불이나 반품을 합리적으로 예측할 수 없는 경우에도 수익의 인식을 이연하는 것이 적절하다. 이때 유의할 것은 고객으로부터의 현금회수가능성이 불확실한 경우에 대손율을 합리적으로 추정할 수 있는가의 여부는 대손율의 높고 낮음과는 직접적으로 관련이 없다는 점이다. 비록 대손율이 높다 하더라도 대손율을 합리적으로 추정할 수 있으며 판매시점에 수익을 인식하지만, 불확실성이 높아 대손율을 합리적으로 추정할 수 없는 경우에는 판매시점 이후의 현금회수시점에 수익을 인식하여야 한다.

참고로 장기할부매출의 경우에도 판매(인도)기준을 적용하여야 한다. 다만 할부판매의 경우에는 이자수익에 해당하는 부분을 제외한 판매가액인 현재가치를 판매가액으로 하여 재화가 인도되는 시점에 수익으로 인식한다. 이때 이자수익은 유효이자율법을 적용하여 계상하면 된다. 다만, 중소기업의 경우에는 할부금회수기일도래기준을 적용하여 수익으로 인식할 수 있다.

2) 용역의 제공

용역을 제공하는 경우 수익의 인식은 일반적으로 장·단기 구분 없이 진행기준을 적용한다. 기업회계기준서 제1011호(건설계약)에서 규정하고 있는 도급공사 및 예약매출 관련 건설공사도 마찬가지로 진행기준을 원칙적으로 적용하도록 하고 있다. 기준서에서는 용역의 제공으로 인한 수익은 용역제공거래의 성과를 신뢰성 있게 추정할 수 있을 때 진행기준에 따라 인식하도록 하고 있다. 이 경우 용역제공거래의 성과를 신뢰성 있게 추정할 수 있다고 보는 경우는 다음의 조건이 모두 충족되는 경우이다.

① 수익금액을 신뢰성 있게 측정할 수 있다.

② 거래와 관련된 경제적 효익의 유입가능성이 높다.

③ 보고기간말에 그 거래의 진행률을 신뢰성 있게 측정할 수 있다.

④ 이미 발생한 원가 및 거래의 완료를 위한 원가를 신뢰성 있게 측정할

수 있다.

다만, 예외적으로 다음의 두 가지 경우에는 다음과 같이 회계처리한다.

첫째, 용역제공거래의 성과를 신뢰성 있게 측정할 수 없는 경우 또는 총비용에 의한 진행률을 합리적으로 추정할 수 없는 경우에는 발생한 비용의 범위 내에서 회수가능한 금액을 수익으로 인식하고 발생원가 전액을 비용으로 계상하여야 한다.

둘째, 용역제공거래의 성과를 신뢰성 있게 측정할 수 없고 동시에 발생한 원가의 회수가능성이 낮은 경우에는 수익을 인식하지 않고 발생한 원가를 비용으로 인식한다.

추가적으로 특수한 경우의 용역제공에 대한 수익인식을 살펴보면 다음과 같다.

첫째, 광고관련 용역제공의 경우인데 방송사 등의 광고수익은 해당 광고를 대중에게 전달하는 시점에 수익을 인식하며, 광고제작사 등의 광고제작 용역수익은 진행기준에 따라 수익을 인식하면 된다.

둘째, 수강료의 경우에는 강의기간 동안 발생기준에 따라 수익을 인식하면 된다.

셋째, 주문개발하는 소프트웨어의 대가로 수취하는 수수료의 경우에는 진행기준에 따라 수익을 인식하면 된다.

3) 자산사용대가(이자, 배당금, 로열티)

기준서에서는 자산을 타인에게 사용하게 함으로써 발생하는 이자, 배당금, 로열티 등의 수익은 다음의 조건이 모두 충족되는 경우에 인식하도록 하고 있다.

① 거래와 관련된 경제적 효익의 유입가능성이 높다.

② 수익금액을 신뢰성 있게 측정할 수 있다.

이러한 자산사용 대가의 수익인식기준을 구분하면 다음과 같다.

첫째, 이자수익의 경우에는 유효이자율법을 적용하여 발생기준에 따라 인식한다. 둘째, 배당금수익의 경우에는 배당금을 받을 권리와 금액이 확정되는 시점에 인식한다. 셋째, 로열티수익의 경우에는 계약의 경제적 실질을 반영하여 발생기준에 따라 인식한다.

4) 기타의 수익

앞에서 열거한 재화의 판매, 용역의 제공, 자산사용대가로 분류할 수 없는 기타의 수익의 다음의 조건이 모두 충족되는 경우 발생기준에 따라 합리적인 방법으로 인식하면 된다.

① 수익가득과정이 완료되었거나 실질적으로 거의 완료되었다.

② 수익금액을 신뢰성 있게 측정할 수 있다.

③ 경제적 효익의 유입가능성이 매우 높다.

참고적으로 중소기업의 경우 특례기준을 적용할 수 있는데 그 내용을 살펴보면 다음과 같다. 우선 중소기업 대상이란 상장, 협회등록법인, 금감위등록법인을 제외한 법인으로서 중소기업기본법에 의한 중소기업을 말한다. 이러한 중소기업에 해당하는 경우 다음의 특례규정을 적용할 수 있다.

첫째, 1년 내 완료되는 단기용역매출의 경우 용역의 제공을 완료한 날에 수익을 인식할 수 있다. 즉, 중소기업의 경우에는 단기용역매출은 진행기준과 완성기준을 동시에 적용가능하다.

둘째, 1년 이상의 장기할부매출의 경우 할부금회수기일이 도래한 날에 수익을 인식할 수 있다. 즉, 중소기업의 경우에는 장기할부매출은 판매(인도)기준과 회수기일도래일기준을 동시에 적용가능하다.

(2) 수익(매출액)의 측정

이제까지 수익의 인식, 즉 기간귀속(timing)에 대하여 살펴보았다. 이러한 수익인식을 결정한 경우에는 다음 단계로 수익의 측정, 즉 금액의 결정을 하여야 한다.

수익측정의 일반원칙은 공정가액으로 한다. 다시 말해 수익은 재화의 판매, 용역의 제공이나 자산의 사용에 대하여 받았거나 받을 대가(판매대가)의 공정가액으로 측정한다. 이 경우 매출에누리와 매출할인 및 매출환입은 수익에서 차감한다.

다만 예외적으로 판매대가가 재화의 판매 또는 용역의 제공 이후 장기간에 걸쳐 유입되는 경우에 공정가액은 미래에 받을 현금의 합계액(명목가액)의 현재가치로 측정하며, 공정가액(현재가치)과 명목가액과의 차액은 현금회수기간에 걸쳐 이자수익으로 인식한다. 이 경우 현재가치의 측정에 사용되는 할인율은 신용도가 비슷한 기업이 발행한 유사한 금융상품(회사채 등)에 적용되는 시장이자율과 명목가액의 현재가치와 제공되는 재화나 용역의 현금판매가액을 일치시키는 유효이자율 중 보다 명확히 결정될 수 있는 것으로 하면 된다.

한편 재화나 용역 간의 교환의 경우 수익측정은 다음과 같이 구분한다. 우선 교환되는 재화나 용역의 성격과 가치가 유사한 경우에는 수익발생거래로 보지 않는다. 그러나 교환되는 재화나 용역의 성격과 가치가 상이한 경우에는 수익을 인식하는데 수익은 교환으로 취득한 재화나 용역의 공정가액으로 측정하면 되고, 취득한 재화나 용역의 공정가액을 신뢰성 있게 측정할 수 없는 경우에는 제공한 재화나 용역의 공정가액으로 측정하면 된다.

잠시 쉬어가며

> 건설업회계처리와 관련하여 도급공사 및 예약매출 관련 건설공사의 경우 생산진행기준(진행기준)과 생산완료기준(완성기준)과 관련한 사항은 수익인식 및 측정과 관련하여 중요한 내용이나 본 서에서는 그 설명을 제외하고 있다. 따라서 해당 처리준칙 규정이나 재무회계 교재를 통해 필요한 경우 그 내용을 숙지하여야 할 것이다.

2. 수출매출의 기업회계상 인식시점

앞의 기업회계기준서 제1018호에서 살펴본 바와 같이 국내매출액과 수출매출액에 대한 구분을 따로 하고 있지 않으므로 기업회계기준서를 적용하는 규정에 있어 차이점은 없다고 할 수 있다. 다만, 과거 기업회계기준 제38조 제2항의 수출액이 중요한 경우에는 국내매출과 구분하여 주석으로 기재하는 것 이외에는 수출매출의 인식시점을 기업회계기준상 국내매출의 인식시점과 동일하게 적용하면 된다.

[구 기업회계기준 제38조 : 매출액]

① 상품 또는 제품의 매출액은 총매출액에서 매출에누리와 환입 및 매출할인을 차감한 금액으로 한다. 이 경우에 일정기간의 거래수량이나 거래금액에 따라 매출액을 감액하는 것은 매출에누리에 포함된다.

② 반제품·부산물·작업폐물매출액, 수출액, 장기할부매출액 등이 중요한 경우에는 이를 주석으로 기재한다.

3. 수출매출의 기업회계와 세법상의 인식시점 차이비교

(1) 기업회계기준서 제1018호 '수익'

앞에서 살펴본 바와 같이 일반적으로 재화의 판매에 해당하는 상품·제품의 매출액은 상품·제품을 판매하는 인도하는 시점에 실현되는 것으로 보면 된다.

(2) 상품·제품의 수출매출의 계상시점

FOB나 CIF, CFR 등의 가격조건의 경우 본선에 재화를 선적한 날(B/L일자)을 매출시점으로 보며 이것은 기업회계기준과 세법상 동일하다. 즉, 선적일자(on board date)에 매출액을 계상하면 되는 것이다.

(3) 상품 · 제품의 장기할부매출의 경우

1) 기업회계기준서

재화의 인도시점에서 매출인식을 한다. 단, 이자상당액은 기간의 경과에 따라 해당 기간 수익으로 인식하면 된다.

2) 부가가치세법

부가가치세법의 경우 재화의 매출액에 대해서는 대가의 각 부분을 받기로 한 때 수익을 인식하면 된다.

3) 수출재화의 장기할부매출의 경우

재화의 장기할부매출이 수출재화인 경우에는 재화의 선적일에 수익을 인식하면 되고 기업회계기준과 부가가치세법 둘 다 동일하다고 이해하면 된다.

(4) 용역매출의 경우

1) 기업회계기준

용역매출은 장 · 단기 구분 없이 진행기준에 따라 수익을 인식한다.

2) 부가가치세법

부가가치세법에 의하면 용역의 매출액에 대해서는 그 대가의 각 부분을 받기로 한 때 수익을 인식하면 된다.

제 2 절 수출과 부가가치세

수출매출과 관련된 부가가치세법상의 규정을 알아보기 위해 부가가치세의 일반개념과 함께 수출과 관련된 영세율 규정을 살펴보면 다음과 같다.

1. 부가가치세의 개념

부가가치세(VAT : Value Added Tax)는 재화 또는 용역의 생산 및 유통 단계에서 창출된 부가가치를 대상으로 부과하는 조세이다. 부가가치란 제조·도매·소매 등 각 단계에서 기업이 외부에서 매입한 원료 등에 그 기업이 경제적으로 부가한 가치를 말한다. 우리나라의 부가가치세는 사업자가 창출한 부가가치를 계산하여 과세하는 방식이 아니라 매출액에 대한 부가가치세(매출세액)에서 매입단계에서 부담한 부가가치세(매입세액)를 차감하는 방식으로 과세한다.

(1) 우리나라 부가가치세의 특징

1) 일반소비세

부가가치세는 원칙적으로 모든 재화 또는 용역의 소비행위에 대하여 과세되는 일반소비세이다.

2) 간접세

부가가치세는 납세의무자와 담세자가 상이한 간접세이다. 부가가치세의 부담자인 최종소비자로부터 공급자인 사업자가 부가가치세를 징수하여 납부한다.

3) 다단계거래세

부가가치세는 재화 또는 용역이 최종소비자에게 도달할 때까지 모든 거래단계마다 과세된다.

4) 전단계세액공제법

부가가치세는 재화 또는 용역의 구입 시 거래상대방으로부터 징수당한 매입세액을 자기의 매출세액에서 차감하여 계산한다.

5) 소비지 과세원칙

부가가치세는 재화의 국가 간 이동에서 이중과세를 방지하기 위하여 재화의 생산국에서는 과세하지 아니하고 소비국에서 과세한다. 따라서 수출하는 경우에는 영(0)의 세율을 적용한다.

(2) 부가가치세의 납세의무자

부가가치세의 납세의무자는 사업자(법인 또는 개인)이다. 사업자란 영리목적의 유무에 불구하고 사업상 독립적으로 재화 또는 용역을 공급하는 자이다.

(3) 부가가치세의 과세기간

부가가치세의 과세기간은 1년을 두 개의 기간으로 나누어 제1기와 제2기로 구분한다.

① 제1기 : 1월 1일부터 6월 30일까지

② 제2기 : 7월 1일부터 12월 31일까지

2. 영세율

재화나 용역을 공급하는 과세사업자는 원칙적으로 공급가액에 10%의 세율을 적용하여 부가가치세를 징수한다. 하지만 재화와 용역의 수출의 경우 10% 세율 대신 0%의 세율을 적용하는데 이를 영세율제도라고 한다. 이러한 영세율제도에 대해 살펴보면 다음과 같다.

(1) 영세율제도의 의의

영세율제도는 과세대상이 되는 재화 또는 용역의 공급에 대하여 영의 세율을 적용하여 매출세액이 영(0)이 되도록 하는 제도이다. 우리나라의 부가가치세제도는 매출세액에서 매입세액을 공제한 세액을 부가가치세로 납부하는 방식이므로 매출세액 산출 시 영의 세율을 적용하면 매출세액이 영(0)이 되고 따라서 재화 또는 용역을 구입할 때 부담한 매입세액을 전액 환급받게 된다. 이처럼 영세율을 적용하는 경우 사업자가 부담한 매입세액을 환급하여 주기 때문에 영세율 적용사업자는 부가가치세를 전혀 부담하지 않게 되므로 이를 완전면세제도라고 한다.

영세율제도는 재화를 수출하는 경우 국제적으로 이중과세하는 것을 방지하고 수출을 촉진하기 위한 목적으로 도입된 제도이다.

(2) 영세율 적용대상

1) 수출하는 재화

수출이란 국내의 물품을 외국으로 반출하는 것을 말한다. 재화를 수출하는 방법에는 수출품 생산업자가 자신의 명의로 수출하는 직수출과 수출업자의 명의로 수출하는 대행위탁수출이 있다. 한편 국내에서 수출용 완제품이나 수출품의 생산에 필요한 원재료를 내국신용장 또는 구매승인서에 의하여 공급하는 경우 수출재화에 포함하여 영세율을 적용한다.

① 직수출 : 수출품 생산업자와 수출업자가 같은 경우

직수출은 수출품 생산업자가 실제로 수출품을 생산하여 자기계산하에 외국으로 반출하는 경우로서 수출품 생산업자가 무역거래법에 의하여 수출입자로 등록된 경우이다. 직수출은 수출품 생산업자(수출업자)에게 영세율을 적용한다.

② 대행위탁수출 : 수출품 생산업자와 수출업자가 다른 경우

대행위탁수출은 수출품 생산업자가 타인인 수출업자를 대행하여 위탁수출하는 경우이다. 이러한 대행위탁수출의 경우 수출품 생산업자는 영세율을 적용하나 수출업자의 수출대행수수료는 일반과세를 적용한다.

2) 국외에서 제공하는 용역

용역제공대가의 수령방법이나 용역을 제공받는 자가 누구인지를 불문하고 영세율을 적용한다.

3) 선박 또는 항공기의 외국항행용역

4) 기타 외화획득사업

① 국내에서 비거주자 또는 외국법인에게 공급되는 재화 및 용역으로서 대금을 외국환은행을 통하여 수령하는 경우
② 수출재화 임가공용역
③ 외국선박, 항공기에 공급하는 재화 및 용역
④ 주한외국기관, 국제연합군, 미국군에 공급하는 재화 및 용역
⑤ 관광알선용역과 관광기념품
⑥ 해외취업근로자 공급재화
⑦ 관광호텔, 휴양콘도미니엄업 등 외국인 숙박용역

영세율을 적용받기 위해서는 부가가치세 신고 시에 다음과 같은 영세율 첨부서류를 제출하여야 한다.

표 6-1 영세율 첨부서류

구 분	첨부서류
수출하는 재화	수출실적명세서, 외화입금증명서, 소포의 경우 소포수령증, 국내거래의 경우 내국신용장 또는 구매승인서 사본 등
국외에서 제공하는 용역	외화입금증명서, 국외제공용역계약서
선박·항공기의 외국항행용역	선박 : 외화입금증명서 항공기 : 공급가액확정명세서
수출재화 임가공용역	임가공계약서 사본, 수출업자가 교부한 납품사실 증명서류

(3) 세무상 제반의무

1) 세금계산서 교부의무

영세율이 적용되는 경우에도 원칙적으로 세금계산서를 교부하여야 하지만 공급받는 자가 국내사업장이 없는 외국법인이나 비거주자인 경우 세금

계산서의 교부의무가 면제된다. 그러나 국내(local)수출인 경우에는 국내사업자 간의 거래이므로 영세율을 적용하여 세금계산서를 교부한다.

2) 부가가치세 신고의무

영세율 사업자는 부가가치세법상 사업자이므로 부가가치세 신고기한 내에 신고를 하여야 한다. 영세율이 적용되는 과세표준 신고를 누락하거나 영세율 첨부서류를 제출하지 아니한 때에는 영세율 신고불성실가산세가 부과된다.

제 3 절 수출거래의 회계처리방법

1. 수출거래의 회계처리방법의 예시

(1) 기본 수출거래 회계처리

1) 매출 시

(차)	(외화)매출채권	×××	(대) (수출)매 출	×××

2) 대금결제 시

(차)	현 금	×××	(대) (외화)매출채권	×××
	외 환 차 손	×××	외 환 차 익	×××

3) 기말평가 시

(차)	(외화)매출채권	×××	(대) 외환환산이익	×××
(차)	외화환산손실	×××	(대) (외화)매출채권	×××

2. 수출거래의 회계처리 사례

(1) 단순송금방식의 경우 회계처리

단순송금방식에는 앞의 제2장에서 설명한 바와 같이 사전송금방식(CWO 방식)과 사후송금방식(COD, CAD방식)이 있는데 이 중 다음의 [예제 6-1], [예제 6-2], [예제 6-3]을 통하여 사전송금방식의 회계처리 사례를 살펴보자.

예제 6-1 (사전송금방식) 수출선수금 수취와 동시에 외화전액을 원화로 환가한 경우

2013년 10월 5일 동덕상사는 미국의 케네디상사로부터 수출선수금 미화 $10,000를 송금받고 3개월 이후에 물품을 선적하여 주기로 하였다. 동덕상사는 10월 5일 수출선수금 전액을 외환은행에서 원화로 즉시 환가하였다. 이 경우 회계처리를 하시오.

(2013년 10월 5일 : 대고객전신환매입률 ₩1,182.10/$,
매매기준환율 ₩1,193.70/$)
2013년 12월 31일 : 매매기준환율 ₩1,190/$,
2014년 1월 4일 : 매매기준환율 ₩1,170/$)

(1) 2013년 10월 5일

(차) 현금및현금성자산	11,821,000	(대) (수출)선수금	11,821,000

(2) 2013년 12월 31일

[분개 없음]

(3) 2014년 1월 4일(물품을 전량 선적완료하고 수출제비용 ₩150,000을 현금으로 지급하였다)

(차) (수출)선수금	11,821,000	(대) (수출)매 출	11,821,000
수출제비용	150,000	현금및현금성자산	150,000

☞ 수출선수금은 그 대가를 물품으로 상환하여야 할 부채이므로 비화폐성부채에 해당하므로 결산일에 결산일 현재 환율로 환산하지 아니함

☞ 수출매출액 계상에 적용할 환율은 부가가치세법상 '재화의 공급시기(선적일) 도래 전에 받은 외화를 원화로 환가한 경우는 그 환가일의 환율로 환산한 금액'을 적용하며 그리고 법인세법상 '사업연도 중 보유외환을 매각하거나 매입하는 경우 거래은행에서 실제적용한 환율'을 적용함

예제 6-2 (사전송금방식) 수출선수금을 외화로 보유하다가 선적일 전에 원화로 환가한 경우

2013년 10월 5일 동덕상사는 미국의 케네디상사로부터 수출선수금 미화 $10,000를 송금받고 3개월 이후에 물품을 선적하여 주기로 하였다. 동덕상사는 10월 5일 수출선수금 전액을 외환은행의 외화예금계정에 외화로 예금하였다. 그리고 2013년 11월 30일에 외화예금을 전액 원화로 환가하였다. 이 경우 회계처리를 하시오.

(2013년 10월 5일 : 대고객전신환매입률 ₩1,182.10/$,
매매기준환율 ₩1,193.70/$
2013년 11월 30일 : T/T매입률 ₩1,180.00/$, 매매기준환율 ₩1,175.50/$
2013년 12월 31일 : 매매기준환율 ₩1,190/$
2014년 1월 4일 : 매매기준환율 ₩1,170/$)

(1) 2013년 10월 5일

(차)	(외화)단기금융상품	11,937,000	(대)	(수출)선수금	11,937,000

(2) 2013년 11월 30일

(차)	현금및현금성자산	11,800,000	(대)	(외화)단기금융상품	11,937,000
	외환차손	137,000			

☞ 그 환가일의 실제환율을 적용함.

(3) 2013년 12월 31일

[분개 없음]

(4) 2014년 1월 4일(물품을 전량 선적완료하고 수출제비용 ₩150,000을 현금으로 지급하였다)

(차)	(수출)선수금	11,937,000	(대)	(수출) 매 출	11,800,000
	수출제비용	150,000		외환차익	137,000
				현금및현금성자산	150,000

예제 6-3 **(사전송금방식) 수출선수금을 외화로 보유하다가 선적일 후에 원화로 환가한 경우**

2013년 10월 5일 동덕상사는 미국의 케네디상사로부터 수출선수금 미화 $10,000를 송금받고 3개월 이후에 물품을 선적하여 주기로 하였다. 동덕상사는 10월 5일 수출선수금 전액을 외환은행의 외화예금계정에 외화로 예금하였다. 그리고 2014년 2월 30일에 외화예금을 전액 원화로 환가하였다. 이 경우 회계처리를 하시오.

(2013년 10월 5일 : 대고객전신환매입률 ₩1,182.10/$,
매매기준환율 ₩1,193.70/$
2013년 12월 31일 : 매매기준환율 ₩1,190/$, T/T매입률 ₩1,192/$
2014년 1월 4일 : 매매기준환율 ₩1,170/$
2014년 2월 30일 : 매매기준환율 ₩1,185/$, T/T매입률 1,186/$)

(1) 2013년 10월 5일

(차)	(외화)단기금융상품	11,937,000	(대) (수출)선수금	11,937,000

(2) 2013년 12월 31일

(차)	외환환산손실	37,000	(대) (외화)단기금융상품	37,000

(3) 2014년 1월 4일(물품을 전량 선적완료하고 수출제비용 ₩150,000을 현금으로 지급하였다)

(차)	(수출)선수금	11,937,000	(대) (수출)매 출	11,700,000
	수출제비용	150,000	외환차익	237,000
			현금및현금성자산	150,000

☞ 수출매출액 계상에 적용할 환율은 부가가치세법상 '재화의 공급시기(선적일) 도래 후에 계속 외화'의 상태로 보유한 경우는 '공급시기의 기준환율 또는 재정환율'을 적용함

(4) 2014년 2월 30일

(차)	현금및현금성자산	11,860,000	(대) (외화)단기금융상품	11,900,000
	외환차손	40,000		

☞ 그리고 법인세법상 '사업연도 중 보유외환을 매각하거나 매입하는 경우 거래은행에서 실제적용한 환율'을 적용함

(2) 추심결제방식의 경우 회계처리

추심결제방식에는 D/A방식과 D/P방식이 있는데 이 경우 추심 시의 회계처리 등에 초점을 두고 이 중 다음의 [예제 6-4]를 통해 D/A조건의 추심방식 매출의 회계처리를 살펴보자.

참고 매출채권의 양도 및 할인의 경우 회계처리

매출채권 등을 타인에게 양도 또는 할인하는 경우 당해 채권에 대한 대부분의 위험과 보상이 양도인과 분리되어 실질적으로 이전되는 경우 동 금액을 매출채권에서 차감(제거)하고, 이외의 경우에는 매출채권 등을 담보제공한 것으로 본다.

예제 6-4 D/A조건의 추심방식 매출의 경우

2013년 10월 10일 동덕상사는 미국의 케네디상사에 미화 $10,000 상당의 수출상품을 선적하였다. 선적일날 통관수수료로 ₩35,800이 현금지급되었다. 그리고 선적일로부터 3일 후에 선적서류를 입수하여 이에 B/L일자로부터 90일 후불조건인 D/A환어음을 작성첨부한 다음 매매계약서와 함께 외국환은행에 수출대금을 할인매입시켰다. 그리고 선적일로부터 90일 후에 미국의 케네디상사는 미국의 추심은행에 수입대금을 지급결제하고 미국의 추심은행은 한국의 추심의뢰은행에 대금을 송금하였다. 이 경우 회계처리를 하시오.

(2013년 10월 10일 : 대고객전신환매입률 ₩1,184.10/$,
매매기준환율 ₩1,193.70/$
2013년 10월 13일 : 대고객전신환매입률 ₩1,182.10/$,
90일기한부어음매입률 ₩1,076.3/$)
2013년 12월 31일 : 매매기준환율 ₩1,190/$, T/T매입률 ₩1,192/$
2014년 1월 8일 : 매매기준환율 ₩1,170/$, 대고객외국환매입률 ₩1,196.70/$)

(1) 2013년 10월 10일

(차)	(외화)매출채권	11,937,000	(대) (수출)매　출	11,937,000
	통관수수료	35,800	현금및현금성자산	35,800

(2) 2013년 10월 13일

(차)	현금및현금성자산	10,763,000	(대) 단기차입금	11,821,000
	수출어음할인료	1,058,000		

☞ 법인세법상 '사업연도 중 보유외환을 매각하거나 매입하는 경우 거래은행에서 실제적용한 환율'을 적용함(보유외화를 매각하는 경우 법인세법상 은행 실제 적용한 환율인 대고객전신환매입률을 적용함)

☞ 위의 단기차입금은 원화표시 단기차입금임

(3) 2013년 12월 31일

(차)	외환환산손실	37,000	(대) (외화)매출채권	37,000

(4) 2014년 1월 8일

(차)	단기차입금	11,821,000	(대) (외화)매출채권	11,900,000
	현금및현금성자산	146,000	외 환 차 익	67,000

☞ 외환차익 = $10,000×(1,196.70 − 1,190.00) = ₩67,000

(3) 신용장방식의 경우 회계처리

신용장결제방식에는 at sight L/C방식과 usance L/C방식이 있는데 이 중 다음의 [예제 6-5]를 통해 일람출급성 신용장방식의 회계처리를 살펴보자.

예제 6-5 일람출급성 신용장방식 매출의 경우

2013년 10월 5일 동덕상사는 미국의 케네디상사에 미화 $10,000 상당의 수출상품을 선적하였다. 선적일날 통관수수료로 ₩35,800이 현금지급되었다. 그리고 선적일로부터 3일 후에 선적서류를 입수하여 일람성 환어음을 작성첨부한 다음 매매계약서와 함께 외국환은행에 수출대금 네고시켰다. 환가 시 환가료는 현금환가금액의 5%이다. 이 경우 회계처리를 하시오.

(2013년 10월 5일 : 대고객전신환매입률 ₩1,184.10/$,
매매기준환율 ₩1,193.70/$
2013년 10월 8일 : 대고객전신환매입률 ₩1,182.10/$
2013년 12월 31일 : 매매기준환율 ₩1,190/$, T/T매입률 ₩1,192/$
2014년 1월 8일 : 매매기준환율 ₩1,170/$, 대고객외국환매입률 ₩1,196.70/$)

(1) 2013년 10월 5일

(차) (외화)매출채권	11,937,000	(대) (수출)매 출	11,937,000
통관수수료	35,800	현금및현금성자산	35,800

(2) 2013년 10월 8일

(차) 현금및현금성자산	11,229,950	(대) (외화)매출채권	11,937,000
외 환 차 손	116,000		
매출채권처분손실	591,050		

☞ 법인세법상 '사업연도 중 보유외환을 매각하거나 매입하는 경우 거래은행에서 실제적용한 환율'을 적용함(보유외화를 매각하는 경우 법인세법상 은행 실제 적용환율인 대고객전신환매입률을 적용함)

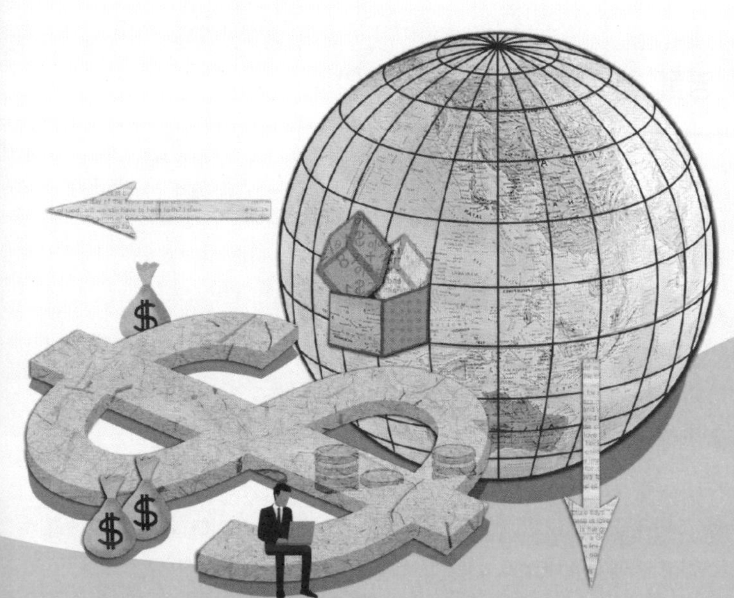

CHAPTER 7 수입회계

140만 원짜리 명품 핸드백 원가는 20만 원

백화점 등 유통업체에서 팔리는 외국 명품 핸드백 가격이 원가보다 최소 5배 이상 높게 책정된 것으로 조사됐다. 국내 패션업계 관계자는 '판매율이 40%인 명품 브랜드는 원가 대비 판매가가 7배 정도는 돼야 명품 수입회사가 이익을 본다'고 말했다.

예를 들어 원가 10만 원인 핸드백을 직수입회사가 10개 들여와 백화점에서 4개를 판매하고 6개를 재고로 가져간다고 가정해 보자. 명품 판매율을 일반적으로 40% 수준이기 때문에 판매가를 원가의 7배로 책정하면 매출은 '70만 원×4=280만 원'이 나오는 구조다. 그리고 10개에 대한 수입원가 100만 원, 원가의 25% 정도인 통관비용 25만 원, 판매가격의 25%인 백화점 판매수수료 70만 원, 그리고 인건비 등 제반비용이 50만 원 선이다. 다시 말해 판매가를 원가의 7배로 잡고 판매율을 40%로 봤을 때 매출수익 280만 원에 원가를 포함한 총비용 245만 원을 빼면 이익은 35만 원이 나온다.

브랜드 가치가 중요한 명품시장에서 원가 대비 판매가가 높은 것은 당연지사. 그러나 명품시장 규모가 한국보다 큰 미국이나 일본은 재고가 아웃렛이나 세일 등을 통해 대부분 소진되는 데 반해, 한국은 재고 부담을 고스란히 수입업체가 떠안아야 하기 때문에 미국이나 일본보다 판매가를 높게 책정할 수밖에 없다는 것이다.

〈자료원 : 매일경제, 2007. 5. 28〉

Chapter 07

수입회계

제 1 절 수입원가의 계상시점

1. 국내거래의 물품매입 계상시점

물품의 매입 시 매입시기에 대한 기업회계기준이나 세법 등에 직접적으로 규정한 사항이 없다. 다만 관습적으로 검수 완료된 물품의 창고입고기준으로 회계처리하고 있다.

2. 수입거래의 물품매입 계상시점

국내거래의 매입시기와 마찬가지로 수입거래의 매입시기에 대한 기업회계기준이나 세법 등에 별도의 규정이 없다. 다만 매출에 관한 인도기준으로 원용 해석할 수 있다.

수입거래에 대하여 매입 계상시점으로 고려될 수 있는 단계는 다음과 같으니 참고하기 바란다.

(1) 수출업자의 화물본선인도일자(B/L일자)

이것은 법률상과 계약상의 소유권이전일을 수입물품의 매입시기로 보는 것이다. 이 경우 선적서류가 미입수상태이고 물품이 수입항에 도착하지 않은 상태이므로 이를 고려하여야 하는 문제가 발생할 수 있다.

(2) 수입업자의 선적서류 인수일자

이것은 관습상 널리 채택되는 방법으로 실무적으로 가장 타당성이 있는 시점으로 볼 수 있다. 즉, 수입업자가 선적서류 입수 시 미착상품 또는 미착원재료로 계상하여 회계처리한다는 것이다. 그리고 사후에 수입통관 및 창고입고일자에 상품 또는 원재료로 계상하여 회계처리한다.

(3) 수입화물통관일자

이 방법도 위의 (2)방법과 더불어 관습상 널리 채택되는 방법으로 수입화물통관일자에 매입으로 인식하는 방법이다.

(4) 수입업자의 창고입고일자

이것은 국내거래와 동일하게 회계처리하는 방법으로 수입업자의 창고에 검수된 후 입고된 날에 매입으로 인식하는 방법이다.

제2절 수입원가의 범위

수입 시 매입물품의 원가와 관련한 기업회계기준 및 법인세법 규정을 살펴보면 다음과 같다.

1. 기업회계기준 제39조(매출원가)의 규정

상품매입에 직접 소요된 제부대비용은 매입원가에 포함한다. 이 중 매입운임, 하역료, 보험료 등 취득과정에서 정상적으로 발생한 부대비용은 매입원가에 가산하며, 매입할인, 매입에누리 및 매입환출은 매입원가에서 차감한다.

2. 수입 시 매입액의 범위

국내거래와 달리 수입 시에는 매입과 관련하여 많은 매입 제비용이 발생한다. 수입 시 상품매입에 직접 소요된 제비용을 어디까지 보아야 하는가 하는 문제가 발생한다. 예를 들어 신용장발급비용, 연불조건 발생이자, 관세 등인데 다음의 제3절에서 각각 이러한 사례에 대한 매입원가 산입 여부를 살펴보자.

제 3 절 수입거래 관련 회계처리

1. 신용장발급비용(L/C개설비용) 및 관세

수입매입 시 관련된 신용장 개설비용과 수입 시 부과된 관세 및 제세금(세무당국으로부터 나중에 환급받을 수 있는 것은 제외)은 매입가액에 산입한다.

2. 연불조건 수입의 발생이자 부분의 원가산입 여부

수입 원자재 관련 회계처리가 기업회계기준서 제1002호(재고자산)에 설명되고 있다. Usance bill 또는 D/A bill과 같이 연불조건으로 원자재를 수입하는 경우의 발생이자에 대한 회계처리에 관한 규정을 살펴보면 다음과 같다.

상품매입에 직접 소요된 제비용은 매입액에 포함한다. 다만, D/A bill 또는 Shipper's Usance(공급자신용) bill, Banker's Usance(은행신용) bill의 이자의 경우에는 모두 금융비용(이자비용)으로 회계처리한다.

그리고 법인세법에서는 연불조건으로 원자재를 수입하는 경우에 발생하는 이자에 대하여 다음과 같이 규정하고 있다. 법인세법에서는 D/A bill 또는 Shipper's Usance bill, Banker's Usance bill의 이자는 매입부대비용으로 처리하며, 다만 금융비용으로 처리 시에는 손금으로 인정한다. 연불조건 수입의 발생이자 부분의 원가산입 여부에 대한 법인세법 규정을 나열하면 다음과 같다.

[법인세법 기본통칙 19-19…15 : 원자재 구입에 따른 지급이자의 처리]

원자재의 구입을 위하여 금융지원을 받았을 경우에 동 자금에 대한 지급이자는 당해 사업연도의 손금으로 본다. 다만, 영 제72조의 제3항 제2호의 규정하는 연지급수입의 경우에 지급이자로 계상한 금액을 제외하고 D/A 수입자재에 대한 이자 및 유산스 이자는 당해 수입자재의 매입부대비로 한다.

[법인세법 시행령 제72조 제3항 제2호 : 자산의 취득가액 등]

③ 제1항의 규정을 적용함에 있어서 취득가액에는 다음 각호의 금액을 포함하지 아니하는 것으로 한다.

2. 기획재정부령이 정하는 연지급수입에 있어서 취득가액과 구분하여 지급이자로 계상한 금액

[법인세법 시행규칙 제37조 제3항 : 자산의 취득가액]

③ 영 제72조 제3항 제2호에서 '기획재정부령이 정하는 연지급수입'이라 함은 다음 각호의 수입을 말한다.

1. 은행이 신용을 공여하는 기한부 신용장방식 또는 공급자가 신용을 공여하는 수출자신용방식에 의한 수입방법에 의하여 그 선적서류나 물품의 영수일로부터 일정기간이 경과한 후에 당해 물품의 수입대금 전액을 지급하는 방법에 의한 수입
2. 수출자가 발행한 기한부환어음을 수입자가 인수하면 선적서류나 물품이 수입자에게 인도되도록 하고 그 선적서류나 물품의 인도일로부터 일정기간이 지난 후에 수입자가 해당 물품의 수입대금 전액을 지급하는 방법에 의한 수입
3. 정유회사, 원유·액화천연가스 또는 액화석유가스 수입업자가 원유·액화천연가스 또는 액화석유가스의 일람불방식·수출자신용방식 또는 사후송금방식에 의한 수입대금결제를 위하여 「외국환거래법」에 의한 연지급수입기간 이내에 단기외화자금을 차입하는 방법에 의한 수입
4. 그 밖에 제1호 내지 제3호와 유사한 연지급수입

3. 물품인수일과 수입대금정산일과의 환율차이

물품인수일(취득일)과 수입대금정산일과의 시점차이로 인하여 환율차손익이 발생하는데 이것은 외환차손익(영업외손익)으로 회계처리한다.

4. 은행기한부신용장(Banker's Usance L/C)으로 수입하는 경우 회계처리

은행기한부신용장으로 수입하는 경우에 대한 회계처리규정은 기업회계기준 해석 18-23에 다음과 같이 규정하고 있다.

> 수입업자가 신용장 개설은행으로부터 선적서류를 인수하여 수입물품을 통관(또는 검수)한 후 수입대금을 결제하기까지의 대변금액명칭은?
>
> [외화단기차입금]
>
> (이유) 은행기한부신용장을 통하여 수출국의 수출업자거래은행으로부터 수입대금을 간접적으로 차입(네고은행에서는 대출금으로 처리함)한 결과가 되기 때문이다.

(회계처리)

① 선적서류 인수 시

(차) 미착상품(또는 원재료) ××× (대) 외화단기차입금 ×××

② 수입대금결제 시

(차) 외화단기차입금 ××× (대) 현금및현금성자산 ×××

제 4 절 재화의 수입과 부가가치세

재화의 수입과 관련된 부가가치세법상의 규정을 살펴보자. 이를 위해 부가가치세의 과세거래의 일반적인 규정과 더불어 재화의 수입규정을 살펴보면 다음과 같다.

1. 부가가치세 과세거래

부가가치세는 재화의 공급, 용역의 공급, 재화의 수입에 대하여 과세한다. 이를 각각 구분하여 살펴보면 다음과 같다.

(1) 재화의 공급

재화의 공급은 계약상 또는 법률상의 모든 원인에 의해 재화를 인도 또는 양도하는 것을 말한다. 재화의 공급은 사업과 관련하여 대가를 받고 실질적으로 재화를 인도 또는 양도하는 것(실질공급)을 말하지만, 대가의 수수가 없거나 사업자가 자기 자신의 목적으로 사용하는 경우(간주공급)에도 재화의 공급으로 간주하여 과세하는 경우가 있다.

1) 재화의 실질공급

재화의 공급은 매매계약, 가공계약, 기타 계약상·법률상의 원인에 의하여 재화를 양도하는 것을 말한다. 재화는 상품, 제품, 기계, 건물 등의 유체물과 동력, 열, 기타 관리할 수 있는 자연력 및 권리 등의 무체물을 포함한다.

2) 재화의 간주공급

재화의 실질공급에 해당하지 아니하더라도 자가공급, 개인적 공급, 사업상 증여, 폐업 시 잔존재화에 대해서는 재화의 공급으로 간주하여 과세한다.

표 7-1 재화의 공급

<table>
<tr><td>실질공급</td><td colspan="2">실질적인 재화의 인도 또는 양도</td></tr>
<tr><td rowspan="6">간주공급</td><td rowspan="3">자가공급</td><td>면세사업으로 전용(매입세액 불공제분 제외)</td></tr>
<tr><td>비영업용 소형승용차로 전용 사용(매입세액 불공제분 제외)</td></tr>
<tr><td>직매장 반출(총괄납부하는 경우는 제외)</td></tr>
<tr><td>개인적 공급</td><td>사업과 관련하여 취득한 재화를 개인적 목적으로 사용(매입세액 불공제분 제외)</td></tr>
<tr><td colspan="2">사업상증여(견본품과 매입세액 불공제분 제외)</td></tr>
<tr><td colspan="2">폐업 시 잔존재화(매입세액 불공제분 제외)</td></tr>
</table>

(2) 용역의 공급

용역의 공급은 계약상 또는 법률상의 모든 원인에 의해 역무를 제공하거나 재화·시설물 또는 권리를 이용하게 하는 것을 말한다. 용역이란 재화 이외의 재산적 가치가 있는 모든 역무 및 기타 행위를 말한다. 그리고 사업자가 자기의 사업을 위하여 직접 용역을 제공하는 용역인 자가공급의 경우에는 원칙적으로 과세하지 않는다.

한편 다음의 경우에 해당하는 경우에는 용역의 공급으로 보지 않으므로 부가가치세 과세대상이 아니다.

1) 용역의 무상공급

대가를 받지 아니하고 타인에게 용역을 무상으로 공급하는 것은 용역이 공급에 해당하지 아니한다. 이에 반해 재화의 무상공급은 과세대상이다.

2) 근로의 제공

고용관계에 의해 근로를 제공하는 것은 용역의 공급에 해당하지 아니한다.

(3) 재화의 수입

1) 의의

재화의 수입이란 외국으로부터 우리나라에 도착된 물품, 수출면허를 받아 선적이 완료된 물품을 우리나라에 인취하는 것을 말한다. 보세구역을 경유하는 경우에는 보세구역으로부터 재화를 인취하는 것을 말한다. 따라서, 외국에서 보세구역으로 재화를 반입하는 것은 수입재화에 해당하지 아니한다. 재화의 수입에 부과되는 부가가치세는 사업자 여부에 관계없이 과세된다.

2) 과세표준

재화의 수입에 대하여는 세관장이 부가가치세를 징수하고 수입세금계산서를 교부한다. 부가가치세의 과세표준은 관세의 과세가격과 관세, 개별소비세, 주세, 교육세, 교통세, 농어촌특별세의 합계액이다.

참고 보세구역과 수출자유지역

1. 보세구역

   외국물품과 수출면허를 받고자 하는 내국물품을 장치하거나 외국물품 상태로 반입, 장치, 가공, 제조, 전시, 건설, 판매를 하기 위한 장소로서 지정하거나 특허한 장소

   〈보세구역의 거래〉

   가. 외국에서 보세구역으로 재화를 반입하는 거래 ⇒ 수입이 아님
   나. 보세구역 내의 사업자 간 거래 ⇒ 국내공급
   다. 국내사업자가 보세구역에 재화를 공급하는 거래 ⇒ 국내공급
   라. 보세구역에서 국내사업자에게 재화를 공급하는 거래 ⇒ 수입에 해당함

2. 수출자유지역

   외국물품을 외국물품 상태로 반입하여 제조·가공한 후 수출하는 것을 목적으로 지정한 지역

제 5 절 수입거래의 회계처리 사례

1. 수입거래의 회계처리

수입거래의 일반적인 회계처리 사례를 다음의 순서로 살펴보자.

(1) 수입계약 체결과 수입승인 시

[회계처리 없음]

(2) 신용장 개설 시

L/C금액 $10,000를 개설하고 L/C개설수수료 ₩10,250, 전보료 ₩15,000을 지급하다. 그리고 L/C개설수입보증금 10%인 $1,000를 L/C개설은행에 적립하다(₩1,100/$).

(차)	선 급 금	25,250	(대) 현금및현금성자산	25,250
(차)	수입보증금	1,100,000	(대) 현금및현금성자산	1,100,000

(3) 선적서류 원본인수 시

수입업자는 L/C금액 $10,000에 대하여 L/C 개설은행으로부터 일람불화환어음을 제시받고 선적서류를 인수하였다. 이 경우 적용할 환율은 ₩1,020/$이다.

(차)	미착상품	10,200,000	(대) 현금및현금성자산	9,100,000
			수입보증금	1,100,000
(차)	미착상품	25,250	(대) 선 급 금	25,250

만약 은행 기한부환어음이 결부된 L/C(Banker's Usance L/C)로 수입할 경우에는 다음과 같다.

(차)	미착상품	10,200,000	(대) 외화단기차입금	10,200,000

(4) 수입통관 시

통관 시 관세 ₩4,000,000과 관련제비용 ₩500,000을 현금지급하였다.

(차) 미착상품(통관제비) 4,500,000 (대) 현금및현금성자산 4,500,000

(5) 물품의 검수, 창고입고 시

(차) 상품 또는 원재료 14,725,250 (대) 미착상품 14,725,250

(6) 대응수출 완료 시

대응수출이 완료되어 관세환급금 ₩4,000,000이 확정되었음을 통보받다.

(차) 관세환급미수금 4,000,000 (대) 매출원가(관세환급금) 4,000,000
(매출원가 차감항목)

참고 구 기업회계기준 제39조 제5항 규정

상품 또는 제품에 대하여 판매, 생산 또는 매입 이외의 사유로 증감액이 있는 경우와 관세환급금 등 기타 매출원가항목으로 차감 또는 부가하여야 할 것이 있는 경우에는 이를 구분하여 기재한다.

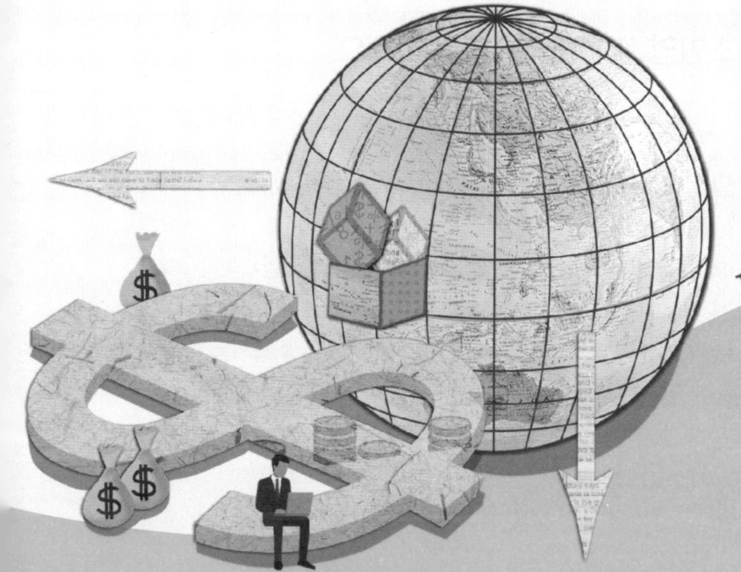

The basis of International Trade Accounting
회계전공자를 위한 무역실무의 기초

8 CHAPTER 관세 및 관세환급

인천세관 "중소기업 관세환급금 찾아가세요"

인천본부세관은 중소기업을 대상으로 '잠자는 환급금 찾아주기 운동'을 시행한다고 27일 밝혔다.

인천세관은 중소기업들의 수출입통관 자료를 분석, 수출실적은 있으나 관세환급실적이 없는 업체를 선별해 환급신청을 지원할 계획이다.

세관은 관내 475개 중소기업에 안내문을 발송한데 이어 문의업체에는 환급가능 예상액, 환급신청절차 등을 알려줄 예정이다.

세관은 환급금 찾기 운동이 고유가·자금난에 어려움을 겪는 수출업체의 대외 경쟁력 향상에 도움이 될 것으로 기대하고 있다.

인천세관은 작년에도 환급금 찾아주기 운동을 벌여 220개 업체에 44억 1,300만 원을 환급했다.

〈자료원 : 연합뉴스, 2013. 4. 27〉

Chapter 08

관세 및 관세환급

보호무역하에서는 수입 시에는 수입국에서 수입통관을 하는 경우에 관세를 부과하게 되며, 관세가 부과된 수입물품을 향후에 수출 시에는 수출국에서 관세의 환급이 이루어지게 된다. 이러한 관세납부와 관세환급에 대한 기본적인 의미와 관련 규정과 더불어 관련 회계처리에 대하여 살펴보자.

제 1 절 관세

1. 관세의 의의와 종류

(1) 관세의 의의

관세(customs, tariff)란 외국으로부터 국내로 물품을 수입하는 경우 부과되는 것으로서 일국의 관세선(관세영역)을 통과하는 물품에 대하여 부과하는 조세이다. 관세는 조세의 일종으로서 국제조약에 의해 부과되는데 외국으로부터 자국에 물품이 들어올 경우에 수입국에서 부과되는 수입관세가 대부분을 차지하고 있다.

관세의 목적은 국가 재정수입의 효과적 확보와 더불어 국내의 유치산업을 보호하기 위한 것이다. 이러한 주요 목적 이외에도 국민의 건강과 환경보호, 국가의 안전보장, 통상정책 집행상의 효율성 확보 등도 관세부과의 목적으로 들 수 있다.

(2) 관세의 종류

관세는 산출하는 방법에 따라 종가세, 종량세 및 선택세로 구분할 수 있다.

1) 종가세

종가세는 수입물품의 가격을 과세기준으로 하여 산정된 세액을 말한다. 우리나라의 대부분의 품목은 종가세이며 계산산식은 다음과 같다.

종가세＝수입물품 과세가격(외국통화 표시가격×과세환율) × 과세율(%)

2) 종량세

종량세는 수입물품의 수량을 과세기준으로 하여 부과되는 세액을 말한다. 영화용필름, 비디오테이프 등이 종량세이며 계산산식은 다음과 같다.

종량세＝수입물품 수량 × 단위수량당 세액

3) 선택세

이는 종가세와 종량세 중 높은 것을 관세로 확정하는 것을 말한다.

2. 관세의 확정과 납부

(1) 과세요건

1) 과세대상(과세물건)

관세는 유체물로서 이동할 수 있는 것으로서 수입물품을 그 과세대상으로 한다.[1] 수입신고를 할 때의 수입물품의 성질과 수량에 의하여 관세가

부과되는데 과세물건의 확정시기는 수입신고시점이 원칙이다.[2)]

2) 납세의무자

원칙적으로 수입신고를 한 수입물품에 대해서는 그 물품을 수입한 화주가 관세의 납세의무자가 되며, 통상적인 수입거래에서는 수입업자가 납세의무자가 된다. 한편, 수입대행 시에는 수입을 위탁한 자가 납세의무자가 되며, 수입신고가 수리되기 전에 보세구역에 장치된 물품을 양도한 경우에는 양수인을 납세의무자로 본다.

3) 세율

관세의 세율은 다음과 같이 크게 국정세율과 협정세율로 구분할 수 있다. 각각의 관세율에 대한 세부적인 내용은 관세법 제49조에서 제77조의 내용을 참조하면 된다.

① 국정세율

국정세율에는 기본관세율, 잠정세율, 탄력관세율 및 환특세율이 있다.

② 협정세율

협정세율에는 WTO 협정세율, WTO 개도국양허세율, ESCAP 개도국양허세율, GSTP 양허세율 등이 있다.

4) 과세표준

과세표준이란 세액결정의 기준이 되는 과세물건의 가격 또는 수량을 의미한다. 관세의 과세표준은 대부분 종가세의 과세표준이 되는 과세가격이 된다. 이 경우 수입물품의 가격이란 FOB가격, CIF가격 등을 기준으로 한 가격을 말하는데 실제 거래한 가격을 과세가격으로 한다.

관세의 과세가격은 관세의 부과 시 함께 부과되는 부가가치세, 개별소비세, 주세 등의 내국세의 과세표준에 반영된다.

---

1) 관세법 제14조
2) 관세법 제16조

(2) 관세의 산정 및 납부

1) 관세의 산정

통상적으로 관세의 과세가격은 수입물품의 실제 거래가격인 CIF가격을 기준으로 한 금액이 된다. 수입물품에는 관세 외에 내국세가 해당 세법에 의해 부과되는데 여기에는 개별소비세, 주세, 교육세, 교통세, 농어촌특별세, 부가가치세 등이 포함되어 부과된다.

참고 재화의 수입 시 부가가치세 산출방법

부가가치세액 = (관세의 과세가격 + 관세 + 개별소비세 + 주세 + 교통세 + 농어촌특별세) × 부가가치세율

2) 관세의 납부

관세의 납부방식은 신고납부방식과 부과고지방식이 있다.

① 신고납부방식

신고납부방식은 관세의 원칙적인 납부방식으로서 납세신고자는 수입신고가 수리된 날로부터 15일 이내에 신고세액을 납부하여야 한다.[3]

② 부과고지방식

부과고지방식은 세관장이 처음부터 관세의 납부세액을 결정하여 고지하는 방식을 말한다.[4]

3) 관세법 제38조
4) 관세법 제39조

제 2 절 관세환급제도

1. 관세환급의 기초

(1) 개념

관세환급이란 수출용 원재료를 수입할 때 세관에 납부한 관세, 개별소비세, 교통세, 주세, 농어촌특별세, 교육세 등과 같은 제세를 당해 원재료가 수출물품의 제조에 사용되어 수출된 것으로 확인된 경우에 관세 등을 세관장으로부터 반환받는 것을 의미한다.[5]

(2) 목적

관세환급제도의 목적은 수출물품을 만들기 위해 수입한 원재료에 대한 관세를 수출 시 다시 환급하여 줌으로써 수출품의 대외경쟁력 제고와 국내 산업발전에 이바지하기 위한 것이다.

(3) 방법

1) 간이정액환급제도

이 방법은 수출신고필증(수출면장)만으로 정부가 고시하는 간이정액환급률표에 따라 조기환급을 실시하는 제도이다. 이는 간편한 환급을 통해 환급절차를 간소화한 제도로서 수출 즉시 환급액이 확정되는 편리한 제도이다.

2) 개별환급제도

이 방법은 소요 원재료별로 매건 별로 확인 후 환급세액을 정확하게 계산하여 산출한 후 환급하는 제도이다. 이 방법은 제출하여야 할 서류가 복잡하고 환급금 산출시일이 많이 소요되는 단점이 있다.

---

5) 수출용 원재료에 대한 관세등환급에 관한 특례법 제2조

(4) 환급신청시한

관세를 환급받기 위해서는 수출신고 수리일로부터 2년 이내에 관세청장이 지정한 세관인 관할세관장에게 환급신청을 하여야 한다.[6] 만약 2년을 경과하여 신청하는 경우에는 환급신청의 권리가 상실되므로 주의해야 한다.

(5) 수출이행기간

관세를 환급받기 위해 수출을 이행하여야 하는 기간은 수출용 원자재 수입신고 수리일로부터 원칙적으로 2년 이내이다. 다만 할당관세율 인하 등 관세율 변동 등으로 수입원재료에 대한 과다 · 과소환급이 발생할 우려가 있는 경우에는 수출이행기간을 단축할 수 있다.

(6) 회계처리

관세 및 관세환급금에 대한 회계처리방법은 크게 관세가지급금 처리하는 방법(자산처리)과 원재료원가에 포함하는 방법 두 가지가 있다. 여기에 대한 자세한 내용은 다음의 제3절에 서술되어 있으니 참조하기 바란다.

제 3 절 관세납부와 환급에 관한 회계처리

관세등[7]은 수입 시에 원칙적으로 물품의 매입원가에 포함되어야 한다. 관세등이 부과된 수입물품이 수입국인 우리나라에서 소비되지 아니하고 외국으로 수출한 경우 환급받게 되므로 관세환급을 받는 부분은 매입원가에서 차감되어야 할 것이다.

수입 시 원재료 등에 부과되는 관세등과 관세환급금에 대한 회계처리는

6) 수출용 원재료에 대한 관세등환급에 관한 특례법 제14조
7) 관세등이란 관세, 개별소비세, 주세, 교통세, 교육세, 농어촌특별세를 총칭하는 것이다.

크게 다음과 같이 두 가지 방법으로 처리될 수 있다. 즉, 관세가 원재료 원가에 산입되어 회계처리되거나 또는 관세가지급금이라는 자산계정으로 회계처리된다. 관세등에 대한 두 가지 회계처리방법의 사례를 각각 살펴보면 다음과 같다.

(1) 관세등을 원재료 원가에 산입하여 회계처리하는 경우

이 방법은 수출용 원재료를 수입할 때는 납부한 관세등은 재고자산의 원가에 포함시키며, 이후 수출이 완료된 부분에 대한 관세환급금은 매출원가에서 차감하는 회계처리방법이다. 즉, 수입 시 부과된 관세등에 대한 모든 금액을 원재료 원가에 포함시켰다가 추후에 수출된 부분만큼을 사후적으로 원재료 원가에서 차감하는 회계처리를 하는 것이다.

① 원재료 수입통관 입고 시

(차) 원재료(또는 매입)	×××	(대) 현금 등	×××

② 수출이행으로 환급받을 관세 등이 확정되는 경우

(차) 관세환급미수금	×××	(대) 매출원가(관세환급금) [매출원가에 차감표시]	×××

③ 관세환급금의 수령 시

(차) 현금및현금성자산	×××	(대) 관세환급미수금	×××

(2) 관세등을 자산계정으로 회계처리하는 경우

이 방법은 수출용 원재료를 수입할 때는 납부한 관세등은 재고자산의 원가가 아닌 관세가지급금이라는 자산계정으로 처리하였다가, 이후 수출이 미완료된 부분에 대한 관세환급금은 매출원가에서 가산하는 회계처리방법이다. 즉, 수입 시 부과된 관세등에 대한 모든 금액을 원재료 원가에 포함시키지 않았다가 추후에 수출되지 않은 부분만큼을 사후적으로 원재료 원가에서 가산하는 회계처리를 하는 것이다.

① 원재료 수입통관 입고 시

(차) 관세가지급금 ××× (대) 현금 등 ×××

② 수출이행으로 환급받을 관세 등이 확정되는 경우

(차) 관세환급미수금(관세환급금) ××× (대) 관세가지급금 ×××

매출원가 ×××

③ 관세환급금의 수령 시

(차) 현금및현금성자산 ××× (대) 관세환급미수금 ×××

앞의 관세등에 대한 두 가지 회계처리방법 중 어떤 방법을 선택하더라도 산출되는 매출원가 금액은 결론적으로 동일하여야 한다.

다음의 [예제 8-1]을 통해 관세의 납부와 이후 관세의 환급 등에 관련된 회계처리의 사례를 살펴보자.

예제 8-1 관세등의 회계처리

2013년 5월에 수출용 원자재를 ₩10,000,000에 수입하고 이에 대한 관세를 ₩4,000,000을 납부하였다. 그리고 2013년 12월 31일 현재 원자재의 80%에 해당하는 제품을 수출하였다. 그리고 다음해인 2014년 1월에 원자재의 80%에 해당하는 관세환급금을 받았다.

(1) 관세등을 원재료 원가에 산입하는 회계처리의 경우

① 원재료 수입통관 입고 시(2013년 5월)

(차) 원재료(매입) 14,000,000 (대) 현금 등 14,000,000

☞ 수입 시 부가된 관세등 금액인 ₩4,000,000을 모두 원재료 원가에 포함시킨다.

② 수출이행으로 환급받을 관세 등이 확정되는 경우(2013년 12월 31일)

(차) 관세환급미수금 3,200,000 (대) 매출원가(관세환급금) 3,200,000

☞ 관세등 금액 중 80%인 ₩3,200,000을 원재료 원가에서 차감시킨다.

③ 관세환급금의 수령 시(2014년 1월)

(차) 현금및현금성자산 3,200,000 (대) 관세환급미수금 3,200,000

(2) 관세등을 자산계정으로 회계처리하는 경우

① 원재료 수입통관 입고 시(2013년 5월)

(차)	원 재 료	10,000,000	(대) 현금 등	14,000,000
	관세가지급금	4,000,000		

☞ 수입 시 부가된 관세등 금액인 ₩4,000,000을 모두 자산으로 처리한다.

② 수출이행으로 환급받을 관세 등이 확정되는 경우(2013년 12월 31일)

(차)	관세환급미수금	3,200,000	(대) 관세가지급금	4,000,000
	원 재 료	800,000		

☞ 관세등 금액 중 20%인 ₩800,000을 원재료 원가에 가산시킨다.

③ 2014년 1월 1일(반대분개)

(차)	관세가지급금	800,000	(대) 원 재 료	800,000

④ 관세환급금의 수령 시(2014년 1월)

(차)	현금및현금성자산	3,200,000	(대) 관세환급미수금	3,200,000

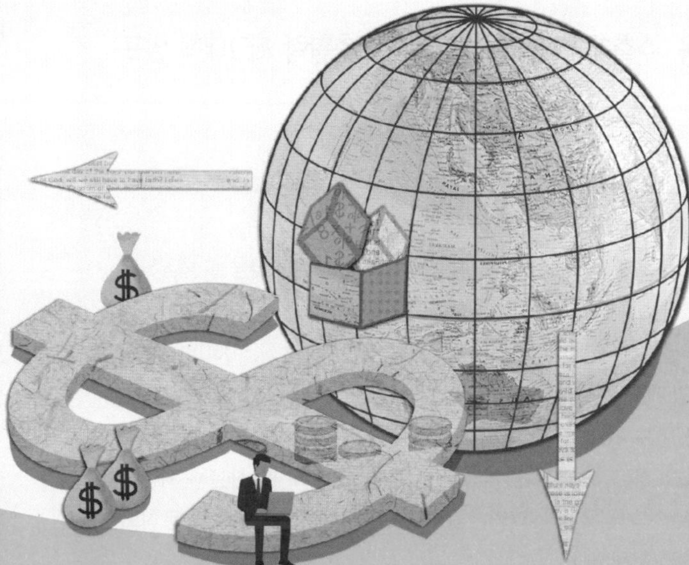

9 CHAPTER 무역금융

235조 원 무역금융, 수출계약서로 특별보증… 수출활력 제고대책 발표

정부가 올해 부진한 수출을 끌어올리기 위해 235조 원의 무역금융을 기업에 공급하고 수출 품목·시장을 다양화하는 '수출활력 제고대책'을 내놨다.

단기 수출활력을 높이기 위해 6개 금융기관이 올해 총 235조 원의 무역금융을 공급하기로 했다. 이는 지난해(219조 원)보다 약 15조 원 늘어나는 것이다.

기업이 수출 전 과정에서 필요로 하는 무역금융은 원래는 올 한해 12조 3,000억 원 증가(정책금융 포함)할 예정이었지만 금번 대책으로 3조 원을 추가 공급해 15조 3,000억 원이 더 늘어날 예정이다. 이와 함께 자금난을 겪는 유망 수출기업은 수출계약서만으로도 특별보증을 받을 수 있는 1,000억 원 규모의 '수출계약 기반 특별보증제도'를 신설해 지원한다. 이는 수출기업들이 "소규모·저신용 중소기업은 고금리 대출 등으로 자금을 조달하고 있다"고 목소리를 내면서 나온 정책이다.

또 수출선적 이후 수출채권을 조기 현금화할 수 있는 1조원 규모의 보증 프로그램을 올 4월 중 마련한다. 과거에는 이 프로그램이 활성화돼 2014년에 3조 5,000억 원 규모를 지원했었지만 2014년 모뉴엘 사태 이후 위축돼 지난해 9,000억 원까지 줄었다. 모뉴엘은 홈시어터피시 반제품 120만대를 1대당 250만 원 정도에 수출하는 것처럼 서류를 꾸며 은행권에서 5년간 3조 2,000억 원의 대출을 받아내는 사기극을 펼쳤다. 산업부 관계자는 "통관에 대한 확인 의무를 부과해 가짜 수출 계약서로 인한 제2의 모뉴엘 사태가 되풀이되지 않게 할 방침이다"고 설명했다.

〈자료원 : 중앙일보, 2019. 3. 4〉

Chapter 09

무역금융

제 1 절 의 의

1. 무역금융이란

무역거래를 진행하는 과정에서 수출업자는 제품생산에 필요한 자금공급에 어려움을 겪는 경우가 발생한다. 마찬가지로 수입업자의 경우는 수입제품 대금을 결제하는 데 어려움이 생길 수도 있다. 이 경우 정부 및 금융기관에서 수출입업체를 대상으로 다양한 금융적 지원제도를 마련하여 시행하고 있는데, 대표적인 것으로 '무역금융'제도를 들 수 있다.

우리나라의 경우 자연자원이 풍부하지 않아 산업화 과정에서 수출을 통한 외화획득이 중요하였으므로 정책적 무역금융제도는 주로 수출기업을 지원하려는 목적을 가지고 시행되어 왔다. 따라서 무역금융이란 수출을 위한 제품의 생산 또는 원자재의 조달과 관련된 금융적 지원을 위한 제도로서 외국환은행이 대상 기업에 융자를 제공한 후 중앙은행으로부터 다시 융자받는 형태로 시행된다.

2. 무역금융의 특징

무역금융은 일반적인 금융거래와 달리 정책적 지원 성격을 갖기 때문에 수혜자에게 실질적 도움이 되고 자금의 운용이 효율적으로 이루어질 수 있도록 다음과 같은 제도적 특징을 갖고 있다. 특히 무역금융은 중소기업을 위한 것으로 대기업은 지원대상이 되지 않는다.

(1) 선적 전 금융

수출물품을 생산을 위한 원자재 구매, 제조 및 가공에 소요되는 자금을 선적 전에 지원하는 것이다. 선적이 완료된 후는 선적된 매출채권에 의해 자금을 융통할 수 있기 때문에 자금지원의 대상이 되지 않는다.

(2) 단계별 지원

원자재 구매 단계에서부터 제품을 생산하는 제조 및 가공 단계별로 구분하여 수출능력, 소요금액, 기타 융자현황 등을 종합적으로 심사하여 적정수준의 융자를 한다.

(3) 간접수출자도 수혜 가능

내국신용장에 의하여 국내에서 수출용 물품을 생산 · 공급하는 업체도 직수출업자와 동일한 무역금융 지원이 가능하다.

(4) 부당한 수혜 제재

수혜업체의 자격 및 조건에 부당한 요소가 존재하는 경우 융자금을 회수하거나 수혜에 대한 제재가 이루어진다.

(5) 융자취급은행의 제한

동일한 업체에 대한 지원은 외국환은행별로 수출실적 범위 내에서 취급하도록 되어 있다.

(6) 우대금리 적용

한국은행의 지원 자금으로 집행되므로 일반적인 대출금리보다 유리한 조건으로 대출이 이루어진다.

제 2 절 무역거래의 비용

수출 또는 수입을 위한 무역거래가 이루어지는 과정에서 발생되는 비용은 거래유형과 용도에 따라 다양하게 발생한다. 따라서 해당 업체는 소요되는 자금을 조달하기 위하여 정책적 지원 또는 금융기관 거래를 통한 무역금융을 이용하게 된다.

1. 수출거래비용

수출업자가 원자재를 조달하여 제품을 제조·가공하는 과정에서 필요한 자금의 유형은 다음과 같다.

(1) 원자재 조달자금

수출업자는 생산에 필요한 원자재와 반제품을 확보하여야 하므로 수출용 원자재를 조달하기 위하여 해외의 원자재 공급업자와 계약을 하여 수입하는 경우와 국내에서 구매하여 확보하는 경우에 소요되는 자금이다.

(2) 완제품의 가공, 생산, 집화 자금

원자재나 반제품을 구매하여 수출물품을 가공하거나 제조하는 과정은 물론 정해진 장소로 운송하는 데 필요한 자금을 말한다. 생산설비를 보유하고 있는 제조수출업자는 원자재나 반제품을 직접 가공하여 물품을 생산하며, 순수 무역업자들의 경우 하청공장과 계약을 통해 물품을 생산하게 된다.

(3) 수출부대비용

수출이행 과정에서 발생하는 다양한 부대비용 가운데 대표적으로 국내 물류비용을 들 수 있다. 물류비용은 수출품의 보관, 검사, 통관, 운송비 등 선적 전까지 발행하는 비용을 말한다. 또한 운송서류들을 확보하기 위한 비용도 발생하는데, 상업송장, 포장명세서, 원산지증명서 등을 갖추는 데 드는 비용을 말한다.

2. 수입거래비용

(1) 수입대금

수입업자는 수입물품의 대금을 계약에 정해진 방식에 의해 결제하여야 한다. 특히 사전송금방식의 경우 미리 대금을 결제하므로 자금 부담이 크다. 사후송금방식의 경우 수입대금은 물품 수취 시점이나 수취 후 판매한 대금으로 지급할 수 있으므로 상대적으로 자금 부담이 적다.

신용장 방식의 경우도 물품 수취 시점이나 또는 수취 후 대금결제가 이루어지지만 신용장 개설을 위해서는 수입대금에 상응하는 담보를 개설은행에 제공하여야 하므로 사전에 수입대금을 확보하여야 한다.

(2) 관세 등 납세비용

수입하는 물품에 대하여 관세를 납부하여야 한다. 우리나라의 경우 관세는 대부분 종가세로서 수입물품가격을 기준으로 부과되므로 높은 가격의 물품은 관세의 부담이 크다. 또한 관세 이외의 내국세도 부과되므로 전체적인 납세비용을 고려하여야 한다.

(3) 수입부대비용

수입의 경우도 국내의 운송, 보관, 통관 등의 물류비용이 발생한다. 또한 수입승인이나 수입허가 등에 필요한 서류를 갖추는 데 발생하는 비용도 고려해야 한다.

제 3 절 무역금융의 종류

1. 수출금융

(1) 선적전 금융

선적전 금융은 수출자가 수출계약을 이행하기 위해 소요되는 자금을 사전에 지원받는 금융형태로서 선적 이전 시점까지 발생하는 생산활동 단계별로 자금융자가 이루어진다. 정책적 지원형태의 무역금융은 보통 선적전 금융을 의미한다.

1) 원자재자금 융자

수출용 제품의 생산에 사용되는 원자재를 구매하는 데 소요되는 자금을 지원하는 대출로서 해외로부터 수입원자재를 구매하거나 국내에서 내국신용장에 의해 원자재를 구매하는 경우 대상이 될 수 있다.

2) 생산자금 융자

수출용 완제품 또는 원자재를 생산하거나 가공하는 데 소요되는 비용과 제품 개발에 소요되는 비용과 용역을 수출하기 위해 소요되는 비용을 지원하는 대출이다.

3) 완제품 구매자금 융자

수출하기 위하여 내국신용장에 의해 국내 생산 완제품을 구매하는 데 소요되는 자금을 지원하는 대출이다.

4) 포괄금융

자금용도에 대한 제한없이 원자재 구매, 생산 등에 필요한 자금을 일괄

하여 현금으로 지원하는 대출이다.

(2) 선적후 금융

수출용 제품의 선적이 완료된 이후에도 수출업자의 경우 수출대금의 빠른 수취를 위해 다양한 형태의 금융거래를 모색할 수 있다.

1) 환어음매입

수출업자가 대금을 회수하기 위한 일반적인 금융형태로서 신용장 또는 무신용장방식의 수출거래에 근거하여 발행된 수출환어음을 외국환은행이 매입하여 자금을 지원하는 것이다.

2) 수출팩토링(export factoring)

사후송금방식 거래시 발생하는 매출채권을 상환청구권 없이[1] 팩토링 회사(금융기관, 팩토러)가 매입하여 자금을 지원하는 것이다. 상환청구권이 없다는 것은 해외수입업자가 만기일에 수출대금을 상환하지 못하더라도 팩토러가 수출업자에 대금을 청구하지 못한다는 것이다.

3) 포페이팅(forfaiting)

기한부신용장 방식 또는 국외은행의 보증 무신용장방식에 의해 발행한 수출환어음을 상환청구권 없이 매입하여 자금을 지원하는 것이다.

참고 팩토링과 포페이팅 비교

구분	팩토링	포페이팅
대상	사후송금방식	신용장방식
대상업체	• 동종 품목 수출경험 1년 이상 • 동일 수입업자와 거래경험 6개월 이상	• 적격등급업체(신용평가) • 1년 이상 동종품목 제작 및 수출경험 • 동일 수입업자와 1회 이상 거래
자금회수 상대	해외 수입업자	수입국 은행

1) 거래계약 조건에 따라 상환청구권을 포함하기도 한다.

매입한도	• 거래별 한도 설정 • 회전한도 사용기간 설정일로부터 1년 이내	• 수출금액 미화 1만~2만불 거래 • 대금결제기간 30일 이상 2년 미만 거래
유리한 이용자	동일한 해외수입업자와 고정적인 거래관계를 유지하고 있는 업체	대금회수기간이 길고, 위험이 높은 개도국 대상 수출업체

자료: 법제처, 찾기쉬운 생활법령정보(http://easylaw.go.kr)

4) 내국신용장

내국신용장은 수출용완제품 또는 수출용원자재의 국내공급업체에게 대금결제의 확실성을 보장해주기 위하여 물품구매자를 개설의뢰인으로 하고 공급자를 수혜자로 하여 외국환은행이 발급하는 국내업자 간 지급보증제도이다(제3장 제3절 신용장종류 참조).

2. 수입금융

(1) 신용장 개설 금융

수입업자가 외국환은행을 통하여 수출대금에 대한 지급보증인 신용장을 개설하는 것으로 대표적인 수입금융이다. 신용장 개설을 위해서는 수입업자는 개설은행에 담보를 제공하거나 신용한도 내에서 개설이 가능하다.

(2) 내국수입유산스

기한부신용장방식에 의한 거래를 통해 수출업자가 발행한 수출환어음을 외국환은행이 인수(매입)하고 수입업자는 어음기간이 지난 후에 결제하는 금융방식이다. 어음기간에 발생하는 이자 및 수수료는 수입업자가 부담하게 된다.

(3) 대도(T/R, Trust Receipt)

수입업자는 대금결제 이전에 개설은행에 T/R 약정을 하고 운송서류를 인도받아 미리 수입물품을 수취할 수 있다. 수취한 물품을 결제 이전에 매도할 경우 물품의 인도 및 금액 등에 대해 개설은행의 동의를 받아야 한다.

(4) 수입팩토링

사후송금방식으로 거래하는 경우 수출팩터와 국내은행(수입팩터)이 제휴하여 수입업자의 신용위험을 인수하여 국제팩토링 거래가 원활히 이루어지도록 하는 금융방식이다.

(5) 수입자금 대출

수입대금 결제에 필요한 자금을 직접 대출받는 방식으로 국가경제를 위한 원자재(원유, 원목, 광물 등)를 적시에 확보하는 데 필요한 자금을 한국수출입은행 등으로부터 지원받을 수 있다.

제 4 절 무역금융 제도

앞서 살펴본 무역금융 종류 가운데 수출지원을 위하여 사전에 제공되는 정책적 지원형태의 대표적인 제도로 한국은행의 '금융중개지원대출 관련 무역금융지원 프로그램'을 들 수 있으며, 제도의 운영기준 및 절차는 다음과 같다.

1. 제도의 개요

무역금융지원 프로그램은 재화나 용역의 수출을 촉진하기 위하여 수출기업을 융자대상으로 하여 재화와 용역의 수출에 필요한 자금을 선적 전에 지원하는 제도이다. 한국은행이 각 은행의 일정기간 동안의 무역금융 취급실적을 기준으로 해당은행에 자금을 대여하는 방식으로 지원하는 형태이다.

2. 대상

한국은행의 관련 규정에 의하면 무역금융 취급이 가능한 거래는 다음과 같다.

① 수출신용장(Master L/C) 또는 지급인도(D/P)와 인수인도(D/A) 조건 및 그 밖의 수출관련계약서에 따라 물품, 건설 및 용역을 수출하거나 국내 공급 거래

② 다음 중 하나에 해당하는 계약서에 의한 물품, 건설 및 용역의 수출 또는 국내 공급 거래

- 외국정부, 외국공공기관 또는 국제기구와 체결한 공급계약서
- 선박건조공급 및 대외무역법이 정한 산업설비의 수출을 위한 계약서
- 정부, 지방자치단체 또는 정부투자기관이 외국으로부터 받은 차관자금에 의한 국제경쟁 입찰에 의하여 국내에서 유상으로 공급하기 위하여 체결한 계약서
- 한국국제협력단(KOICA)이 외국에 무상원조하는 경우 동 원조와 관련한 국내 기업의 KOICA에 대한 납품계약서

③ 내국신용장 또는 「대외무역법」에 따른 외화획득용원료 · 물품등구매확인서에 따라 수출용 완제품 또는 원자재를 공급하는 거래

④ 수출 또는 공급실적(수출실적)이 있는 자로서 동 수출실적을 기준으로 융자를 받고자 하는 자

⑤ 관세법에 의하여 설치된 보세판매장에서 자가생산품을 외국인에게 외화로 판매한 실적 및 외항항공 · 외항해상운송 · 선박수리업체의 외화입금 실적이 있는 자

⑥ 국제기구 발급 구매주문서(purchase order)를 통한 국제기구 납품

⑦ 그 밖에 외화획득, 수출증대 등을 위하여 한국은행 통화정책국장이 정한 자

⑧ 중계무역방식에 따른 수출은 융자대상에서 제외한다.

3. 융자방식 및 한도

융자방식은 신용장기준금융과 실적기준금융으로 구분할 수 있다.

(1) 신용장기준금융

수출업체가 보유한 수출신용장, 수출계약서 및 내국신용장 등 수출거래 증빙의 매 건별로 수출금액 범위 내에서 선적기일까지 융자해주는 방식이다.

융자금액은 당해 업체가 보유한 수출신용장 등 수출관련 증빙의 외화금액에 융자 취급일 전월의 평균매매기준율을 곱한 금액 범위 내에서 결정된다.

(2) 실적기준금융

융자대상수출에 포함된 수출증빙에 의한 과거 수출실적을 기준으로 융자해주는 방식이다. 해당 업체의 과거 수출실적을 기준으로 융자금의 종류별로 예상 소요금액을 감안하여 외국환은행이 자율적으로 융자한도를 산정한다.

1) 수출실적의 산정

① 수출신용장 또는 지급인도(D/P)와 인수인도(D/A) 조건 및 그 밖의 수출관련계약서에 의한 수출실적은 본선인도(FOB)가격을 기준으로 한다. 다만, 전자적 형태의 무체물 수출실적은 「대외무역관리규정」에서 정하는 수출실적 인정금액을 기준으로 한다.

② 무역어음이 인수취급된 수출신용장 등에 따른 수출실적은 해당 인수취급분을 제외한 부분만을 융자대상 수출실적에 포함한다.

③ 위탁가공무역의 경우 융자대상 수출실적은 위탁가공무역에 소요되는 국산원자재를 무상으로 수출한 실적으로 한다. 다만, 가공물품을 현지 또는 제3국으로 수출하는 경우만 해당하며, 국산원자재를 구매하여 가공하지 않고 수출한 실적은 생산자금 및 포괄금융 융자한도의 산정대상이 되는 수출실적에서 제외한다.

③ 구매확인서에 따른 수출실적은 융자한도관리 외국환은행이 해당 업체

로부터 징구하는 구매확인서 및 세금계산서상의 금액을 기준으로 한다.

⑤ 국제기구 발급 구매주문서의 수출실적은 본선인도(FOB)가격을 기준으로 한다.

3) 융자한도

자금용도별 융자한도는 대상기업의 해당 금융기관의 영업점 앞 수출실적(타 외국환은행으로부터 이관받은 실적 포함)을 기준으로 다음과 같이 산정한다.

① 생산자금 : 융자신청 전월로부터 과거 1년간 자사제품 수출실적×평균가득률

② 원자재자금 : 융자신청 전월로부터 과거 1년간 자사제품 수출실적×평균원자재의존율

③ 완제품구매자금 : 융자신청 전월로부터 과거 6개월(1년간) 타사제품 수출실적($\times\frac{1}{2}$)

④ 포괄금융 융자한도 : 융자신청 전월로부터 과거 1년간 자·타사제품 합산 수출실적

융자금액은 생산자금 및 포괄금융의 경우는 외국환은행이 정한 융자한도에 취급일 전월의 평균매매기준율을 곱한 범위 내에서 융자가 가능하다. 원자재 및 완제품구매자금은 내국신용장에 의하여 발행된 환어음 또는 판매대금추심의뢰서, 수입어음 및 수입대금의 외화금액에 취급일 전월의 평균매매기준율을 곱한 금액 내에서 융자가 가능하다.

4. 융자시기 및 상환

무역금융은 단기금융에 해당하여 수출물품의 제조·수출에 소요되는 업체의 1회전 소요기간을 감안하여 융자기간을 정한다. 융자시기는 자금의 용도외 사용을 방지하고 적기에 실제 필요자금이 제공될 수 있도록 [표

9-1]과 같이 무역금융의 종류에 따라 결정된다.

표 9-1 ▌ 융자 종류별 융자시기

구분	융자시기
생산자금 및 포괄금융	대상업체의 신청에 의해 자금의 소요시기에 따라 수시로 융자
원자재자금	• 해외수입의 경우 선적서류나 물품의 인수와 동시에 수입어음을 결제하거나 수입대금을 지급할 때(직접 현금으로 지급되지 않고 수입어음결제자금으로 대체) • 국내구매의 경우 내국신용장어음을 결제할 때 융자
완제품구매자금	내국신용장어음을 결제할 때

융자금의 상환시기는 신용장기준금융의 경우에는 당해 융자대상 수출증빙에 의한 수출대금이 입금되면 동 대금으로 상환한다.

실적기준금융의 경우는 외국환은행이 정한 융자기간 만료시 상환한다. 생산자금과 포괄금융의 경우에는 융자기간 만료시 새로이 산정된 대출한도 범위 내에서 회전대출도 가능하다.

5. 무역금융 제재

무역금융은 정책적 지원제도이므로 수혜자는 관련 규정에 적합한 자격으로 지원을 받고 자금의 운용 및 상환을 성실히 수행할 의무를 갖는다. 이에 반하는 업체는 무역금융 및 무역금융관련 지급보증에 관한 제재대상이 된다.

제재대상에 대한 제재조치는 [표 9-2]와 같이 경고, 융자한도의 차감, 수혜자격의 정지 등으로 행하여진다.

한국은행 금융결제국장 또는 지역본부장은 이 세칙 및 이의 시행을 위한 절차 또는 지시를 위반하는 외국환은행에 대하여 대출한도 감축 또는 기존 대출금 회수 등의 제재조치를 할 수 있다.

표 9-2 무역금융 관련 제재대상 및 제재조치

<table>
<tr><th>제재대상</th><th>제재조치</th></tr>
<tr><td>융자대상증빙, 관련계약서, 물품수령증명서, 그 밖의 융자관계서류를 위조·변조하거나 허위로 작성하였을 경우</td><td rowspan="2">1개월 이상 1년 이내 무역금융 및 무역금융관련 지급보증 수혜자격 정지</td></tr>
<tr><td>동일한 수출 건에 대하여 관련서류를 중복 발급하거나 사용하는 등으로 융자한도를 초과하여 무역금융을 지원받는 경우</td></tr>
<tr><td>내국신용장 개설의뢰인이 정당한 사유 없이 물품인수를 지연 또는 거부하거나 물품을 인수하고 물품수령증명서를 공급자발행 세금계산서상의 발행일부터 10일 이내에 발급하지 않고 있어 내국신용장 수혜자 또는 중소기업협동조합중앙회가 신고한 경우</td><td>경고
(다만, 동 경고를 받은 날부터 5일 이내에 물품수령증명서를 발급하지 않은 업체 : 1개월간 내국신용장의 개설자격 정지)</td></tr>
<tr><td rowspan="5">내국신용장 개설의뢰인이 물품을 인수하고 물품수령증명서를 공급자의 세금계산서 발행일부터 10일을 경과하여 발급한 경우. 다만, 중소기업이 대기업으로부터 물품을 인수한 경우에는 적용하지 아니한다.</td><td>연중(1월 1일부터 12월 31일까지로 한다. 이하 같다) 1차 발견 시 : 경고</td></tr>
<tr><td>연중 2차 발견 시 : 관련금융 융자한도의 5% 해당 금액을 1개월 이상 3개월 이내 동 융자한도에서 차감</td></tr>
<tr><td>연중 3차 발견 시 : 관련금융 융자한도의 15% 해당 금액을 1개월 이상 3개월 이내 동 융자한도에서 차감</td></tr>
<tr><td>연중 4차 이상 발견 시 : 관련금융 융자한도의 25% 해당 금액을 1개월 이상 3개월 이내 동 융자한도에서 차감</td></tr>
<tr><td>판매대금추심의뢰서의 금액이 차감대상 금액을 초과하는 경우에는 그 판매대금추심의뢰서의 금액을 해당 융자한도에서 차감</td></tr>
</table>

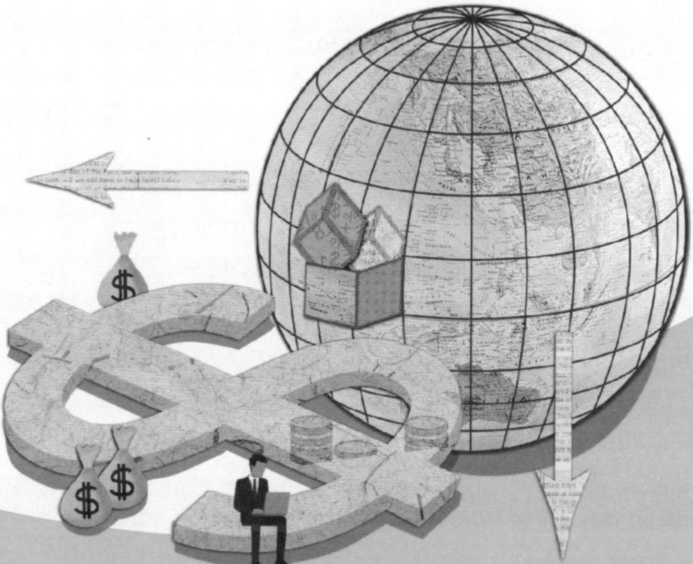

10 CHAPTER 외환시장

외환은행 선임딜러 김두현 차장 “천당 · 지옥 오가는 0.5초의 승부”

서울 을지로 외환은행 본점 영업부 2층 외환 딜링룸. 출입문 맞은편 벽에는 전 세계 환율 상황을 실시간으로 알려주는 시세판의 숫자가 수시로 바뀌고, 책상 앞의 모니터들을 지켜보는 딜러들의 시선은 마치 먹잇감을 노리는 매처럼 날카롭다. 순간의 선택이 큰 손익을 가름하는 진검 승부의 현장 치고는 좀 평온한 느낌이다. 하지만 이런 생각도 잠시 뿐. 곧 딜러들 간에 암호 같은 말들이 잇달아 오간다.

“60 솔드(Sold)!” “11원!” “3.5 2개 보트(Bought).” “몇 개라고?”

이렇게 짧은 대화로 거액의 외환거래가 이뤄지는 모양이다.

“5분 남았습니다.”

원 · 달러 데스크의 보조딜러가 안내 멘트를 날린다. 장이 끝나는 오후 3시가 가까워지자 주문이 몰리기 시작한다. 거래를 총 지휘하는 김두현 선임딜러(차장)의 얼굴에도 긴장감이 묻어난다. 오전에 크게 하락한 환율이 오후 들어 반등하면서 막판에 달러를 사 달라는 기업들의 요청이 밀려들었다.

“33만불 솔드!” “80만불 솔드!” 김 차장을 마주하고 앉은 ‘코퍼레이션(Corporation) 딜러’들이 앞다퉈 외친다. 코퍼레이션 딜러는 은행의 기업 고객들을 위해 달러 매매를 중개하는 브로커다. 모니터를 주시하던 김 차장도 “2.5 던(done)!”이라며 짤막하게 응수한다. 김 차장이 해당 물량을 달러당 1312.5원의 가격에 팔겠다는 의미다. 가격 결정권은 물론 김 차장이 행사한다. 의사결정은 거의 0.5초 만에 이뤄진다. 한순간의 판단 미스는 곧바로 적게는 수백만원, 많게는 수억원의 손실로 이어질 수 있다. 김 차장의 이마에는 어느새 송골송골 땀방울이 맺혔다.

“장 마감됐습니다. 오늘 종가는 1313.5원입니다.”

〈자료원 : 한국경제 2019. 1. 9〉

Chapter 10

외환시장

제 1 절 외환시장의 개요

1. 외환시장의 의의

외환시장(foreign exchange market)이란 이종통화 간의 매매가 이루어지는 장소로서 단순한 거래뿐만 아니라 외환거래의 수요와 공급의 형성, 유통, 결제 등의 과정을 포함한 개념으로 정의될 수 있다.

외환시장에서는 이종통화 간의 교환비율인 환율이 결정되며, 시장의 환율변동은 한 나라의 경제 전반에 다양한 영향을 미치게 된다.

참고 외환 – 외환거래법 제3조

- 외환은 대외지급수단, 외화증권, 외화채권으로 정의된다.
- 대외지급수단은 외국통화와 동전을 비롯하여 외화현찰, 은행수표, 여행자수표, 신용장, 각종 외국환어음, 우편환, 약속어음, 지급지시서, 전신환 등
- 외화증권은 외화로 표시된 국채, 지방채, 회사채, 기타 모든 종류의 채권과 주식, 수익증권 등으로 외국에서 지급받을 수 있는 증권
- 외화채권은 외국통화로 표시되었거나 외국에서 지급받을 수 있는 채권(claims)

2. 외환시장의 구조

(1) 참가주체

외환시장에 참여하고 있는 주체들은 거래주체인 개인, 기업, 외국환은행과 중개역할의 브로커, 시장관리주체인 중앙은행을 들 수 있다.

1) 개인

개인의 경우 해외여행이나 외국에서 유학 및 체류 등을 위하여 외국통화를 필요로 하므로 대부분 외환 수요자가 된다.

2) 기업

기업의 경우 수출업체는 외환의 공급자역할, 수입업자는 외환의 수요자역할을 한다.

3) 외국환은행

외국환은행은 개인과 기업을 상대로 하는 대고객거래를 할 뿐만 아니라 자신의 외환포지션을 조정하기 위한 은행 간 외환거래를 한다.

외국환은행들은 큰 금액의 외환거래 주체로서 외환시장을 조성하는 역할을 하며 시장의 가격을 주도하고 있다.

4) 외환브로커

브로커는 시장에서 외국환은행 간 거래를 단순히 중개하고 관련 수수료를 받는다. 따라서 브로커는 외국환은행과 달리 환위험을 지니고 있지 않다. 외국환은행은 전 세계 외환시장의 상황을 신속히 파악하여 적절한 거래를 성사시키는 데 어려움이 있고, 직접거래시 노출되는 포지션 등의 문제로 브로커를 통해 거래하는 것을 선호한다.

5) 중앙은행

중앙은행은 외환당국으로서 시장의 안정화를 위한 역할을 수행한다. 경우에 따라 외환시장의 거래당사자로 직접 참여하여 외환매매를 통해 환율의 지나친 하락 또는 상승을 조정한다.

(2) 시장의 구조

외환시장은 일정한 거래소 내에서 이루어지는 장내시장 형태가 아니라 거래 당사자들이 은행을 거래상대방(딜러)으로 하여 거래가 이루어지는 장외거래시장 형태이다. 따라서 은행은 시장조성자로서 거래를 원하는 사람에게 거래상대방이 되고 거래가 집중되도록 하여 낮은 비용으로 거래가 가능하도록 하는 역할을 수행한다.

외환시장은 은행간시장과 대고객시장으로 구분할 수 있다. 은행은 대고객시장에서 개인 및 기업과 외환거래를 하여 외환포지션의 변동이 발생한다. 특히 외환을 매입한 금액이 매도 금액을 초과한 경우 롱포지션(long position, 매입초과)이 발생하여 환리스크에 노출된다. 이 경우 은행은 은행간시장에서 매도거래를 행하여 스퀘어포지션(square position) 상태를 만들어 위험을 회피할 수 있다.

(3) 거래유형

외환시장에서 이루어지는 거래유형은 실수요거래, 차익거래, 헤징거래, 투기거래로 구분될 수 있다.

1) 실수요거래

개인이나 기업들이 수출입거래, 해외송금 또는 외화표시 금융자산의 거래에 의해 외환을 수취하거나 결제를 위해 매수하는 외환거래를 말한다.

2) 차익거래

차익거래는 재정거래(arbitrage transaction)라고 하며 거래시 발생하는 차익을 얻기 위한 목적으로 행해지는 거래이다. 거래과정에서 얻게 되는 차익은 환차익와 이자차익이 있다.

① 환차익이란 환율의 차이로 발생하는 이윤을 의미하며 직접차익과 간접차익으로 구분할 수 있다. 직접차익은 각 지역의 외환시장에서 동

일한 통화에 대한 환율차이가 발생하여 생기는 공간적 차익(space arbitrage)이다. 간접차익은 세 국가 통화 간에 환율차이가 발생하여 생기는 것으로 삼각차익(triangular arbitrage)이라고 한다.

② 이자차익이란 이자율의 차이로 발생하는 차익을 의미하며 시간차익(time arbitrage)과 무위험이자차익(covered interest arbitrage)으로 구분된다. 시간차익이란 외환의 만기일에 따라 환율의 차이가 있는 경우 발생하는 차익을 말하며 무위험이자차익이란 환위험 없이 자국통화표시 금융자산과 외국통화표시 금융자산 간 수익률의 차이에서 발생하는 차익을 말한다.

3) 헤징거래

헤징거래(hedging transaction)란 환율의 변화에 따른 위험을 회피하기 위한 거래를 말한다. 환거래시 롱포지션(long position, 매입초과) 또는 숏포지션(short position, 매도초과) 상태에서 이에 대한 반대거래를 통해 환위험을 줄일 수 있다. 헤징거래를 위하여 선물환, 스왑, 옵션 등과 같은 다양한 방법을 사용한다.

4) 투기거래

투기거래(speculative transaction)란 투자자가 위험을 감수하고 이윤을 획득하기 위한 거래로서 차익거래와 구분된다. 투자자들은 외환시장의 시세에 대한 예측을 통하여 현물시장과 선물시장을 통하여 이윤을 얻기 위한 거래를 한다.

제 2 절 환율

1. 환율의 의의

환율(exchange rate)이란 자국통화와 외국통화 간의 교환비율로서 두 나라 통화의 상대적 가치를 나타낸다.

환율은 단기적으로 외환시장의 수요와 공급에 의해 결정된다. 거래참가자들의 환율에 대한 기대, 교역상대국의 환율변동, 각종 뉴스 등에 따라 시장의 환율이 변하게 된다. 중장기적으로는 각 나라의 물가수준 및 국제수지 등과 같은 경제여건에 의해 환율이 변동한다.

참고 환율의 표시

- 미국식 표기법
  - 해당 통화와 교환되는 달러화의 양을 나타냄(예 : 1€=1.4$)
  - 유로화, 영국 파운드, 호주 달러 등
- 유럽식 표기법
  - 달러 1단위와 교환되는 해당 통화의 양을 나타냄(예 : 1$=1,200원).
  - 우리나라 원화, 일본 엔, 캐나다 달러 등

2. 환율의 종류

(1) 매매기준율과 대고객환율

1) 매매기준율

전일자 현물시장에서 거래된 환율과 거래량을 가중평균하여 산출한 시장평균환율로서 당일 오전 8시 30분에 고시된다.[1)]

---

1) 2000년 5월 설립된 '서울외국환중개'는 기존 금융결제원의 업무를 승계하여 환율고시를 담당하고 있다.

2) 대고객환율

은행이 일반고객을 상대로 외환거래시에 적용하는 환율로서 [표 10-1]에 예시된 바와 같이 매매기준율을 중심으로 매도, 매입시 일정 스프레드를 적용하여 고시한다.

대고객환율은 거래유형에 따라 현금 환전시에 적용되는 현찰거래환율, 해외송금과 같이 전신으로 결제되는 경우 전신환율 및 여행자수표(T/C), 외화수표 거래시 적용되는 환율을 구분하여 고시된다.

표 10-1 은행 고시환율표

통화	현찰				송금		T/C 살 때	외화수표 팔 때	매매기준율
	살 때		팔 때		보낼 때	받을 때			
	환율	Spread	환율	Spread					
미국 USD	1,174.39	1.75	1,134.01	1.75	1,165.50	1,142.90	1,168.05	1,141.54	1,154.20
일본 JPY(100)	1,099.46	1.75	1,061.66	1.75	1,091.14	1,069.98	1,091.36	1,069.49	1,080.56
유로 EUR	1,343.38	1.99	1,290.96	1.99	1,330.34	1,304.00	1,336.92	1,303.44	1,317.17
중국 CNY	176.12	5.00	159.36	5.00	169.41	166.07	0.00	0.00	167.74

자료 : KEB하나은행(홈페이지 캡처)

(2) 재정환율과 교차환율

국내 외환시장에서는 달러와 위안화만 직거래가 되고 있어 다른 외국통화의 환율은 달러 대비 가격을 이용하여 간접적으로 산출하여 사용하는 것이 재정환율이다. 예를 들어, 원/달러 환율이 1,200원/$이고 엔/달러 환율이 100엔/$라면 원/엔 환율은 1,200원/100엔으로 결정된다.

교차환율은 자국통화가 관련되지 않은 타국통화 간의 환율을 말한다. 예를 들어, 달러/유로 환율, 엔/달러 환율이다.

(3) 현행환율 · 역사적환율 · 평균환율

1) **현행환율**(current exchange rate)

현재시점에 적용되는 환율을 가리키는 것으로 회계상 결산일 현재의 환율을 의미한다.

2) **역사적환율**(historical exchange rate)

과거시점의 거래가 발생한 당시에 적용된 환율을 가리키는 것으로 회계상 외화자산이나 외화부채가 발생한 시점의 환율을 의미한다.

3) **평균환율**(average exchange rate)

일정기간에 발생한 환율을 평균하여 계산한 환율로서 기업회계기준 등에 관한 해석 2-69에 따르면 다음의 세가지 방법 중 하나를 계속성의 원칙에 따라 적용한다.

① 기초환율와 매월말 환율 합계액의 평균환율

② 비용과 수익 각각의 가중평균환율

③ 매일 평균환율

3. 환율제도

(1) 환율제도 유형

1) **고정환율제도**(fixed exchange rate system)

환율의 변동을 인정하지 않거나 제한하는 방식이다. 자국의 통화가치를 특정 기축통화에 연결시키는 단일통화고정환율제도 또는 통화바스켓(예 : IMF의 SDR[2])에 연결하는 복수통화고정환율제도가 있다.

---

2) SDR(특별인출권, Special Drawing Rights)란 국제통화기금(IMF) 가맹국이 담보없이 외화를 인출할 수 있는 권리의 가상통화이다.

2) **변동환율제도**(floating exchange rate system)

① 자유변동환율제도 : 환율이 외환시장의 수요와 공급에 의해 자유롭게 결정되는 제도이다. 일정한 범위로 환율변동을 허용하는 제한적 변동환율제도도 있다.

② 관리변동환율제도 : 환율이 시장에서 결정되나 정책당국(중앙은행)이 자의적으로 시장에 개입하여 환율에 영향을 주는 제도이다.

3) **공동변동환율제도**(joint float)

여러 나라가 공동의 경제권을 형성하여 내부적으로는 고정환율제도를 사용하며 외부적으로 공동으로 환율을 변동하는 방식이다. 1973년 EC통화동맹국 중심으로 시행되어 이후 유럽통화제도로 이어진 바 있다.

표 10-2 고정환율제도와 변동환율제도 비교

구분	고정환율제도	변동환율제도
장점	• 급격한 환율변동에 따른 경제부작용 최소화	• 국제유동성확보가 쉬움 • 외부충격이 환율변동으로 흡수
단점	• 자본이동의 제약으로 국제유동성 부족 • 환투기 공격에 취약	• 외환시장규모가 작은 국가의 경우 환율변동성이 심해 경제에 교란을 줌

(2) 우리나라의 환율제도

1) **고정환율제도 시기**(~1964.5)

해방 이후 외환시장이 형성되던 초기 단계로서 외환경매제에 적용되는 경매율 등으로 공정환율(official exchage rate)을 정하여 사용하였다.

2) **단일변동환율 시기**(1964.5~1980.2)

외환증서매매시장이 형성되면서 외환증서의 수급에 따라 형성되는 매매율인 시장률의 일정범위 내에서 한국은행이 환율을 결정하였다. 하지만 외환시장 기반이 취약하여 사실상 고정환율제의 모습을 나타내었다.

3) 복수통화바스켓제도 시기(1980.2~1990.2)

우리나라의 주요 교역대상국들의 통화가치에 연동하여 환율을 결정하는 방식을 채택하였다. 이 바스켓에는 SDR바스켓과 미국, 일본, 영국 등의 달러화에 대한 환율로 산출한 독자바스켓 그리고 실세반영 조정변수를 종합적으로 고려하여 기준율을 결정하였다.

4) 시장평균환율제도 시기(1990.2~1997.12)

이 시기에는 외국환은행간 실제 거래된 환율과 거래량을 가중평균하여 다음 영업일의 기준환율을 정하고 일일 변동제한폭을 정하여 환율이 결정되었다. 변동폭은 ±4%에서 점차적으로 확대되어 ±10%까지 변동되었다.

5) 자유변동환율제도(1997.12~현재)

외환위기 이후 외환시장의 변동제한폭제도가 폐지되어 원/달러 환율은 시장의 수급에 의해 자유롭게 환율이 결정되는 자유변동환율제도로 현재까지 시행되고 있다. 다만 시장이 급격한 변화에 대해 외환당국이 시장에 참여하여 조정을 하는 역할을 수행한다.

참고 환율의 역사

1. 금본위제도

초기 화폐제도인 금본위제도는 각국의 정부가 은행에서 보유하는 금의 가치만큼만 화폐를 발행하여 언제든지 금과 교환할 수 있는 확정된 가치의 화폐를 사용하였다. 그러나 제2차 세계대전을 치루면서 미국, 영국, 독일 , 프랑스 등이 전비를 충당하기 위해 보유한 금의 가치를 초과하는 화폐를 발행하게 되어 1944년 금본위제는 허물어졌다.

2. 브레튼우즈협정

종전 이후 새로운 환율제도가 필요하여 1944년 미국 브레튼우즈에 연합국 44개국이 변형된 금본위제에 합의하였다. 이는 미국이 달러를 보유 중인 금과 일정비율의 교환(금 1온스당 35달러)을 약속하여 타국들은 자국통화 가치를 달러에 연결하는 고정환율제를 채택하는 것이다.

하지만 1960년대 미국은 베트남전쟁에 개입하면서 달러화를 다량으로 발행하여 일부 선진국들의 우려를 가져왔으며 실제로 1971년 미국은 금태환 중지를 발표하여 이 협정은 막을 애렸다.

3. 킹스턴체제
1976년 미국, 프랑스, 독일, 영국, 일본 등이 자메이카 킹스턴에서 새로운 국제 통화협력체제에 합의하였다. 합의사항은 각국은 변동환율과 고정환율을 자유롭게 선택하여 운영하도록 하는 것이며 정부는 외환시장 개입은 가능하나 환율을 임의대로 조작해서는 안 된다는 것으로서 현재까지 지속되고 있다.

제 3 절 현물환, 선물환 및 외환파생상품시장

1. 현물환시장

(1) 의의

현물환거래는 거래계약 시점에 외환의 인수도 및 결제가 이루어지는 것으로 가장 일반적인 거래이다. 실무적으로는 계약일에 거래당사자 간에 금액, 만기, 가격(환율) 등의 조건을 결정하고 2영업일 이내에 외환의 실제 인수도와 결제를 하게 된다.

현물환거래는 실수요 거래, 투기적 거래, 환리스크 관리 등의 목적으로 이루어진다. 우리나라의 경우 서울외국환중개와 한국자금중개 두 회사의 중개역할을 통하여 이루어진다.

(2) 거래시스템

현물환시장은 주로 은행 간 시장 거래가 대부분을 차지한다. 현물환시장의 거래구조를 요약하면 [그림 10-1]과 같다.

① 거래당사자인 외국환은행들은 외국환중개회사에 각각 매입주문과 매도주문을 제출한다.

② 중개회사는 접수된 주문들을 바탕으로 거래를 체결시키고 해당은행에 체결통보를 하고 은행들은 거래성립 확인을 한다.

그림 10-1 현물환거래 구조(은행간시장)

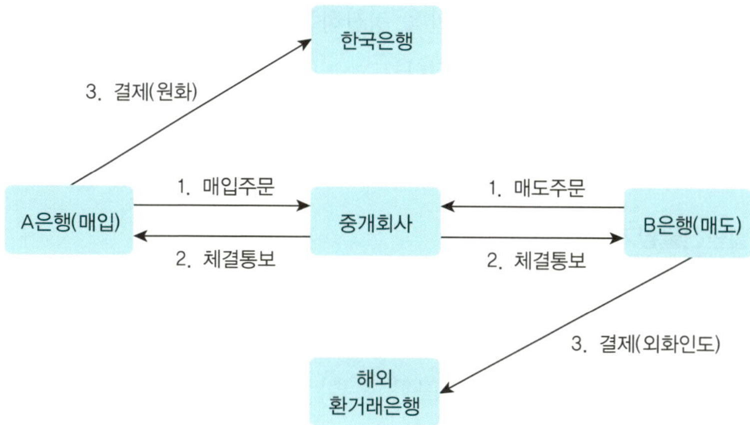

③ 2영업일에 외환매입을 한 A은행은 해당 원화대금을 한국은행 지준계좌(BOK-wire)를 통하여 B은행에 결제한다.[3]

④ 2영업일에 외환을 매도한 B은행은 해당 외화를 해외의 환거래은행[4] 계좌를 통하여 A은행에 인도한다.

2. 선물환시장

(1) 의의

선물환거래는 외환의 인수도 및 결제까지의 기간이 현물환기간(2영업일)을 초과하는 미래의 특정일에 이루어지는 거래이다.

선물환거래의 유형은 선물환만 거래되는 outrage forward, 선물환과 현물환 또는 만기가 다른 선물환이 동시에 반대방향으로 매매되는 swap

3) BOK-wire란 한국은행과 시중은행들 간에 연결된 결제 네트워크로서 시중은행들이 한국은행에 의무적으로 지불준비금(예수금의 일정비율)을 예치해 두는 계좌를 사용하여 은행들 간의 자금결제를 용이하게 할 수 있다.

4) 환거래은행(correspondent bank) 국내외국환은행들이 대외적으로 외화자금의 결제를 용이하게 하기 위하여 사전에 계약을 맺은 외국의 은행으로서 예치금계정을 만들어 대금의 수취와 지급에 이용한다.

forward로 구분된다. 그리고 outrage forward는 일반선물환거래와 만기시점에 실물의 인수도 없이 차액만을 정산하는 차액결제선물환(NDF : Non-deliverable forward)으로 구분된다.

(2) 거래시스템

1) 일반선물환거래

선물환거래의 구조는 앞서 살펴본 현물환거래와 동일한 형태를 갖는다. 차이점은 만기가 2영업일을 초과하는 미래의 특정일이라는 점이다. 우리나라 은행간시장에서 거래되는 선물환 종류는 1주일물, 2주일물, 1개월물, 3개월물, 6개월물, 9개월물, 1년물로 구분되어 있다. 선물환거래 결제일은 현물환결제일(거래후 2영업일)을 기준으로 만기 해당월의 같은 날짜로 정해진다. 예를 들어 선물환 3개월물 거래일이 6월 12일이고 2영업일 후가 6월 14일이라면 선물환 결제일은 9월 14일이 된다.

현물환거래와 다른 또하나의 특징은 거래시 주문가격은 환율로 표시되지 않고 현물환율와 선물환율과 차이인 스왑포인트(swap point)[5]로 나타낸다는 점이다. 예를 들어 매입주문이 달러 현물환율 1,100원에 스왑포인트 2.0이라면 1,102원에 매입하겠다는 것이다.

2) 차액결제선물환거래

NDF거래는 만기시에 해당 통화의 상호지급 대신에 선물환율과 만기시의 현물환율의 차이에 의한 차액만을 정해진 통화로(대개 미 달러화를 사용) 정산하는 것이다. 이 같은 거래는 역외시장에 원-달러 선물환거래시에 만기에 원화를 인수도하는 것이 어렵기 때문에 형성된 시장이다.

예를 들어 원-달러 NDF 1개월물을 1,000원/달러에 100만달러를 A은행이 매입하고 B은행이 매도하는 계약이 이루어졌고 1개월 후 만기에 현물환율이 1,050원/달러로 상승하였다. 매도한 B은행은 환율이 상승하여 손실이

---

5) 스왑포인트는 계약체결 이후 일정기간 후에 결제가 이루어지므로 거래 통화의 해당 국가 간의 이자율 차이에 의해 발생한다.

발생하였으며 결제는 (1,050－1,000)×1,000,000달러/1,000＝50,000달러를 A은행에 지급하는 것으로 거래가 종결된다.

표 10-3 일반선물환거래와 NDF거래 비교

구분	일반선물환거래		NDF거래	
거래주체	매도자	매입자	매도자	매입자
거래조건	1개월물 100만달러		1개월물 100만달러	
계약환율	1,000원/달러		1,000원/달러	
만기시환율	1,050원/달러		1,050원/달러	
만기결제	100만달러(현물매입시 ; 1,050×100만달러 ＝1,050백만원)	1,000×100만달러 ＝1,000백만원	(1,050－1,000)× 1,000,000달러/1,000 ＝50,000달러 지급	50,000달러 수취

3) 스왑선물환거래

외환스왑거래는 현물환거래와 선물환거래를 동시에 반대방향으로 실행하는 형태로서 거래주체는 여유있는 통화를 상대방에게 담보로 맡기고 필요한 통화를 빌려쓴 뒤에 일정기간이 지난 선물환 결제일에 상환하는 거래이다.

외환스왑의 거래유형은 거래순서에 따라 sell-buy swap과 buy-sell swap으로 구분할 수 있으며 거래시 주문가격은 스왑포인트(현물환율과 선물환율 차이)로 호가한다.

외환스왑거래의 구조는 [그림 10-2]와 같이 거래당사자인 A은행과 B은행 간에 서로 상반된 현물환거래와 선물환거래가 발생한다. 예를 들어 A은행이 달러가 필요하여 국내외국계은행 B은행과 외환스왑거래를 현물환율 1,100원/달러, 1개월물 선물환율 1,102원/달러로 체결하면 2영업일 후에 1,100백만원을 결제하고 1백만달러를 조달할 수 있으며 1개월 지난 선물만기일에 1백만달러를 결제하고 1,102백만원을 수취하게 된다.

그림 10-2 ▌ 스왑거래 사례

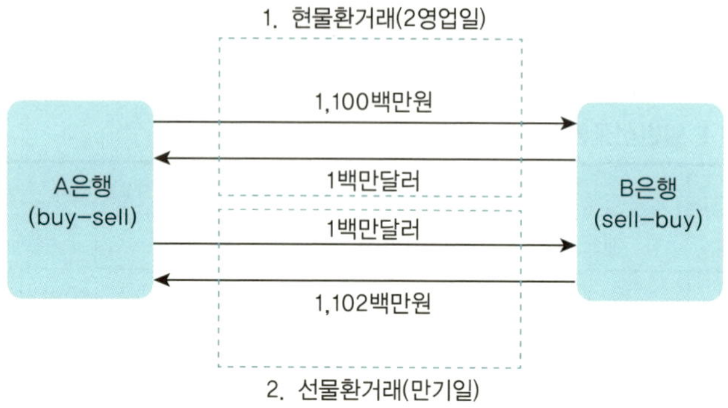

외환스왑거래는 위 사례와 같이 자금조달 목적 이외에도 환리스크 관리, 금리차익 획득 및 금리변동을 이용한 투기적 거래 등을 목적으로 이루어진다.

수출입업체의 환리스크 관리 사례도 위 사례를 적용하여 살펴볼 수 있다. 수출과 수입거래를 같이하는 K상사가 7월 2일 수출 네고를 통해 1백만달러를 수취하였는데 한 달 후인 8월 2일에는 수입어음결제로 1백만달러의 지급이 예상된다. 이 경우 한달 사이에 환율의 변동으로 인한 리스크를 헤지하기 위하여 외환스왑거래를 활용할 수 있다.

위 [그림 10-2]의 B은행을 K상사로 바꾸어 동일하게 1백만달러를 sell-buy 스왑거래를 하여 7월 2일 현물환율 1,100원/달러에 매도하고 8월 2일에는 선물환율 1,102원/달러에 1백만달러를 매입하여 수입결제를 하게 된다.

3. 외환파생상품거래

외환파생상품이란 환율, 이자율, 주가 등의 변화에 의해 기초자산의 가치변동으로부터 파생되어 가치가 결정되는 외환 관련 상품으로 선물, 스왑, 옵션 등을 통칭한다. 따라서 여러 가지 거래유형을 결합한 다양하고 복잡한 파생상품들이 지속적으로 개발되어 거래가 이루어지고 있다.

대표적인 외환파생상품시장은 통화선물시장, 통화옵션시장, 신용파생상품시장을 들 수 있다.

(1) 통화선물시장

1) 개요

통화선물시장은 계약시점에 특정 통화를 약정된 가격으로 미래의 일정시점에 매매하는 것으로 선물환거래와 유사하나 차이점은 거래소에 상장되어 있는 통화에 대해 거래참가자들의 호가에 의해 거래가 이루어진다. 따라서 거래소에서 정한 거래 규약과 시스템에 의해 표준화된 거래가 이루어진다.

신용리스크와 관련하여 선물환거래의 거래당사자들은 시장에서 신용도가 높은 기업이나 금융기관들이 자기 신용을 바탕으로 거래가 이루어지는 반면에 통화선물시장은 청산소(거래소)가 거래자의 계약이행을 보증하여 주므로 개인이나 기업이 자유롭게 참가할 수 있다. 거래소는 이 같은 보증을 위하여 거래자마다 손익을 정산하는 일일정산제도, 계약불이행에 대비하여 여러 가지 증거금 예치제도를 시행하고 있다.

2) 거래시스템

통화선물거래가 이루어지는 과정은 [그림 10-3]과 같다.

① 거래자는 선물중개회사에 계좌를 개설하고

② 해당 통화상품마다 정해진 증거금을 납입한다.

③ HTS나 전화 등으로 거래주문을 하고 체결되면 통보를 받는다.

④ 체결한 계약가격과 매일 정산가격을 비교하여 손익을 산출한다.

⑤ 손실액이 증거금에서 차감되어 유지증거금 수준에 미달하면 추가납부하여야 한다.

⑥ 만기 이전에 반대거래를 통하여 포지션을 청산하거나 최종 결제일에 해당 실물을 인수도한다.

그림 10-3 | 통화선물 거래의 흐름

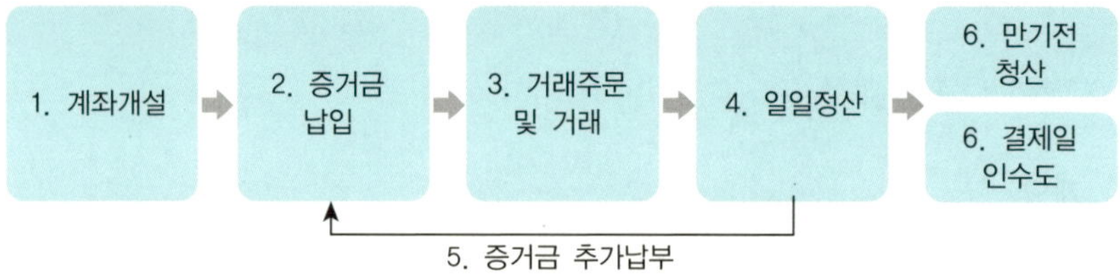

(2) 통화옵션시장

1) 개요

통화옵션거래란 미래의 계약기간 또는 만기일에 외국통화를 미리 약정한 환율로 매입(call option)하거나 매도(put option)할 수 있는 권리를 매매하는 거래이다.

통화옵션 매입자는 통화옵션 매도자에게 옵션가격인 프리미엄을 지불하며 이후에 옵션을 행사하거나 아니면 권리를 포기하고 행사하지 않을 수 있다. 따라서 매입자의 경우 환율이 불리한 경우 권리를 포기하면 지불한 프리미엄만큼의 손해만 발생한다. 반면에 매입자가 환율이 유리한 방향으로 전개되어 옵션을 행사하면 매도자에게 발생하는 손실은 제한이 없어 매우 큰 위험을 안게 된다.

2) 거래시스템

통화옵션의 거래과정은 앞서 살펴본 통화선물과 유사하다. 차이점은 매입자의 경우는 증거금 납부 대신에 프리미엄만을 납부하면 되나 매도자의 경우는 발생할 손실 수준을 고려한 증거금을 납부하게 된다.

사례문제 **통화옵션거래**

다음 조건으로 달러통화 콜옵션을 매도자 A와 매수자 B 간에 거래가 체결되었다.

조건) 1개월물, 행사가격 1,100원/달러, 프리미엄가격 17.20, 10계약(계약당 10,000달러)

옵션만기시에 발생하는 매수자 B 입장의 이익 및 손실은 [그림 10-4]와 같다. 만기시 환율이 1,117.20원 시점이 손익분기점이므로 환율이 상승하여 1,200.00원이 되었다면 매수자는 옵션을 행사하여 이익을 실현시킬 수 있으며 환율이 만일 1,050.00원으로 하락하였다면 권리행사를 포기하게 된다. 매수자의 경우는 반대 입장에서 이익과 손실을 살펴볼 수 있다.

※ 실제로는 많은 통화옵션 투자들은 만기이전에 프리미엄의 변동을 살피면서 유리한 조건에서 반대거래를 통하여 이익을 실현한다. 즉 프리미엄이 17.40으로 상승한 경우 매수자 B는 보유한 옵션 10계약을 매도하여 프리미엄 차이 0.2×10,000달러×10계약=20,000원을 얻을 수 있다.

그림 10-4 | 콜옵션 매수시 이익 및 손실

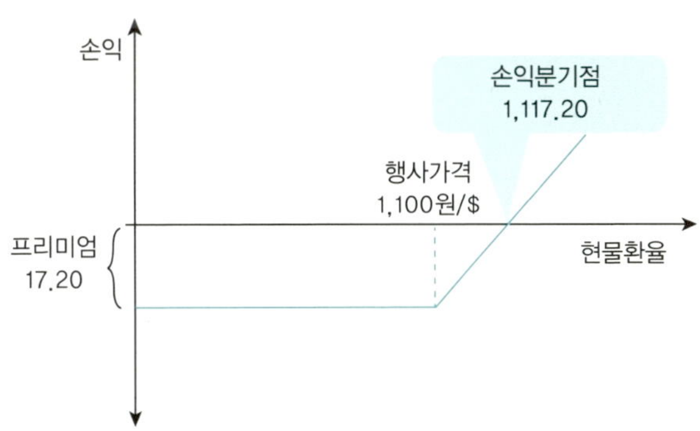

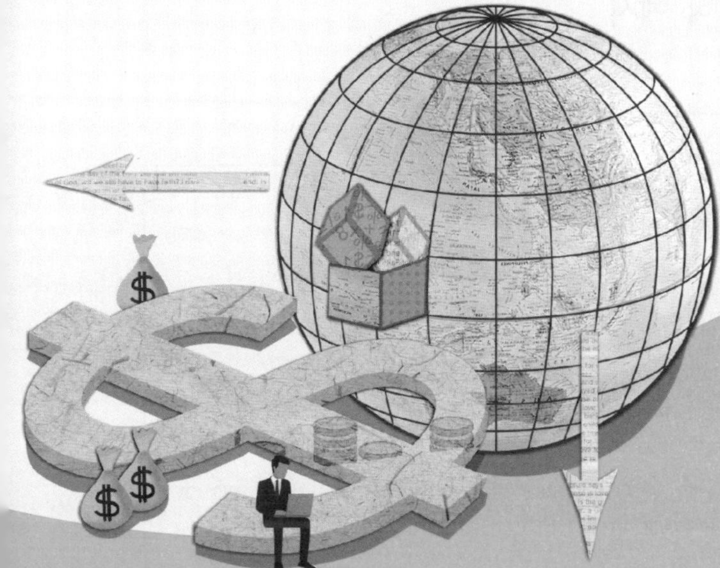

The basis of International Trade Accounting

회계전공자를 위한 무역실무의 기초

APPENDIX 부록

[부록 1] 각종 서식 예시

[부록 2] 기본 무역용어 해설

[부록 1] 각종 서식 예시

1. 환어음

BILL OF EXCHANGE

NO.__________ BILL OF EXCHANGE,__________

FOR

AT__________SIGHT OF THIS FIRST BILL OF EXCHANGE(SECOND OF THE SAME TENOR AND DATE BEING UNPAID) PAY TO ________ OR ORDER THE SUM OF

VALUE RECEIVED AND CHARGE THE SAME TO ACCOUNT OF ________

____

DRAWN UNDER ____________________

L/C NO. ____________________

TO ________________

____

____

________ ______

780603-626 13(X)B-16B

2. 원신용장 개설신청서

취소불능 화환신용장 개설신청서

APPLICATION FOR IRREVOCABLE DOCUMENTARY CREDIT

㈜ 한국○○은행 앞 CABLE

1. Credit Number	M45 (수입용도 선택)	2. Date	
3. Advising Bank	(BIC:**SWIFT CODE**)	4. Expiry Date/Country	/
		5. Latest Shipment Date	
6. Confirmation	확인여부 (Confirmation charge, if any, is for account of N/A)		
7. Applicant	Name: Address:		
8. Beneficiary (Tel No.: ____)	Name: Address:		
9. Currency & Amount	통화선택 ____ M/L Amount(__%) M/L Quantity(__%)	10. Transferable	양도가능여부
11. Tenor	☐ At sight ☐ Usance (이자조건 선택) B/A all-in rate: Libor + ___ bp p.a. ___ days ☐ after ☐ from ☐ Shipment date ☐ Sight ☐ Invoice issuance date ☐ ____		
12. 결제 방식	결제방식 선택	13. T/T Reimbursement	T/T Reimbursement 여부

14. Full set of clean on board ocean Bill of Lading made out to ☐ the order of bank Korea Inc. ☐ the order of ____ and blank endorsed, marked "Freight ☐ collect ☐ prepaid" and "Notify ☐ Applicant ☐ ____"

15. Airway bills consigned to Citibank Korea Inc., marked "Freight ☐ collect ☐ prepaid" and "Notify ☐ Applicant ☐ ____"

16. Signed commercial invoice in 부수 선택 folds 17. Packing list in 부수 선택 folds

18. ☐ Insurance policy or certificate endorsed in blank for 110% of invoice value, covering Institute War Clauses and ☐ ICC(A) ☐ ICC(B) ☐ ICC(C) ☐ ____

19. ☐ Insurance to be effected by buyer 20. Country of Origin: ____

21. Commodity Descriptions	Quantity	Unit Price	Total Amount
H.S.: ____			

22. Price Term (Incoterm2010)	가격조건 선택 ____	23. Partial Shipment	분할선적여부	24. Transshipment	환적여부
25. Shipment	Place of Taking in Charge: ____ Final Destination: ____	Port / Airport of Loading / Departure: ____ Discharge / Destination: ____			

26. Documents must be presented within ___ days after the date of shipment but within the expiry date of this credit.

27. All banking charges including postage and reimbursement charges outside Republic of Korea are for the account of 수수료 부담자 선택. The reimbursement fee for each drawing and the discrepancy fee will be for the account of the beneficiary, even if all other charges are for the account of the applicant.

28. Transport document must be evidenced that shipment is effected by ____ .

29. Other Required Documents / Other Conditions.

30. 수수료지급 방법	☐ 한국 ○○은행 계좌 (계좌번호 : ____) ☐ 기타지급방법 : ____

3. 선하증권

Bill of Lading

<table>
<tr><td colspan="3">① Shipper/Exporter
ABC TRADING CO. LTD.
1. PIL-DONG, JUNG-KU, SEOUL, KOREA</td><td colspan="3">⑪ B/L No. ; But 1004</td></tr>
<tr><td colspan="3">② Consignee
TO ORDER OF XYZ BANK</td><td colspan="3"></td></tr>
<tr><td colspan="3">③ Notify Party
ABC IMPORT CORP.
P.O.BOX 1, BOSTON, USA</td><td colspan="3"></td></tr>
<tr><td>Pre-Carrage by</td><td colspan="2">⑥ Place of Receipt
BUSAN, KOREA</td><td colspan="3"></td></tr>
<tr><td>④ Ocean Vessel
WONIS JIN</td><td colspan="2">⑦ Voyage No.
1234E</td><td colspan="3">⑫ Flag</td></tr>
<tr><td colspan="6">⑤ Port of Loading ⑧ Port of Discharge ⑨ Place of Delivery
⑩ Final Destination(For the Merchant Ref.)
BUSAN, KOREA BOSTON, USA BOSTON, USA BOSTON, USA</td></tr>
<tr><td colspan="2">⑬ Container No. ⑭ Seal No. Marks & No

ISCU1104

Total No. of Containers or Packages(in words)</td><td>⑮ No. & Kinds of Containers or Packages

1 CNTR</td><td>⑯ Description of Goods

LIGHT BULBS
(64,000 PCS)</td><td>⑰ Gross Weight

4,631 KGS</td><td>Measurement

58,000 CBM</td></tr>
<tr><td>⑱ Freight and Charges</td><td>⑲ Revenue tons</td><td>⑳ Rate</td><td>㉑ Per</td><td>㉒ Prepaid</td><td>㉓ Collect</td></tr>
<tr><td>㉓ Freight prepaid at</td><td colspan="2">㉔ Freight payable at</td><td colspan="3" rowspan="2">㉖ Place and Date of Issue
May 21, 2000, Seoul
Signature</td></tr>
<tr><td>Total prepaid in</td><td colspan="2">㉕ No. of original B/L</td></tr>
<tr><td colspan="3">㉗ Laden on board vessel
Date Signature
May 21, 2000</td><td colspan="3">㉘ ABC Shipping Co. Ltd.
as agent for a carrier, zzz Liner Ltd.</td></tr>
</table>

4. 상업송장

COMMERCIAL INVOICE

<table>
<tr><td colspan="3" rowspan="2">① Shipper/Seller</td><td colspan="3">⑦ Invoice No. and date</td></tr>
<tr><td colspan="3">⑧ L/C No. and date</td></tr>
<tr><td colspan="3" rowspan="2">② Consignee</td><td colspan="3">⑨ Buyer(if other than consignee)</td></tr>
<tr><td colspan="3" rowspan="2">⑩ Other references</td></tr>
<tr><td colspan="3">③ Departure date</td></tr>
<tr><td colspan="2">④ Vessel/flight</td><td>⑤ From</td><td colspan="3" rowspan="2">⑪ Terms of delivery and payment</td></tr>
<tr><td colspan="3">⑥ To</td></tr>
<tr><td>⑫ Shipping Marks</td><td>⑬ No.&kind of packages</td><td>⑭ Goods description</td><td>⑮ Quantity</td><td>⑯ Unit price</td><td>⑰ Amount</td></tr>
<tr><td colspan="4"></td><td colspan="2">Signed by
⑱</td></tr>
</table>

5. 보험증서

LG Insurance Co., Ltd.

CERTIFICATE OF MARINE CARGO INSURANCE

Assured(s), etc ② THE SAMWON CORPORATION		
Certificate No. ① 002599A65334		Ref. No.③ Invoice No. DS-990228 L/C No. IOMP20748
Claim, if any, payable at : ⑥ GELLATLY HANKEY MARINE SERVICE 842 Seventh Avenue New York 10018 Tel(201)881-9412 Claims are payable in		Amount insured ④ USD 65,120.- (USD59,200 XC 110%)
Survey should be approved by ⑦ THE SAME AS ABOVE		Conditions ⑤ * INSTITUTE CARGO CLAUSE(A) 1982 * CLAIMS ARE PAYABLE IN AMERICA IN THE CURRENCY OF THE DRAFT.
⑧ Local Vessel or Conveyance	⑨ From(interior port or place of loading)	
Ship or Vessel called the ⑩ KAJA-HO V-27	Sailing on or about ⑪ MARCH 3, 1999	
at and from ⑫ PUSAN, KOREA	⑬ transshipped at	
arrived at ⑭ NEW YORK	⑮ thence to	
Goods and Merchandise ⑯ 16,000YDS OF PATCHWORK COWHIDE LEATHER		Subject to the following Clauses as per back hereof institute Cargo Clauses Institute War Clauses(Cargo) Institute War Cancellation Clauses(Cargo) Institute Strikes Riots and Civil Commotions Clauses Institute Air Cargo Clauses(All Risks) Institute Classification Clauses Special Replacement Clause(applying to machinery) Institute Radioactive Contamination Exclusion Clauses Co-Insurance Clause Marks and Numbers as

Place and Date signed in ⑰ SEOUL, KOREA MARCH 2, 1999 No. of Certificates issued. ⑱ TWO

⑳ This Certificate represents and takes the place of the Policy and conveys all rights of the original policyholder
(for the purpose of collecting any loss or claim) as fully as if the property was covered by a Open Policy direct to the holder of this Certificate.
This Company agrees losses, if any, shall be payable to the order of Assured on surrender of this Certificate.
Settlement under one copy shall render all others null and void.
Contrary to the wording of this form, this insurance is governed by the standard from of English Marine Insurance Policy.
In the event of loss or damage arising under this insurance, no claims will be admitted unless a survey has been held with the approval of this Company's office or Agents specified in this Certificate.

SEE IMPORTANT INSTRUCTIONS ON REVERSE
⑲ LG Insurance Co., Ltd.

AUTHORIZED SIGNATORY

This Certificate is not valid unless the Declaration be signed by an authorized representative of the Assured.

6. PACKING LIST

<table>
<tr><td colspan="2" rowspan="2">1) Shipper/Exporter</td><td>8) No. & Date of Invoice</td></tr>
<tr><td>9) No. & Date of L/C</td></tr>
<tr><td colspan="2">2) For Account & Risk of Messers</td><td rowspan="4">10) Remarks</td></tr>
<tr><td colspan="2">3) Notify Party
TEL : FAX :</td></tr>
<tr><td>4) Port of Loading</td><td>5) Final Destination</td></tr>
<tr><td>6) Carrier</td><td>7) Sailing on/or about</td></tr>
<tr><td colspan="3">11) Marks and Numbers 12) Description of 13) Quantity 14) Net-weight
15) Gross-weight 16) Measu
Of PKGS Goods

18) Signed by</td></tr>
</table>

7. BENEFICIARY'S CERTIFICATE

MAR.01, 2013

L/C NO.	:
I/V NO.	:
P.O NO.	:
QUANTITY	:
AMOUNT	:
CUSTOMERS	:
L/C NO.	

WE CERTIFY THAT THE SHIPPING DOCUMENTS AS LISTED BELOW WERE SENT TO DAVID USA INC. ONLY BY DHL WITHIN 3 DAYS AFTER SHIPMENT DATE AND COPY OF DHL AIRWAY BILL MUST BE PRESENTED WITH DRAFT;

(A) ONE ORIGINAL COMMERCIAL INVOICE AND THREE COPIES.

(B) ONE ORIGINAL PACKING LIST AND THREE COPIES.

(C) FULL SET OF ORIGINAL OCEAN BILL OF LADING.

(D) ONE ORIGINAL MARINE INSURANCE POLICY OF CERTIFICATE IN NEGOTIABLE FORM AND TWO COPIES.

000 CO.,LTD

PRESIDENT/

8. CERTIFICATE COPY OF THE BENEFICIARY

(SHIPPING ADVISE)

TO : MAR.01, 2013

ATTN :

LETTER OF CREDIT NO :
PURCHASE ORDER NO :
INVOICE NO :
DESCRIPTION :
QUANTITY :
NO. OF CARTONS :
INVOICE AMOUNT :
PORT OF DEPARTURE :
PORT OF DESTINATION :
DEPARTURE DATE :
BILL OF LADING NO :
VESSEL NAME :
NAME OF STEAMSHIP CO. :
CUSTOMERS LC NO :

○○○ CO., LTD

PRESIDENT/

9. 선적서류 매입(추심)의뢰서

담 당	대 리	차 장	부점장

한국○○은행
MAIL TO

고객번호	
매입번호	

AMOUNT		TENOR & MATURITY			
L/C(CONTRACT)					
COMMODITY		H.S CODE			
DRAWEE		BENEFICIARY			
DESTINATION					
PRICE TERM		E/L NO		FOB금액	

Documents Attached		DRAFT		INVOICE		B/L	AWB	P/L	I/P	C/O	GSP	I/C	Bene Cert
		Bene	Bank	Com	Cust								
Issuing Bank	1												
	2												
Reim bank				NAME :				(BANK CODE :	)				

매입대전 처리신청 명세　　　불일치 내용

명 세			금 액	
외화계정대체				
원화계정대체				
원화계정대체	대출	A		
		B		
	수입보증			
	우편료	환가료	대체료	
	전신료	추심료		
	예금			계좌번호

불일치 내용

위와 같이 화환어음의 매입(추심)을 신청함에 있어서 따로 제출한 외국환거래약정서의 해당 조항에 따를 것을 확약하며 신용장 불일치내용이 상대은행에서 통보되어 온 경우에도 매입시 불일치 내용을 신고한 것으로 인정하여 이의를 제기하지 않겠습니다.

본 인　　　　　　(인)
주 소

(은행사용란)

매 입 1 차	추 심 1 차	특수조건 등
양식생략	양식생략	

10. 내국신용장 개설신청서 및 원신용장

담 당	결재권자

취소불능내국신용장 개설신청서

취 소 불 능 내 국 신 용 장	신용장 번호
1 CMF번호 개설신청인(상호, 주소, 대표자, 전화)	2 결제통화 및 금액 □①원화₩ □②외화(통화표시) □③원화₩ (외화금액 @) 다만, 환어음매입 시 대고객전신환매입률이 개설 시와 다를 경우 원화금액은 동 매매기준율로 환산한 금액으로 함.
4 수 혜 자(상호, 주소, 대표자, 전화)	3 어음대금 결제조건 □일람불(개설의뢰인이 자체자금으로 결제) □기한부(개설은행이 융자하여 결제)
	5 물품인도기일 / 6 유효기일

형식 : 수익자가 신용장 금액을 한도로 하여 송장금액 전액을 이용금액으로 하고 본인(당사)을 지급인, 귀행을 지급장소로 하는 일람출급환어음을 발행함을 허용하는 신용장

제 출 서 류

7 물품수령증명서 통 8 물품명세가 기재된 송장 통 9 공급자발행 세금계산사본 통

10 기 타

공 급 물 품 명 세

HS부호	품명 및 규격	단위 및 수량	단 가	금 액
29922-11-10000	Mono-Ethanol	2,000 M/T	@US$28,161	US$563,200

11 분할일도 □①허용함 □②불허함	12 서류제시기간 물품수령증명서발급일로부터 영업일 이내
13 기 타	14 용 도

원 수 출 신 용 장 등 의 내 용

15 종류 : □수출L/C □D/A □D/P □외화표시물품 공급계약서 □내국신용장 □외화표시건설·용역 공급계약서 □기타 수출 관련계약서

16 신용장(계약서)번호	17 결제통화	18 금 액	19 선적(인도)기일	20 유효기일
21 수출(공급)상대방	22 발행은행		23 대금결제조건	24 수출지역
25 HS부호	26 품명 및 규격		27 단위 및 수량	금 액

귀행이 개설하는 내국신용장은 상기 원신용장과는 독립된 별개의 것임을 서약하고 위와 같이 내국신용장 개설을 신청하오며 귀행 별도 소정 외국환거래약정서 조건을 무위 준수할 것을 확약합니다.

주 소 :

년 월 일 신 청 인 : (인)

귀하 Tel.

이 신용장에 관한 사항은 다른 특별한 규정이 없는 한 국제상공회의소 제정(1993년개정) 화환신용장 통일규칙에 따릅니다.

*은행사용란

28 융자조건	29 수수료구분	지급보증 금 액		확 인	
30 수입보증금	31 입금구분	번 호		검 인	
32 자기앞금액	33 기 산 일	일 자		인감대조	

로칼(4060011. 210×297) 백상지 80g/㎡(1999. 5 개정)

11. 구매확인(신청)서

외화획득용 원료(물품등)구매(공급)확인(신청)서

처리기간
3 일

발급번호	

① 구매신청자(상호, 주소, 성명, 사업자등록번호)	② 공급자(상호, 주소, 성명, 사업자등록번호)
(서명 또는 인)	(서명 또는 인)

③ 구매(공급) 원료(물품 등) 명세
(해당사항에 ○표 : 국산원료 등, 수입원료 등 여부 / 수입제한, 수입자유화 여부 / 기준소요량 고시, 비고시 여부)

④ HS부호	⑤ 품명 및 규격	⑥ 단위 및 수량	⑦ 구매(공급)일	⑧ 단가	⑨ 금액	⑩ 비고

⑪ 근거서류의 내용
(구매확인서를 근거로 다시 구매확인서를 발급하는 경우에는 근거서류 발급은행 기재 : 은행 ______지점)

⑫ 근거서류 및 번호	⑬ HS부호	⑭ 품명 및 규격	⑮ 금액	⑯ 유효기일	⑰ 선적기일

⑱ 발급조건 등 기타사항

위의 신청사항을 대외무역관리규정 제4-2-7조의 규정에 의하여 확인합니다.

년 월 일

은 행 장 (인)

※완제품에 대한 구매확인서 발급시 ⑮의 기재사항은 생략할 수 있습니다.

210mm×297mm 인쇄용지 60g/㎡

[부록 2] 기본 무역용어 해설

- AMS(Automatic Manifest System) : 미 관세청의 적하목록시스템

미국 입항화물을 사전에 전자문서로 미 세관(CBP)에 신고하는 것을 말한다. 이 제도는 신속한 통관을 돕는 취지에서 출발했지만 최근 테러방지 목적으로 사전에 화물을 검사하는 기능이 더 강화된다.

  - AMS Charge : 미국세관사전신고수수료(미국, 캐나다 수출 시 적용)

  Advice Manifest Security Charge or Automatic Manifest System Charge

- AWB(Air Waybill) : 화물항공운송장

- BAF(Bunker Adjustment Factor) : 유류할증료(해상)

선박의 주원료인 벙커유의 가격변동에 따른 손실을 보전하기 위해 부과하는 요금(FAF와 동일한 개념)을 말한다.

- BOTOC(Busan Container Terminal Operation Company)

부산컨테이너 부두 운영공사 : 자성대부두

- CAF(Currency Adjustment Factor) : 통화할증료

운임표시통화의 가치하락에 따른 손실을 보전하기 위해 도입된 할증(선사의 손실보전을 위한 요금)을 말한다.

- CCF(Collect Charge Fee) : 착지불수수료(항공)

항공에서 수입화물의 운임이 착지불될 시 해당 포워더가 출발지 국가에 대금송금이나 환리스크 등을 보존하기 위하여 통상적으로 항공운임의 ~5%를 부과하는 일종의 환가료 개념이다.

- CCF(Container Cleaning Fee) : 컨테이너청소료(해상)

화물의 특성에 따라 적입 전 또는 적입 후에 컨테이너의 청소를 요구하게 되는 경우 부과하는 비용으로 Container Cleaning Charge라고도 한다.

- CFS(Container Freight Station)

선사나 대리점이 선적할 화물을 화주로부터 인수하거나 양화된 화물을 화주에게 인도하기 위하여 지정한 장소를 말한다.

- CFS Charge : CFS 작업료

LCL화물을 운송하는 경우 선적지 및 도착지의 CFS에서 화물의 혼적 또는 분류작업을 하게 되는데 이때 발생하는 비용이다(하역료, 검수료, 화물정리비, 보관료 등).

■ C/O(Certificate of Orign) : 원산지증명서
화환어음의 부대서류로서 수출물품의 원산지를 증명하는 국적확인증서의 성격을 가진 통관에 필요한 서류이며 적성국의 생산물인가를 판별할 목적으로 이용되는 경우도 있다. 또한 수입상품에 관세를 부과할 경우 양허세율이나 국정세율을 적용시킬 때의 기준으로 이용되는 객관적인 서류이다.

■ CO-Loading
포워더가 자체적으로 집하한 LCL화물이 FCL화물로 혼재되기에 부족한 경우 동일 목적지의 LCL화물을 보유하고 있는 타 포워더에게 Joint Consolidation을 의뢰하여 화물을 신속하고 경제적으로 수송하는 방법이다.

■ CONSOL(Consolidation) : 혼재작업
컨테이너선 운송단위인 컨테이너 한 대를 채우지 못하는 소량화물(LCL화물)을 모아서 한 컨테이너를 짜는 행위를 말한다.

■ CY(Container Yard) : 컨테이너 집하장
컨테이너를 인수, 인도하고 보관하는 장소를 말한다.
- 부두 밖의 CY : ODCY
- 부두 안의 CY : On-Dock CY(일반적 CY라 칭함)

■ C/W(Chargeable Weight) : 운임산출중량(항공)
운임계산의 기준이 되는 중량을 말한다. 통상, 화물의 실제중량(실중량)과 용적중량(6,000㎤ =1㎏) 중 무거운 쪽이 Chargeable Weight로 계산된다.

■ Demurrage Charge : 체화료/체선료
- 체화료(화주거래) : 화주가 허용된 시간(free time)을 초과하여 컨테이너를 CY에서 반출해 가지 않을 경우 선박회사에 비불해야 하는 비용
- 체선료(선주거래) : 적하 또는 양하일수가 약정된 정박기간(laydays)을 초과하는 경우 용선자에게 지불하는 것으로 하루(1일) 또는 중량톤수 1톤당 얼마를 지불하는 비용

■ Detention Charge : 지체료
화주가 컨테이너 또는 트레일러를 대여받은 후 규정된 시간(free time) 내에 반환을 못할 경우 벌과금으로 운송업체에게 지불해야 하는 비용이다.

■ D/O(Delivery Order) : 화물인도지시서
선박회사나 포워더가 화물보관자인 CY, CFS 혹은 보세창고로 하여금

D/O 소지인에게 화물을 인도할 것을 지시하는 비유통서류이다.
수입자가 선사로부터 D/O를 교부받기 위해서는 선사나 포워더에게 선하증권 원본을 제시해야 하며 아울러 운임 등 각종 비용정산도 끝나야 한다.

- D/O Fee or DOC Fee(Document Fee) : 서류발급비

선사나 포워더가 일반관리비 보전을 목적으로 수출 시 선하증권을 발급해 줄 때, 수입 시는 화물인도지시서(D/O)를 발급해 줄 때 징수하는 비용이다.

- EDI Charge(D/O 전송료)

수입화물의 효율적인 반출을 위해 도입된 D/O 전산화 이후 포워더(forwarder)가 화주들을 대리하여 보세장치장에 D/O를 전송할 경우 발생하는 EDI사용료(D/O 전송료)이다.

- FAF(Feul Adjustment Factor) : 유류할증료(해상)

선박의 주원료인 벙커유의 가격변동에 따른 손실을 보전하기 위해 부과하는 요금(BAF와 동일한 개념)을 말한다.

- FCL(Full Container Load) Cargo

1개의 컨테이너를 채우기에 충분한 양의 화물. 일반적으로 송하인의 공장 등(DOOR)에서 컨테이너에 채워 넣는다(STUFFING).

- Forwarding Company(Forwarder) : 복합운송주선인, 포워더, 포워딩업체

일반적으로 운송수단을 직접 소유하지 않은 채 운송을 위탁한 고객의 화물을 인수하여 수하인에게 인도할 때까지의 집화, 입출고, 선적, 운송, 보험, 보관, 배달 등의 업무를 주선 또는 수행하거나 복합운송체제하에 스스로 운송계약의 주체자가 되어 복합운송인으로서 복합운송증권을 발행하여 전구간의 운송책임을 부담하는 운송주선인을 말한다.

- Free Time : 자유장치기간

본선에서 양하된 화물을 CFS나 CY에서 보관료 없이 장치할 수 있는 일정한 허용기간을 말한다. 참고로 각 해운동맹들은 각자의 양하지에서 터미널 상황을 고려하여 free time 기간을 책정하고 있다.

- FSC(Fuel Surcharge) : 유류할증료(항공)

국제유가의 급격한 상승으로 단위구간에 대한 운송비용의 증가에 따라서 항공사에서 각 화물에 대해서 추가로 받는 운송비를 말한다. 항공사마다 약간의 적용규정이 다르고 IATA Area별로 지정이 되어 있다.

- H/C(Handling Charge) : 취급수수료

• 포워더가 수출 및 수입화물을 대행함에 있어 적하목록 전송 등의 행

정적인 비용

- 포워더가 화주를 대리하여 수출화물을 pick-up 혹은 수입화물을 화주에게 운송하면서 징구하는 수수료

■ I/C(Inspection Certificate) : 검사증명서

수출품의 품질, 포장, 재료 등을 대하여 수입자가 지정한 검사기관 또는 전문 검사기관이 검사하여 상품이 완전한 것임을 증명하기 위해 검사기관이 발행하는 증명서이다. 검사기관에 대한 명시가 없는 경우에는 수출자가 작성한다.

■ ICD(Inland Container Deport)

내륙통관기지로서 컨테이너 집하, 통관수속 등의 업무를 처리할 수 있는 곳을 말한다.

■ I/P(Insurance Policy) : 보험증권

운송에 부수해서 발생하는 각종의 위험에 의해 화물 및 기타의 재산이 손해를 입은 경우를 대비하여 보험을 부보한 경우, 보험계약의 성립과 그 내용을 증명하기 위하여 보험회사가 작성하여 기명날인한 후 보험계약자에게 교부하는 증권으로서 계약확인의 증거가 되는 것이다. 계약서는 유가증권이 아닌 단순한 증거증권인데 통상 배서 내지 인도에 의하여 양도된다.

■ Lashing Charge

컨테이너에 적입된 화물의 움직임을 방지하기 위하여 로프, 와이어, 체인, 대철 등을 사용하여 화물의 위치를 고정하는 비용이다.

■ L/G(Letter of Guarantee) : 화물선취보증장

항해일수 짧은 국가로부터 수입할 시 수입화물보다 선적서류가 늦게 도착하는 경우, 수입화물을 선하증권 원본 없이 찾기 위해서 신용장 개설은행의 보증이 필요하게 되는데 이것이 L/G이다. 선하증권의 원본을 대응하기 일종의 은행보증서이다.

■ LCL(Less than Container Load) Cargo

컨테이너 1개를 채우기에 부족한 소량화물을 말하며, FCL과 반대되는 개념이다.

■ ODCY(Off Dock Container Yard)

컨테이너 장치장으로서 부두에서 떨어진 곳에 위치한 장치장을 말한다.

■ Over Storage Charge : 지체보관료

CFS 또는 CY로부터 화물 또는 컨테이너를 무료기간(free time) 내에 반출해 가지 않으면 보관료를 징수한다. 또한 무료기간 종료 후 일정기

간이 지나도 인수해 가지 않으면 선사는 공매처리할 권리를 가지며 창고료 및 부대비용 일체를 화주로부터 징수한다.

- PCS(Panama Canal Transit Charge) : 파나마운하통과료
- PECT(Pusan East Container Terminal) : 신선대 부두
- PSS(Peak Season Surcharge) : 성수기할증료

성수기 물량증가로 컨테이너 수급불균형 및 항만의 혼잡 심화에 따른 비용상승에 대한 할증료이다.

- R/T(Revenue Ton) : 운임톤(해상)

용적이나 전량 또는 가격 어느 쪽이든 간에 운임계산의 기초가 되는 운임톤(freight ton)이라고도 한다. 흔히 용적이나 중량 중 높은 운임을 산출해 낼 수 있는 쪽의 톤수를 말한다.

- Shipping Company : 선박회사, 선사

자체 선박을 가지고 있거나 제휴선사와 공동배선을 통하여 운송을 Service하는 실질적인 Carrier를 말한다. 즉 선박을 이용하여 운송서비스를 제공하고 이에 대한 보수로서 운임을 취득하는 것을 업으로 하는 운송인을 말한다.

- Shoring Charge

컨테이너에 적입된 화물의 움직임을 방지하기 위하여 목재, 파이프 등을 사용하여 화물의 위치를 고정하거나, 구획하는 비용이다.

- Shoring & Lashing

화물을 선적하여 운항 중 선박의 동요 등으로 인하여 화물의 손해방지나 선작의 안전확보를 목적으로 화물의 위치를 고정하거나 하는 적화고정작업(securing)을 말한다.

- SSC(Security Surcharge) : 보안할증료

항공기 안전점검, 위험지역 항해에 부과되는 요금을 말한다.

- Surrender B/L, Surrendered B/L : 권리포기선하증권

유통가능한 유가증권으로서의 기능을 포기하는 선하증권으로서, 원본에 'Surrender' 도장이 찍히게 된다. Surrender B/L은 선적지의 송화주가 발행된 원본 B/L을 양하지의 수하인에게 송부하지 않고, 운송인에게 제출함으로써 수화주가 양하지에서 원본 B/L 없이 화물을 찾을 수 있도록 하는 것이다. 수출자가 화물의 선적 후 선적서류 원본을 수입자에게 보내는데 있어 화물의 도착보다 시간이 걸리는 경우, 수입지역에 선사 대리점이 수입자를 익히 알고 있는 경우, 수출수입자 간의 결재방식이 L/C가 아닌 송금에 의한 방식(L/C일 경우 개설은행의 허락이 있을 경

우만 가능) 등에 사용된다.

- THC(Terminal Handling Charge) : 터미널화물처리비

  컨테이너화물이 CY에 입고된 순간부터 본선의 선측까지 반대로 수입시는 본선의 선측에서 CY 게이트를 통과하기까지 화물의 이동에 따르는 비용이다.

- W/F(Wharfage) : 화물입출항료(부두사용료)

  해양수산부가 항만법의 하위법령인 [무역항의 항만시설사용 및 사용료에 관한 규정]에 의해 부두를 거쳐가는 모든 화물에 징수하는 요금을 말한다.

- WRS(War Risk Surcharge) : 전쟁위험할증료

  전쟁위험지역에 화물운송을 위해서 위험부담을 하여야 하기 때문에 부과되는 할증료이다.

참고문헌

1. 구종순, 무역실무, 박영사, 2003. 3.
2. 권수영 · 이재경, 중급재무회계, 박영사, 2004.
3. 김겸순, 수출입회계와 세무실무, 경영과회계, 2004.
4. 김성호, 국제통상실무, 법문사, 1998.
5. 김영 · 허광복 · 정성진 · 강연수, 초급자를 위한 세무실무의 이해, 도서출판 청람, 2013.
6. 무역실무 기본용어 및 해설(http://www.naver.com 참조)
7. 삼일회계법인, 회계와 세무해설, 삼일회계법인, 2013.
8. 손태빈, 신무역실무, 도서출판 두남, 1998. 3.
9. 신현걸 · 최창규 · 김현식, IFRS 중급회계, 도서출판 탐진, 2013.
10. 이만우 · 노준하 · 정재연, 세법개론, 세학사, 2005.
11. 이병권, 요점 재무회계강의, 세학사, 2009.
12. 정천수, 무역회계와 세무실무, 조세통람사, 2004.
13. 최영희, 관세사 무역실무, 박문각, 2000. 2.
14. 추창엽, 무역실무, 형설출판사, 1998. 2.
15. 한국공인회계사회, 2009 회계편람, 한국공인회계사회, 2009.
16. 한국무역협회, 대금결제실무, 한국무역협회, 2001.
17. 한국무역협회, 무역실무개요, 한국무역협회, 2001.
18. 한국무역협회, 무역실무매뉴얼, 한국무역협회, 2001. 4.
19. 한국무역협회 무역아카데미, 무역계약, 2011.
20. 한국무역협회 무역아카데미, 무역실무개요, 2011.
21. 한국무역협회 무역아카데미, 수출입대금결제, 2011.
22. 한국은행, 우리나라의 외환제도와 외환시장, 한국은행, 2010.
23. 한국직업능력개발원, NCS 무역금융업무 학습모듈.
24. http://easylaw.go.kr 법제처 생활법령정보 홈페이지
25. http://www.kita.net 한국무역협회 홈페이지
26. https://www.utradehub.or.kr 유트레이드허브 홈페이지

찾아보기

저자약력

허광복
고려대학교 경영학과 졸업
고려대학교 대학원(경영학 석사)
고려대학교 대학원(경영학 박사)
삼일회계법인 근무(전)
현) 한국공인회계사(KICPA), 세무사
동덕여자대학교 경영학과 부교수

이현선
연세대학교 경제학과 졸업
연세대학교 대학원(경제학 석사)
연세대학교 대학원(경제학 박사)
보람은행 근무(전)
현) 신구대학교 세무회계학과 부교수

김 영
고려대학교 경영학과 졸업
고려대학교 대학원(경영학 석사)
고려대학교 대학원(경영학 박사)
삼일회계법인 근무(전)
현) 한국공인회계사(KICPA), 세무사
신구대학교 세무회계학과 부교수

회계전공자를 위한
무역실무의 기초

2019년 8월 20일 1판 1쇄 인쇄
2019년 8월 25일 1판 1쇄 발행

저 자 | 허광복 · 김 영 · 이현선
발행인 | 이수영
발행처 | 도서출판 청람
서울시 마포구 독막로 288(대흥동, 세양상가 109호)
전 화 | 02)3272-2601~2
팩 스 | 02)3272-2603
이메일 | crbooks@daum.net
홈페이지 | http://www.crbooks.co.kr
등 록 | 2000.8.26 제6-0509호

ISBN 978-89-5972-711-7 93320 [정가 18,000원]